国家出版基金项目
"十二五"国家重点图书出版规划项目

孙中山全集

第十三卷
人事任免（下）

尚明轩 主编

人民出版社

总　目　录

第一卷　专论
　　前言
　　凡例
　　目录
　　正文

第二卷　文集
　　凡例
　　目录
　　　论著
　　　传记与回忆
　　　序跋
　　　祭悼
　　　祝词
　　　其他
　　　译著
　　　遗嘱
　　正文

第三卷　文告　规章
　　凡例
　　目录
　　　　文告
　　　　通电
　　　　启事(含声明、讣告等)
　　　　其他
　　　　规章
　　正文

第四卷　函札(上)
　　凡例
　　目录
　　正文

第五卷　函札(下)
　　凡例
　　目录
　　正文

第六卷　文电
　　凡例
　　目录
　　正文

第七卷　演说

　　　　凡例
　　　　目录
　　　　正文

第八卷　谈话
　　　　凡例
　　　　目录
　　　　正文

第九卷　公牍（上）
　　　　凡例
　　　　目录
　　　　正文

第十卷　公牍（中）
　　　　凡例
　　　　目录
　　　　正文

第十一卷　公牍（下）
　　　　凡例
　　　　目录
　　　　正文

第十二卷　人事任免（上）
　　　　凡例

目录

正文

第十三卷　人事任免（下）
凡例

目录

正文

第十四卷　外文著述
凡例

目录

正文

第十五卷　题词遗墨
凡例

目录

正文

第十六卷　索引　传略
凡例

目录

　索引

　传略

后记

凡　例

一、本全集共收录孙中山现有著述11500余篇，按文体性质分类（含有多种性质的，据其主要倾向归类），依时间顺序编次，据类别和篇幅列卷。

二、日期与编次。底本有写作日期的，按原日期。无写作日期的，按最后发表日期，或通过考证予以判明；写作日期无从考证的，列于该类之末。著述日期统一采用公历，标于标题下方圆括号内。各卷原则上按时间顺序编次；卷内存在分类的，按各类时间顺序编次。

三、分类与列卷。根据类别和篇幅，分22类，列15卷：第一卷，专论（收录集中反映孙中山政治思想的5种著述）；第二卷，文集（含论著、传记与回忆、序跋、祭悼、祝词、译著、遗嘱等）；第三卷，文告规章（含文告、通电、启事、规章等）；第四、五卷，函札；第六卷，文电；第七卷，演说；第八卷，谈话；第九、十、十一卷，公牍；第十二、十三卷，人事任免；第十四卷，外文著述；第十五卷，题词遗墨。索引和传略单独列卷，为第十六卷。

四、底本的选择。优先采用原始文件、影印件和初刊本；充分吸收现有各种图书报刊的文献成果，如中国社会科学院近代史研究所中华民国史研究室、广东省社会科学院历史研究室（所）、中山大学历史系孙中山研究室合编《孙中山全集》（中华书局1981—1986年出版），秦孝仪主编《国父全集》（台北近代中国出版社1989年版）。发表在不同图书报刊的同内容文献,有歧义之处的,经考证后取其一说,其余在注释中简要介绍;诸说并存的,选择最佳版本;文字内容虽有出入但各具特色的,原则上选择底本来源较权威者为主文,其余作为"同题异文"附录于后。

五、标题。原有标题的,一般保留,个别编者酌改;原无标题的,编者酌拟。标题文字以国家现行文字规范为准。标题中的人名一律统一为现行惯称,文中不另做说明。

六、注释。每篇著述,文末均注明所据底本。文内酌加的注释,均为页下注。人物有多个字、号、别名的,地名有多种译法的,原则上在该卷首次出现时加注,其后不注。【 】内的文字,系编者为避免上下文表意脱节或缺省所加的说明。

七、校勘与标点。文内明显的错漏,编者均予以校勘:订正讹字,置于〔 〕内;增补脱字,置于〈 〉内;衍文加[ ];有疑误、难以确定的,用〔?〕表示;字句残缺或难以辨认的,用□表示。校勘、考释和外文翻译等,部分吸收前人成果,本全集一般不做具体说明。标点符号原则上执行国家现行规范。底本无标点或有标点但与国家现行规范不符的,均重新标点。

八、本全集中文为简体字横排,底本的繁体、古体和异体字,原则上统一为简体字,特殊含义者例外。第十四卷"外文著述",参考秦孝仪主编《国父全集》(台北近代中国出版社1989年版)编排。全集中插图及题词遗墨,一般据底本影印;质量较差的,适当修版或据原图重新绘制。

九、受时代局限,有的著述中使用的词语及字词用法和个别观点在今天看来欠妥,但因是原文固有,均不做改动。

目　录

准王棠辞职令(一九二三年五月一日) ·· 1
委派余育之职务令(一九二三年五月一日) ·· 1
准任汪彦平职务令(一九二三年五月一日) ·· 2
任命陈天太职务令(一九二三年五月二日) ·· 2
准任李民雨职务令(一九二三年五月二日) ·· 3
任命黄子聪职务令(一九二三年五月四日) ·· 3
准林直勉辞职令(一九二三年五月四日) ·· 4
免周之贞职务令(一九二三年五月五日) ·· 4
任命周之贞职务令(一九二三年五月五日) ·· 5
任命盛荣超职务令(一九二三年五月五日) ·· 5
免徐绍桢职务令(一九二三年五月七日) ·· 6
任命廖仲恺职务令(一九二三年五月七日) ·· 6
免邓泰中职务令(一九二三年五月七日) ·· 7
免杨西岩伍学熿职务令(一九二三年五月七日) ···································· 7
免谭延闿职务令(一九二三年五月七日) ·· 8
免邓泽如职务令(一九二三年五月七日) ·· 8
任命邓泽如职务令(一九二三年五月七日) ·· 9
任命徐绍桢等职务令(一九二三年五月七日) ······································· 9
任命叶恭绰兼职令(一九二三年五月七日) ·· 10
委派邓慕韩职务令(一九二三年五月七日) ·· 10

任命邓泰中等职务令(一九二三年五月七日) …………………………………… 11
给汤连等委任状(一九二三年五月九日) …………………………………… 11
给陈焕庭委任状(一九二三年五月九日) …………………………………… 12
给朱凤吾等委任状(一九二三年五月十日) ………………………………… 12
给符潮波等委任状(一九二三年五月十日) ………………………………… 13
给朱维烈等委任状(一九二三年五月十日) ………………………………… 14
给陈克珍等委任状(一九二三年五月十日) ………………………………… 14
给符汉精等委任状(一九二三年五月十日) ………………………………… 15
任命王国璇职务令(一九二三年五月十日) ………………………………… 16
准任曾拔职务令(一九二三年五月十二日) ………………………………… 16
准林达存辞职令(一九二三年五月十二日) ………………………………… 17
委派魏邦平职务令(一九二三年五月十四日) ……………………………… 17
准任罗桂芳职务令(一九二三年五月十四日) ……………………………… 18
任命尹骥职务令(一九二三年五月十四日) ………………………………… 18
委派周震鳞职务令(一九二三年五月十四日) ……………………………… 19
委派黄白马伯麟职务令(一九二三年五月十四日) ………………………… 19
　　附录　同题异文 …………………………………………………………… 20
任命夏醉雄职务令(一九二三年五月十四日) ……………………………… 20
任命王隆中职务令(一九二三年五月十六日) ……………………………… 21
委派谢心准职务令(一九二三年五月十六日) ……………………………… 21
　　附录　同题异文 …………………………………………………………… 22
准叶恭绰辞兼职令(一九二三年五月十七日) ……………………………… 22
给姜汇清任命状(一九二三年五月十八日) ………………………………… 23
任命邹鲁职务令(一九二三年五月十八日) ………………………………… 23
任命程潜职务令(一九二三年五月二十日) ………………………………… 24
给骆谭等委任状(一九二三年五月二十一日) ……………………………… 24
给吴池波委任状(一九二三年五月二十一日) ……………………………… 25
给岑相佐黄球委任状(一九二三年五月二十一日) ………………………… 25

给谢五有委任状(一九二三年五月二十一日) …… 26
给张静愚等委任状(一九二三年五月二十一日) …… 26
免陈树人职务令(一九二三年五月二十一日) …… 27
任命陈树人职务令(一九二三年五月二十一日) …… 27
任命古应芬职务令(一九二三年五月二十一日) …… 28
任命谢百城等职务令(一九二三年五月二十一日) …… 28
委派刘成禺陈群职务令(一九二三年五月二十一日) …… 29
给刘成禺派状(一九二三年五月二十一日) …… 29
免黄白职务令(一九二三年五月二十二日) …… 30
准任黄白职务令(一九二三年五月二十二日) …… 30
免彭澄职务令(一九二三年五月二十二日) …… 31
任命袁良骅职务令(一九二三年五月二十二日) …… 31
任命卢启泰陶炯职务令(一九二三年五月二十二日) …… 32
任命涂震亚职务令(一九二三年五月二十三日) …… 32
任命周家琳职务令(一九二三年五月二十六日) …… 33
给刘芦隐委任状(一九二三年五月二十九日) …… 33
任命王柏龄职务令(一九二三年五月二十九日) …… 34
委派徐方济丁士杰职务令(一九二三年五月二十九日) …… 34
免林云陔职务令(一九二三年五月二十九日) …… 35
任命林云陔宋子文职务令(一九二三年五月二十九日) …… 35
准任周尧坤等职务令(一九二三年五月二十九日) …… 36
任命朱霁青职务令(一九二三年五月三十日) …… 36
免温树德职务令(一九二三年五月三十一日) …… 37
任命吴志馨等职务令(一九二三年五月三十一日) …… 37
任命卢焘职务令(一九二三年五月) …… 38
任命黄实职务令(一九二三年六月一日) …… 38
命胡汉民代行大元帅职权令(一九二三年六月一日) …… 38
给刘谦祥等委任状(一九二三年六月二日) …… 39

给林不帝王武昌委任状(一九二三年六月二日) …………………… 39
给蔡兆庆黄爱逊委任状(一九二三年六月二日) …………………… 40
给黄蜇声郭锡年委任状(一九二三年六月二日) …………………… 40
给林仲寿等委任状(一九二三年六月二日) ………………………… 41
准任张国元伍大光职务令(一九二三年六月二日) ………………… 41
给林美回等委任状(一九二三年六月三日) ………………………… 42
给陈毅梁侣梅委任状(一九二三年六月三日) ……………………… 42
给李赉明李吉庭委任状(一九二三年六月三日) …………………… 43
给甄海山余仕豪委任状(一九二三年六月三日) …………………… 43
给余民钟等委任状(一九二三年六月三日) ………………………… 44
任命熊克武职务令(一九二三年六月四日) ………………………… 44
任命刘成勋职务令(一九二三年六月四日) ………………………… 45
任命赖星辉职务令(一九二三年六月四日) ………………………… 45
委派古应芬职务令(一九二三年六月四日) ………………………… 46
给余和鸿等委任状(一九二三年六月五日) ………………………… 46
给胡联等委任状(一九二三年六月五日) …………………………… 47
给梁修林等委任状(一九二三年六月五日) ………………………… 47
给朱义然等委任状(一九二三年六月五日) ………………………… 48
给甄增培等委任状(一九二三年六月五日) ………………………… 48
给黄二明委任状(一九二三年六月五日) …………………………… 49
任命林震职务令(一九二三年六月七日) …………………………… 49
准任陈庆森等职务令(一九二三年六月七日) ……………………… 50
给陈振华等委任状(一九二三年六月九日) ………………………… 50
给黄振三等委任状(一九二三年六月九日) ………………………… 51
给李晓楼等委任状(一九二三年六月九日) ………………………… 52
给麦雅各等委任状(一九二三年六月九日) ………………………… 53
给黄仕元等委任状(一九二三年六月九日) ………………………… 53
委派刘翰如职务令(一九二三年六月九日) ………………………… 55

给曾唯委任状(一九二三年六月十日) …… 55
给阮炎等委任状(一九二三年六月十一日) …… 56
给麦民生委任状(一九二三年六月十一日) …… 56
给许棠委任状(一九二三年六月十一日) …… 57
给欧绍欣委任状(一九二三年六月十一日) …… 57
给杜广等委任状(一九二三年六月十一日) …… 58
委派徐文镜职务令(一九二三年六月十一日) …… 58
委派谢荫民职务令(一九二三年六月十一日) …… 59
给任金委任状(一九二三年六月十一日) …… 59
给张澍时委任状(一九二三年六月十一日) …… 60
任命胡思清职务令(一九二三年六月十二日) …… 60
委派蔡懿恭职务令(一九二三年六月十二日) …… 61
准任徐希元职务令(一九二三年六月十三日) …… 61
任命胡汉民职务令(一九二三年六月十五日) …… 62
任命伍朝枢职务令(一九二三年六月十五日) …… 62
任命蒋介石职务令(一九二三年六月十七日) …… 63
准林云陔辞职令(一九二三年六月十七日) …… 63
给徐谦派状(一九二三年六月十七日) …… 64
给郑受炳等委任状(一九二三年六月二十日) …… 64
给林诗必等委任状(一九二三年六月二十日) …… 65
给朱普元等委任状(一九二三年六月二十日) …… 65
给陈北平等委任状(一九二三年六月二十日) …… 66
给詹扬文等委任状(一九二三年六月二十日) …… 66
委派朱艮职务令(一九二三年六月二十日) …… 68
    附录　手谕 …… 68
任命赵全季职务令(一九二三年六月二十日) …… 68
任命李思唐职务令(一九二三年六月二十日) …… 69
    附录　手令 …… 69

委派邱文彬职务令(一九二三年六月二十日) …… 69

准任温良职务令(一九二三年六月二十日) …… 70

准任李湛等职务令(一九二三年六月二十一日) …… 70

任命林子峰陆敬科职务令(一九二三年六月二十二日) …… 71

任命胡思舜职务令(一九二三年六月二十四日) …… 71

给麦燮棠朱辉如委任状(一九二三年六月二十五日) …… 72

给练芳委任状(一九二三年六月二十五日) …… 72

给廖梓谦委任状(一九二三年六月二十五日) …… 73

给叶荣燊委任状(一九二三年六月二十五日) …… 73

给林天相委任状(一九二三年六月二十五日) …… 74

免杨虎职务令(一九二三年六月二十五日) …… 74

任命杨虎职务令(一九二三年六月二十五日) …… 75

任命姚雨平职务令(一九二三年六月二十六日) …… 75

准任郑洪铸职务令(一九二三年六月二十六日) …… 76

准任叶佩瑜职务令(一九二三年六月二十六日) …… 76

任命刘铁城黄仕强职务令(一九二三年六月二十六日) …… 77

准黄仕强辞职令(一九二三年六月二十六日) …… 77

委派黄建勋职务令(一九二三年六月二十八日) …… 78

任命魏邦平兼职令(一九二三年六月二十九日) …… 78

给曾唯等委任状(一九二三年六月三十日) …… 78

给黄俊林织云委任状(一九二三年六月三十日) …… 79

给张少繁郑明琨委任状(一九二三年六月三十日) …… 80

给石顺豫关崇掀委任状(一九二三年六月三十日) …… 80

给罗桓等委任状(一九二三年六月三十日) …… 81

委派程壮职务令(一九二三年六月三十日) …… 81

准任梁桂山职务令(一九二三年六月三十日) …… 82

任命张识尘职务令(一九二三年六月三十日) …… 82

任命陈其瑗职务令(一九二三年六月三十日) …… 83

准任陈长乐伍大光职务令(一九二三年六月三十日) …… 83
准任陈灏职务令(一九二三年六月三十日) …… 84
准任卢谔生等职务令(一九二三年六月三十日) …… 84
准任王祺等职务令(一九二三年六月三十日) …… 85
准任黄乐诚等职务令(一九二三年六月三十日) …… 85
给刘恢汉委任状(一九二三年六月三十日) …… 86
任命邓慕韩职务令(一九二三年六月) …… 86
任命安健孙镜亚职务令(一九二三年七月五日) …… 87
  附录　手谕 …… 87
准任刘民畏职务令(一九二三年七月五日) …… 88
任命卢振柳职务令(一九二三年七月五日) …… 88
给石青阳委任状(一九二三年七月五日) …… 89
免姚观顺职务令(一九二三年七月五日) …… 89
准任方孝纯职务令(一九二三年七月六日) …… 90
准任王文翰职务令(一九二三年七月七日) …… 90
免伍岳职务令(一九二三年七月七日) …… 91
任命林云陔职务令(一九二三年七月七日) …… 91
委派喻毓藩职务令(一九二三年七月八日) …… 92
准任朱全德职务令(一九二三年七月十日) …… 92
给符兆光等委任状(一九二三年七月十一日) …… 92
给朱拔英委任状(一九二三年七月十一日) …… 93
给严光汉委任状(一九二三年七月十一日) …… 94
给孔宪璟委任状(一九二三年七月十一日) …… 94
给钱开云等委任状(一九二三年七月十一日) …… 95
任命周鳌山等职务令(一九二三年七月十二日) …… 95
免黄镇磐职务令(一九二三年七月十二日) …… 96
任命车显承职务令(一九二三年七月十二日) …… 96
给邢森洲委任状(一九二三年七月十三日) …… 97

给朱晋经委任状(一九二三年七月十三日) …… 97

给王思恭委任状(一九二三年七月十三日) …… 98

任命范其务职务令(一九二三年七月十三日) …… 98

准林直勉辞职令(一九二三年七月十三日) …… 98

任命杨蓁职务令(一九二三年七月十四日) …… 99

委派杨希闵等职务令(一九二三年七月十四日) …… 99

任命朱润德职务令(一九二三年七月十四日) …… 100

    附录　手谕 …… 100

委派陈季博梁明致职务令(一九二三年七月十四日) …… 101

委派陈正绳罗玉田职务令(一九二三年七月十四日) …… 101

任命李烈钧等职务令(一九二三年七月十六日) …… 102

任命谭延闿职务令(一九二三年七月十六日) …… 102

任命李烈钧职务令(一九二三年七月十六日) …… 103

任命蔡钜猷等职务令(一九二三年七月十六日) …… 103

任命杨希闵等职务令(一九二三年七月十六日) …… 104

任命赵成梁等职务令(一九二三年七月十六日) …… 104

任命朱培德职务令(一九二三年七月十六日) …… 105

任命王均职务令(一九二三年七月十六日) …… 105

委派方觉慧职务令(一九二三年七月十六日) …… 106

委派蒲名元职务令(一九二三年七月十六日) …… 106

委派邱仲川张熙职务令(一九二三年七月十六日) …… 107

委派陈季博梁明致职务令(一九二三年七月十六日) …… 107

免蔡达三文明清职务令(一九二三年七月十六日) …… 108

免杨池生杨如轩职务令(一九二三年七月十六日) …… 108

任命刘崛职务令(一九二三年七月十七日) …… 109

任命谢适群职务令(一九二三年七月十七日) …… 109

准任陈其瑗周诰职务令(一九二三年七月十七日) …… 110

委派赵士觐职务令(一九二三年七月十七日) …… 110

任命黄昌谷职务令(一九二三年七月十八日) …… 111
委派李济深职务令(一九二三年七月十九日) …… 111
免黄建勋职务令(一九二三年七月十九日) …… 112
任命黄建勋职务令(一九二三年七月十九日) …… 112
任命韦一新职务令(一九二三年七月十九日) …… 113
任命岳森卢师撰职务令(一九二三年七月二十日) …… 113
委派邢森洲职务令(一九二三年七月二十日) …… 114
免孙万乘职务令(一九二三年七月二十日) …… 114
任命杨希闵职务令(一九二三年七月二十日) …… 115
免赵宝贤职务令(一九二三年七月二十一日) …… 115
任命赵宝贤职务令(一九二三年七月二十一日) …… 115
准任邓彦华职务令(一九二三年七月二十一日) …… 116
任命杨池生杨如轩职务令(一九二三年七月二十一日) …… 116
任命林丽生职务令(一九二三年七月二十二日) …… 116
给刘友珊等委任状(一九二三年七月二十四日) …… 117
给李鸿标委任状(一九二三年七月二十四日) …… 117
给黄呈光委任状(一九二三年七月二十四日) …… 118
给杨子琪委任状(一九二三年七月二十四日) …… 118
给郭川衡等委任状(一九二三年七月二十四日) …… 119
免谭延闿职务令(一九二三年七月二十四日) …… 119
任命林森职务令(一九二三年七月二十四日) …… 120
命叶恭绰令(一九二三年七月二十四日) …… 120
任命黄芸苏黄子聪职务令(一九二三年七月二十四日) …… 121
准任陈敬汉职务令(一九二三年七月二十四日) …… 121
准免汪宗准职务令(一九二三年七月二十四日) …… 122
任命邹鲁职务令(一九二三年七月二十四日) …… 122
准任王任化职务令(一九二三年七月二十五日) …… 122
委派范石生蒋光亮职务令(一九二三年七月二十六日) …… 123

任命路孝忱职务令(一九二三年七月二十七日) …… 123

准容景芳辞职令(一九二三年七月三十日) …… 124

委派王恒职务令(一九二三年七月三十一日) …… 124

准张国元辞职令(一九二三年八月一日) …… 125

任命何家猷职务令(一九二三年八月二日) …… 125

委派张国元职务令(一九二三年八月二日) …… 125

给周高伦等委任状(一九二三年八月四日) …… 126

给谭裔炽委任状(一九二三年八月四日) …… 126

给叶君培委任状(一九二三年八月四日) …… 127

给任春华委任状(一九二三年八月四日) …… 127

给叶达煦等委任状(一九二三年八月四日) …… 128

委派宋渊源职务令(一九二三年八月四日) …… 128

准任王应潮职务令(一九二三年八月四日) …… 129

给焦易堂派状(一九二三年八月四日) …… 129

任命陈嘉祐职务令(一九二三年八月八日) …… 130

委派魏邦平职务令(一九二三年八月九日) …… 130

任命黄隆生职务令(一九二三年八月九日) …… 131

任命安宝恕职务令(一九二三年八月九日) …… 131

准任范望职务令(一九二三年八月九日) …… 132

准任李承翼职务令(一九二三年八月九日) …… 132

准魏邦平辞职令(一九二三年八月九日) …… 133

准免梁廷槐职务令(一九二三年八月九日) …… 133

委派程潜等职务令(一九二三年八月十一日) …… 134

免董鸿勋职务令(一九二三年八月十一日) …… 134

免董鸿勋戴永萃职务令(一九二三年八月十一日) …… 134

给黄仲衡等委任状(一九二三年八月十五日) …… 135

给钟克明等委任状(一九二三年八月十五日) …… 136

给潘瑞香等委任状(一九二三年八月十五日) …… 136

给刘卓英等委任状(一九二三年八月十五日) …… 137

给卢运球等委任状(一九二三年八月十五日) …… 137

任命古应芬职务令(一九二三年八月十五日) …… 138

任命何克夫职务令(一九二三年八月十五日) …… 139

准任郑校之职务令(一九二三年八月十五日) …… 139

准任陆华显职务令(一九二三年八月十五日) …… 140

委派文明清蔡达三职务令(一九二三年八月十五日) …… 140

委派李植生职务令(一九二三年八月十五日) …… 141

任命方寿龄职务令(一九二三年八月十五日) …… 141

任命黄绍雄职务令(一九二三年八月十六日) …… 141

委派梁鸿楷职务令(一九二三年八月十七日) …… 142

任命邱鸿钧职务令(一九二三年八月十七日) …… 142

任命杨子嘉职务令(一九二三年八月十七日) …… 143

任命吴东启职务令(一九二三年八月十八日) …… 143

任命赵锄非等职务令(一九二三年八月十八日) …… 144

任命于若愚职务令(一九二三年八月十八日) …… 144

委派胡镜波职务令(一九二三年八月十八日) …… 145

准任吴靖职务令(一九二三年八月十八日) …… 145

给余轼和等委任状(一九二三年八月二十日) …… 145

给余蓁中苏孟裔委任状(一九二三年八月二十日) …… 146

给余辉中陈进枝委任状(一九二三年八月二十日) …… 147

给陈斗邓孺子委任状(一九二三年八月二十日) …… 147

给谢协民等委任状(一九二三年八月二十日) …… 148

任命姚雨平兼职令(一九二三年八月二十日) …… 149

任命冯镇东职务令(一九二三年八月二十一日) …… 149

委派黄骚职务令(一九二三年八月二十二日) …… 150

准车显承辞职令(一九二三年八月二十二日) …… 150

任命何蔚代职令(一九二三年八月二十二日) …… 151

委派胡汉民等职务令(一九二三年八月二十三日) …… 151

任命陈楚楠职务令(一九二三年八月二十三日) …… 152

给谭声根等委任状(一九二三年八月二十五日) …… 152

给谭伟南区启丁委任状(一九二三年八月二十五日) …… 153

给谭裁之黄广星委任状(一九二三年八月二十五日) …… 153

给梁顾西区林兆委任状(一九二三年八月二十五日) …… 154

给谭钜盛等委任状(一九二三年八月二十五日) …… 154

准任赵士养等职务令(一九二三年八月二十五日) …… 155

准任刘殿臣职务令(一九二三年八月二十五日) …… 155

准黄为材辞职令(一九二三年九月一日) …… 156

准任吴宗民职务令(一九二三年九月一日) …… 156

给欧汀贺等委任状(一九二三年九月三日) …… 157

给熊文初古悦我委任状(一九二三年九月三日) …… 157

给黄志元陈祝三委任状(一九二三年九月三日) …… 158

给谭雨翘熊尧佐委任状(一九二三年九月三日) …… 158

给李冠英等委任状(一九二三年九月三日) …… 159

给王京岐等委任状(一九二三年九月三日) …… 159

准任任传伯职务令(一九二三年九月三日) …… 160

委派徐效师职务令(一九二三年九月三日) …… 160

准免梁仿谐职务令(一九二三年九月三日) …… 161

给雷揖臣邝林委任状(一九二三年九月四日) …… 161

任命梁楚三蒋道日职务令(一九二三年九月五日) …… 162

任命邹竞职务令(一九二三年九月五日) …… 162

任命李蟠职务令(一九二三年九月六日) …… 162

给陈添陈全委任状(一九二三年九月八日) …… 163

给董方域等委任状(一九二三年九月十日) …… 163

给陈安仁委任状(一九二三年九月十日) …… 164

任命孙祥夫职务令(一九二三年九月十日) …… 164

任命赵锡昌职务令(一九二三年九月十一日) …… 165

准任郑文轩职务令(一九二三年九月十四日) …… 165

准免卢谔生职务令(一九二三年九月十七日) …… 166

任命卢谔生职务令(一九二三年九月十七日) …… 166

任命何克夫职务令(一九二三年九月十七日) …… 167

准任寸性奇职务令(一九二三年九月十八日) …… 167

免王棠职务令(一九二三年九月十八日) …… 168

任命王棠职务令(一九二三年九月十八日) …… 168

任命黄隆生职务令(一九二三年九月十八日) …… 169

任命欧阳格职务令(一九二三年九月十八日) …… 169

任命李宗黄职务令(一九二三年九月十八日) …… 170

给陈安仁委任状(一九二三年九月二十一日) …… 170

任命马晓军职务令(一九二三年九月二十六日) …… 171

任命马伯麟职务令(一九二三年九月二十六日) …… 171

准刘纪文辞职令(一九二三年九月二十七日) …… 172

任命林翔职务令(一九二三年九月二十七日) …… 172

任命甘蕃职务令(一九二三年九月二十八日) …… 173

准任蔡慎职务令(一九二三年九月二十八日) …… 173

给罗翼群的指令(一九二三年九月二十八日) …… 174

任命陈友仁职务令(一九二三年九月三十日) …… 174

任命郭泰祺职务令(一九二三年九月三十日) …… 175

任命张国威职务令(一九二三年十月二日) …… 175

准任余壮鸣胡家弼职务令(一九二三年十月二日) …… 176

命总务部委孙天孙张晋职务令(一九二三年十月五日) …… 176

委任陈德征职务令(一九二三年十月五日) …… 177

任命黄明堂职务令(一九二三年十月八日) …… 177

准任刘钺职务令(一九二三年十月八日) …… 177

准任陈尧廷职务令(一九二三年十月八日) …… 178

撤销南路高雷两讨贼军总司令令(一九二三年十月八日) …… 178
任命方寿龄职务令(一九二三年十月十一日) …… 179
任命田钟谷职务令(一九二三年十月十三日) …… 179
任命陈中孚职务令(一九二三年十月十三日) …… 180
准任宋韬石汝霖职务令(一九二三年十月十三日) …… 180
任命周道万职务令(一九二三年十月十三日) …… 181
委派徐苏中职务令(一九二三年十月十三日) …… 181
  附录　同题异文 …… 182
给李庆标委任状(一九二三年十月十四日) …… 182
给邝金保委任状(一九二三年十月十四日) …… 183
给朱伟民委任状(一九二三年十月十四日) …… 183
给许大德委任状(一九二三年十月十四日) …… 184
给黄振兴委任状(一九二三年十月十四日) …… 184
给何荫三委任状(一九二三年十月十四日) …… 185
给符众委任状(一九二三年十月十四日) …… 185
任命狄侃职务令(一九二三年十月十四日) …… 186
任命邝公耀王度职务令(一九二三年十月十四日) …… 186
委派吴公干职务令(一九二三年十月十四日) …… 187
任命吴公干等职务手谕(一九二三年十月十四日) …… 187
任命刘冠群职务令(一九二三年十月十八日) …… 188
给鲍罗庭委任状(一九二三年十月十八日) …… 188
准任胡名扬职务令(一九二三年十月二十二日) …… 189
任命万咸一万世勋职务令(一九二三年十月二十四日) …… 189
委派梁鸿楷职务令(一九二三年十月二十四日) …… 190
准任刘通职务令(一九二三年十月二十五日) …… 190
委派马晓军职务令(一九二三年十月二十五日) …… 191
任命宋子文职务令(一九二三年十月二十七日) …… 191
委派廖仲恺兼职令(一九二三年十月二十七日) …… 192

委派邹鲁兼职令(一九二三年十月二十七日) …… 192
免伍汝康职务令(一九二三年十月二十七日) …… 193
准邓泽如辞职令(一九二三年十月二十七日) …… 193
任命伍汝康职务令(一九二三年十月二十七日) …… 194
免李烈钧职务令(一九二三年十月二十八日) …… 194
任命李烈钧职务令(一九二三年十月二十八日) …… 195
免张开儒职务令(一九二三年十月二十八日) …… 195
免朱培德职务令(一九二三年十月二十八日) …… 196
任命张开儒职务令(一九二三年十月二十八日) …… 196
任命戴恩赛职务令(一九二三年十月二十八日) …… 197
免黄建勋职务令(一九二三年十月二十八日) …… 197
给孙祥夫李元著的命令(一九二三年十月二十八日) …… 197
准任谭长年等职务令(一九二三年十月三十日) …… 198
调任李宗黄职务令(一九二三年十月三十日) …… 198
特派临时中央执行委员候补委员令(一九二三年十月) …… 199
任命邓泽如职务令(一九二三年十一月一日) …… 199
任命王国辅职务令(一九二三年十一月一日) …… 200
准王任化辞职令(一九二三年十一月一日) …… 200
委派余维谦等职务令(一九二三年十一月二日) …… 201
任命黄绍雄职务令(一九二三年十一月二日) …… 201
免宋渊源职务令(一九二三年十一月二日) …… 202
任命刘殿臣职务令(一九二三年十一月三日) …… 202
任命江屏藩职务令(一九二三年十一月三日) …… 203
任命罗翼群兼职令(一九二三年十一月三日) …… 203
任命黄梦麟职务令(一九二三年十一月三日) …… 204
任命廖百芳职务令(一九二三年十一月三日) …… 204
任命曾稚南等职务令(一九二三年十一月三日) …… 205
准调任侬鼎和等职务令(一九二三年十一月五日) …… 205

任命韦荣熙职务令(一九二三年十一月六日) …………………… 206
委派石青阳兼职令(一九二三年十一月七日) …………………… 206
准免黄白职务令(一九二三年十一月七日) ……………………… 207
委派陈其瑗等职务令(一九二三年十一月八日) ………………… 207
任命巢寒青职务令(一九二三年十一月八日) …………………… 207
任命杨廷培代职令(一九二三年十一月九日) …………………… 208
准任章烈职务令(一九二三年十一月十日) ……………………… 208
免冯启民职务令(一九二三年十一月十三日) …………………… 209
任命杨希闵职务令(一九二三年十一月十四日) ………………… 209
准任罗为雄职务令(一九二三年十一月十四日) ………………… 209
任命寸性奇代职令(一九二三年十一月十四日) ………………… 210
任命杨希闵兼职令(一九二三年十一月十四日) ………………… 210
给邹鲁的指令(一九二三年十一月十六日) ……………………… 210
命寸性奇毋庸兼职令(一九二三年十一月十九日) ……………… 211
命杨廷培兼任令(一九二三年十一月十九日) …………………… 211
委派伍学煜兼职令(一九二三年十一月二十日) ………………… 212
准任谷春芳职务令(一九二三年十一月二十日) ………………… 212
任命许崇智职务令(一九二三年十一月二十一日) ……………… 213
任命刘震寰职务令(一九二三年十一月二十一日) ……………… 213
任命鲁涤平职务令(一九二三年十一月二十一日) ……………… 214
任命宋鹤庚等职务令(一九二三年十一月二十一日) …………… 214
任命方鼎英代职令(一九二三年十一月二十一日) ……………… 215
任命蒋尊簋职务令(一九二三年十一月二十三日) ……………… 215
任命吴介璋等职务令(一九二三年十一月二十三日) …………… 216
准任曾勇甫等职务令(一九二三年十一月二十三日) …………… 216
委派许崇智兼职令(一九二三年十一月二十四日) ……………… 217
任命李怀霜等职务令(一九二三年十一月二十四日) …………… 217
给井上谦吉任命状(一九二三年十一月二十四日) ……………… 218

任命吕超石青阳职务令(一九二三年十一月二十五日) …………… 218
任命汤子模等职务令(一九二三年十一月二十五日) …………… 219
任命李昌权等职务令(一九二三年十一月二十五日) …………… 219
任命贺龙职务令(一九二三年十一月二十五日) ………………… 220
任命王度职务令(一九二三年十一月二十六日) ………………… 220
准任马超俊等职务令(一九二三年十一月二十六日) …………… 221
准林云陔辞职令(一九二三年十一月二十七日) ………………… 221
命陈融回原任令(一九二三年十一月二十七日) ………………… 222
任命田桐职务令(一九二三年十一月二十七日) ………………… 222
    附录 同题异文 …………………………………………………… 223
任命方震职务令(一九二三年十一月二十七日) ………………… 223
任命程鸿轩职务令(一九二三年十一月二十七日) ……………… 223
免赵士觐职务令(一九二三年十一月二十七日) ………………… 224
任命邹鲁兼职令(一九二三年十一月二十七日) ………………… 224
准任刘景新等职务令(一九二三年十一月二十九日) …………… 225
任命陈树人代职令(一九二三年十一月二十九日) ……………… 225
准姚褆昌辞职令(一九二三年十一月二十九日) ………………… 226
任命张九维职务令(一九二三年十一月三十日) ………………… 226
任命梅光培职务令(一九二三年十一月三十日) ………………… 227
准范其务辞职令(一九二三年十一月三十日) …………………… 227
任命萧冠英职务令(一九二三年十一月三十日) ………………… 228
委派王仁熙职务令(一九二三年十二月一日) …………………… 228
委派姚褆昌职务令(一九二三年十二月一日) …………………… 229
任命何家猷职务令(一九二三年十二月一日) …………………… 229
任命冯自由职务令(一九二三年十二月一日) …………………… 230
任命马超俊职务令(一九二三年十二月一日) …………………… 230
准任罗继善张麟职务令(一九二三年十二月一日) ……………… 231
任命李承翼职务令(一九二三年十二月一日) …………………… 231

免邓慕韩职务令(一九二三年十二月一日) …………………………………… 232
免卢谔生职务令(一九二三年十二月一日) …………………………………… 232
准朱和中辞职令(一九二三年十二月一日) …………………………………… 233
准免陈煊黄民生职务令(一九二三年十二月一日) …………………………… 233
命朱和中查办兵工厂员司事宜令(一九二三年十二月二日) ………………… 234
　　附录　手谕 ……………………………………………………………………… 234
任命孔庚职务令(一九二三年十二月二日) …………………………………… 234
任命刘鸿逵职务令(一九二三年十二月二日) ………………………………… 235
任命李化民职务令(一九二三年十二月三日) ………………………………… 235
任命胡谦职务令(一九二三年十二月三日) …………………………………… 236
任命胡谦代职令(一九二三年十二月三日) …………………………………… 236
任命李宗黄职务令(一九二三年十二月三日) ………………………………… 237
任命杨子毅李景纲职务令(一九二三年十二月三日) ………………………… 237
准任李炳垣职务令(一九二三年十二月三日) ………………………………… 238
准冯祝万辞职令(一九二三年十二月三日) …………………………………… 238
准免胡家弼余壮鸣职务令(一九二三年十二月三日) ………………………… 239
任命吕苾筹职务令(一九二三年十二月三日) ………………………………… 239
给邹鲁的指令(一九二三年十二月三日) ……………………………………… 240
委派雷大同职务令(一九二三年十二月五日) ………………………………… 240
委派李宗唐等职务令(一九二三年十二月五日) ……………………………… 241
任命朱霁青职务令(一九二三年十二月六日) ………………………………… 241
委派杨西岩职务令(一九二三年十二月七日) ………………………………… 242
委派宋以梅职务令(一九二三年十二月七日) ………………………………… 242
任命范熙绩职务令(一九二三年十二月七日) ………………………………… 243
　　附录　手谕 ……………………………………………………………………… 243
免刘泳阊职务令(一九二三年十二月七日) …………………………………… 243
任命刘泳阊职务令(一九二三年十二月七日) ………………………………… 244
任命徐希元职务令(一九二三年十二月八日) ………………………………… 244

准任陈新燮职务令(一九二三年十二月十日) ……………………… 245
给赵汉一委任状(一九二三年十二月十一日) …………………… 245
任命刘毅职务令(一九二三年十二月十一日) …………………… 246
委派梅光培职务令(一九二三年十二月十三日) ………………… 246
委派陈箇民职务令(一九二三年十二月十四日) ………………… 247
委派关汉光职务令(一九二三年十二月十五日) ………………… 247
任命高凤桂职务令(一九二三年十二月十五日) ………………… 247
准任葛昆山席楚霖职务令(一九二三年十二月十八日) ………… 248
准任陈煊等职务令(一九二三年十二月十八日) ………………… 248
准免何蔚职务令(一九二三年十二月十八日) …………………… 249
任命林云陔职务令(一九二三年十二月十八日) ………………… 249
准免路孝忱兼职令(一九二三年十二月十八日) ………………… 250
准免胡思清兼职令(一九二三年十二月十八日) ………………… 250
委派赵杰职务令(一九二三年十二月十九日) …………………… 251
任命徐方济职务令(一九二三年十二月二十二日) ……………… 251
任命陈可钰职务令(一九二三年十二月二十二日) ……………… 252
任命萧湘职务令(一九二三年十二月二十二日) ………………… 252
任命赵士养罗磊生职务令(一九二三年十二月二十二日) ……… 253
准任崔炽黄职务令(一九二三年十二月二十二日) ……………… 253
委派张苇村职务令(一九二三年十二月二十三日) ……………… 254
任命黄明堂职务令(一九二三年十二月二十四日) ……………… 254
任命陈树人职务令(一九二三年十二月二十四日) ……………… 254
准免鲁涤平兼职令(一九二三年十二月二十五日) ……………… 255
任命宋鹤庚兼职令(一九二三年十二月二十五日) ……………… 255
准韦增复辞职令(一九二三年十二月二十七日) ………………… 256
准任汤熙职务令(一九二三年十二月二十七日) ………………… 256
免伍汝康职务令(一九二三年十二月二十七日) ………………… 257
任命岳森卢师撰为大本营谘议令(一九二三年十二月二十七日) ……… 257

任命赵士觐职务令(一九二三年十二月二十八日) · 258
任命张士仁陶礼燊职务令(一九二三年十二月二十八日) · 258
任命李衡职务令(一九二三年十二月二十八日) · 259
任命田桓职务令(一九二三年十二月二十八日) · 259
委派叶恭绰等职务令(一九二三年十二月三十一日) · 260
任命陈群李文彬职务令(一九二三年) · 260
任命陈中孚职务令(一九二三年) · 261
任命戴任职务令(一九二三年) · 261
任命格德林职务令(一九二三年) · 261
任命蒲素日兼职令(一九二三年) · 262
批程璧金名片(一九二三年) · 262
给林国英派状(一九二四年一月二日) · 262
任命林凤游职务令(一九二四年一月三日) · 263
任命高家祺胡盈川职务令(一九二四年一月三日) · 263
准免郑文轩职务令(一九二四年一月三日) · 264
任命钟明阶职务令(一九二四年一月三日) · 264
免王秉均职务令(一九二四年一月三日) · 264
免禄国藩吴震东职务令(一九二四年一月三日) · 265
任命王汝为职务令(一九二四年一月三日) · 265
给高凤桂的指令(一九二四年一月三日) · 266
给叶恭绰的指令(一九二四年一月三日) · 266
免汤廷光职务令(一九二四年一月五日) · 267
委派姚雨平职务令(一九二四年一月五日) · 267
委派陈其瑗职务令(一九二四年一月五日) · 268
任命高培臣廖刚职务令(一九二四年一月七日) · 268
任命薛履新等职务令(一九二四年一月七日) · 268
着任李蟠职务令(一九二四年一月七日) · 269
任命曲同丰职务令(一九二四年一月八日) · 269

任命柏文蔚职务令(一九二四年一月八日) …………………… 270
委派范石生等职务令(一九二四年一月八日) ………………… 270
委派廖行超等职务令(一九二四年一月八日) ………………… 271
准免宾镇远等职务令(一九二四年一月九日) ………………… 271
准免吴靖等职务令(一九二四年一月九日) …………………… 271
委派廖朗如职务令(一九二四年一月十日) …………………… 272
给杨西岩的指令(一九二四年一月十二日) …………………… 272
委派黄仕强等职务令(一九二四年一月十三日) ……………… 273
委派杨宜生等职务令(一九二四年一月十三日) ……………… 273
准任郑德铭职务令(一九二四年一月十五日) ………………… 274
免陈策职务令(一九二四年一月十六日) ……………………… 274
任命冯肇铭职务令(一九二四年一月十六日) ………………… 275
任命洪慈职务令(一九二四年一月十六日) …………………… 275
委派许崇灏职务令(一九二四年一月十六日) ………………… 276
委派张福堂职务令(一九二四年一月十六日) ………………… 276
任命朱世贵职务令(一九二四年一月十八日) ………………… 277
任命覃超曾彦职务令(一九二四年一月十八日) ……………… 277
　　附录　手谕 ………………………………………………… 277
准任徐经训职务令(一九二四年一月十八日) ………………… 278
任命陈兴汉职务令(一九二四年一月十九日) ………………… 278
给林伯岐特派状(一九二四年一月中旬) ……………………… 279
准任杨述凝职务令(一九二四年一月二十一日) ……………… 279
委派陈兴汉职务令(一九二四年一月二十四日) ……………… 279
委派卢师谛职务令(一九二四年一月二十四日) ……………… 280
委派黄范一等职务令(一九二四年一月二十四日) …………… 280
准派陈伯任职务令(一九二四年一月二十四日) ……………… 281
委派刘毅职务令(一九二四年一月二十四日) ………………… 281
委派潘鸿图李维珩职务令(一九二四年一月二十四日) ……… 282

免杨庶堪职务令(一九二四年一月二十九日) …………………… 282

免廖仲恺职务令(一九二四年一月二十九日) …………………… 283

特任杨庶堪职务令(一九二四年一月二十九日) ………………… 283

特任廖仲恺职务令(一九二四年一月二十九日) ………………… 284

中国国民党第一届中央执行委员名单(一九二四年一月三十日) … 284

中国国民党第一届中央监察委员名单(一九二四年一月三十日) … 285

给周潜任命状(一九二四年一月三十一日) ……………………… 285

手批预算委员会名单(一九二四年一月) ………………………… 286

任命刘光烈等职务令(一九二四年二月一日) …………………… 286

任命周亚南刘伯英职务令(一九二四年二月二日) ……………… 287

准梅光培辞职令(一九二四年二月三日) ………………………… 287

任命郑洪年职务令(一九二四年二月三日) ……………………… 287

委派郑洪年职务令(一九二四年二月三日) ……………………… 288

委派张启荣职务令(一九二四年二月三日) ……………………… 288

委派雷洪基朱公彦职务令(一九二四年二月三日) ……………… 289

委派邹鲁职务令(一九二四年二月四日) ………………………… 289

任命周亚南刘伯英职务令(一九二四年二月六日) ……………… 290

免温德章职务令(一九二四年二月六日) ………………………… 290

着陈兴汉代职令(一九二四年二月六日) ………………………… 291

任命黄玉田职务令(一九二四年二月十一日) …………………… 291

任命蒋群职务令(一九二四年二月十一日) ……………………… 292

委派陈应麟职务令(一九二四年二月十一日) …………………… 292

准任钟震岳楼守光职务令(一九二四年二月十一日) …………… 292

任命何应钦职务令(一九二四年二月十一日) …………………… 293

准任黄建勋职务令(一九二四年二月十四日) …………………… 293

特任蒋尊篡职务令(一九二四年二月十六日) …………………… 294

准李雄伟辞职令(一九二四年二月十六日) ……………………… 294

任命巫琦职务令(一九二四年二月十六日) ……………………… 295

任命杨言昌职务令(一九二四年二月十九日) ……………………… 295
准任平宝善等职务令(一九二四年二月十九日) …………………… 295
特派范石生职务令(一九二四年二月二十日) ……………………… 296
任命胡谦职务令(一九二四年二月二十日) ………………………… 296
任命李文炳职务令(一九二四年二月二十日) ……………………… 297
委派李纪堂职务令(一九二四年二月二十日) ……………………… 297
免廖仲恺郑洪年兼职令(一九二四年二月二十一日) ……………… 298
任命乌勒吉职务令(一九二四年二月二十一日) …………………… 298
准任曾省三职务令(一九二四年二月二十一日) …………………… 298
任命谢远涵职务令(一九二四年二月二十二日) …………………… 299
任命林镜台职务令(一九二四年二月二十二日) …………………… 299
　附录　同题异文 …………………………………………………… 300
准任陈似职务令(一九二四年二月二十三日) ……………………… 300
委派李福林职务令(一九二四年二月二十五日) …………………… 301
准免罗桂芳兼职令(一九二四年二月二十六日) …………………… 301
委派刘觉任职务令(一九二四年二月二十六日) …………………… 302
任命张继等职务令(一九二四年二月二十八日) …………………… 302
任命张翼鹏职务令(一九二四年三月一日) ………………………… 303
委派杨庶堪职务令(一九二四年三月一日) ………………………… 303
给财政委员会的指令(一九二四年三月三日) ……………………… 303
任命陈树人职务令(一九二四年三月七日) ………………………… 304
任命萧萱职务令(一九二四年三月十日) …………………………… 304
任命杨虎职务令(一九二四年三月十日) …………………………… 305
准派陈鸾谔郑文华职务令(一九二四年三月十日) ………………… 305
任命宋鹤庚兼职令(一九二四年三月十二日) ……………………… 306
任命覃振职务令(一九二四年三月十二日) ………………………… 306
　附录　手谕 ………………………………………………………… 306
任命林若时职务令(一九二四年三月十三日) ……………………… 307

特派邓泽如职务令(一九二四年三月十七日)	307
任命谢晋等职务令(一九二四年三月十七日)	308
免杨西岩职务令(一九二四年三月十七日)	308
任命欧阳豪职务令(一九二四年三月十八日)	309
附录　手谕	309
准任张沛职务令(一九二四年三月十八日)	309
准任文任儒职务令(一九二四年三月十八日)	310
委派张翼鹏职务令(一九二四年三月十八日)	310
委派韦冠英职务令(一九二四年三月十八日)	311
准杨虎辞职令(一九二四年三月十八日)	311
准免杨子毅等职务令(一九二四年三月十八日)	311
准免李炳垣李载德职务令(一九二四年三月十八日)	312
准免陈其瑗等职务令(一九二四年三月十八日)	312
准免黄建勋等职务令(一九二四年三月十八日)	313
给王用宾任命状(一九二四年三月十九日)	313
任命王用宾谭惟洋职务令(一九二四年三月十九日)	314
委派李国恺职务令(一九二四年三月十九日)	314
任命周自得职务令(一九二四年三月二十日)	315
任命李景纲李承翼职务令(一九二四年三月二十日)	315
委派蒋介石职务令(一九二四年三月二十日)	316
委派王柏龄等职务令(一九二四年三月二十日)	316
任命杨子毅黄建勋职务令(一九二四年三月二十日)	317
准任沈欣吾等职务令(一九二四年三月二十日)	317
附录　同题异文	318
委派范石生职务令(一九二四年三月二十一日)	318
免张启荣职务令(一九二四年三月二十二日)	318
准郑里铎辞职令(一九二四年三月二十二日)	319
任命吴铁城职务令(一九二四年三月二十四日)	319

特派鲁涤平职务令(一九二四年三月二十五日) …… 320

委派潘文治任务令(一九二四年三月二十六日) …… 320

准邓泽如辞职令(一九二四年三月二十六日) …… 321

准周鳌山辞职令(一九二四年三月二十七日) …… 321

任命杜起云职务令(一九二四年三月二十八日) …… 321

准黄仕强辞职令(一九二四年三月三十一日) …… 322

准马武颂等辞职令(一九二四年三月三十一日) …… 322

免赵士北职务令(一九二四年四月一日) …… 323

特任吕志伊职务令(一九二四年四月一日) …… 323

特派吕志伊职务令(一九二四年四月一日) …… 324

委派鲁涤平宋子文职务令(一九二四年四月一日) …… 324

准郑述龄辞职令(一九二四年四月一日) …… 324

准余浩廷等辞职令(一九二四年四月一日) …… 325

任命吴铁城状(一九二四年四月二日) …… 325

准任黄家齐职务令(一九二四年四月三日) …… 326

委派雷飚缪笠仁职务令(一九二四年四月四日) …… 326

准伍学熀辞职令(一九二四年四月四日) …… 327

特任方声涛职务令(一九二四年四月四日) …… 327

任命方鼎英等职务令(一九二四年四月五日) …… 327

准方孝纯辞职令(一九二四年四月七日) …… 328

任命朱和中职务令(一九二四年四月八日) …… 328

准任陈荣贵职务令(一九二四年四月八日) …… 329

给张开儒的指令(一九二四年四月十日) …… 329

给鲁涤平的指令(一九二四年四月十日) …… 330

委派古应芬等职务令(一九二四年四月十一日) …… 330

特任叶恭绰兼职令(一九二四年四月十二日) …… 331

任命郑洪年兼职令(一九二四年四月十二日) …… 331

委派张汉职务令(一九二四年四月十二日) …… 332

给伍学熿的指令(一九二四年四月十二日) …… 332
准伍学熿辞职令(一九二四年四月十二日) …… 333
准任曾镛职务令(一九二四年四月十五日) …… 333
免赵士觐职务令(一九二四年四月十八日) …… 334
任命邓泽如职务令(一九二四年四月十八日) …… 334
任命李翊东郑校之职务令(一九二四年四月十八日) …… 335
任命郑洪年职务令(一九二四年四月二十一日) …… 335
委派邓泽如职务令(一九二四年四月二十一日) …… 336
委派廖仲恺等职务令(一九二四年四月二十一日) …… 336
给邓泽如的命令(一九二四年四月二十二日) …… 337
准任陈敬汉杨志章职务令(一九二四年四月二十三日) …… 337
准任郑继周职务令(一九二四年四月二十三日) …… 337
准派吴家麟等职务令(一九二四年四月二十三日) …… 338
准赵士觐辞职令(一九二四年四月二十四日) …… 338
任命李铎等职务令(一九二四年四月二十五日) …… 339
委派张民达职务令(一九二四年四月二十五日) …… 339
任命戴季陶邹若衡职务令(一九二四年四月二十八日) …… 340
任命廖朗如职务令(一九二四年四月二十八日) …… 340
准任陆仲履职务令(一九二四年四月二十八日) …… 341
准任梁海秋职务令(一九二四年四月三十日) …… 341
准邓泽如辞职令(一九二四年四月三十日) …… 342
给马伯麟的指令(一九二四年四月三十日) …… 342
给邓泽如的指令(一九二四年四月三十日) …… 343
任命王家琦职务令(一九二四年五月一日) …… 343
特任蒋介石职务令(一九二四年五月二日) …… 344
任命蒋介石职务令(一九二四年五月二日) …… 344
任命张乃燕职务令(一九二四年五月三日) …… 345
给秘书长的手谕(一九二四年五月三日) …… 345

任命林翔职务令(一九二四年五月五日) …………………… 346

准任温挺修职务令(一九二四年五月五日) …………………… 346

准任陶勉斋职务令(一九二四年五月六日) …………………… 346

任命何克夫职务令(一九二四年五月九日) …………………… 347

特任许崇智职务令(一九二四年五月十一日前) …………………… 347

免黄骚职务令(一九二四年五月十二日) …………………… 348

委派梅光培职务令(一九二四年五月十二日) …………………… 348

准任陈宏毅伍自立职务令(一九二四年五月十二日) …………………… 348

委派邵元冲等职务令(一九二四年五月十四日) …………………… 349

准刘毅辞职令(一九二四年五月十四日) …………………… 349

任命李济深职务令(一九二四年五月十五日) …………………… 350

给刘毅的指令(一九二四年五月十五日) …………………… 350

委派程潜林翔职务令(一九二四年五月十九日) …………………… 351

任命谢无量职务令(一九二四年五月十九日) …………………… 351

委派罗镇湘职务令(一九二四年五月二十日) …………………… 352

给蒋尊簋的指令(一九二四年五月二十日) …………………… 352

准蒋尊簋辞职令(一九二四年五月二十日) …………………… 353

给叶恭绰的指令(一九二四年五月二十日) …………………… 353

任命彭介石职务令(一九二四年五月二十一日) …………………… 354

准杨泰辞职令(一九二四年五月二十一日) …………………… 354

委派黄昌谷职务令(一九二四年五月二十二日) …………………… 355

任命樊钟秀职务令(一九二四年五月二十六日) …………………… 355

任命黄昌谷职务令(一九二四年五月二十七日) …………………… 355

任命黄仕强张沛职务令(一九二四年五月二十七日) …………………… 356

准任严宽职务令(一九二四年五月二十七日) …………………… 356

任命萧养晦职务令(一九二四年五月二十七日) …………………… 357

任命和炉时职务令(一九二四年五月二十七日) …………………… 357

准黄隆生辞职令(一九二四年五月二十七日) …………………… 358

任命顾忠琛职务令(一九二四年五月二十七日) …………………… 358

任命杨泰峰职务令(一九二四年五月二十八日) …………………… 359

任命卢兴邦等职务令(一九二四年五月二十九日) ………………… 359

委派杨瑞亭李子英职务令(一九二四年五月三十一日) …………… 360

委派胡谦职务令(一九二四年五月三十一日) ……………………… 360

任命潘文治职务令(一九二四年五月三十一日) …………………… 361

任命孙统纲职务令(一九二四年六月四日) ………………………… 361

任命林直勉职务令(一九二四年六月七日) ………………………… 362

任命王懋功职务令(一九二四年六月七日) ………………………… 362

任命邹鲁职务令(一九二四年六月九日) …………………………… 363

准黄隆生辞职令(一九二四年六月十一日) ………………………… 363

准杨庶堪辞职令(一九二四年六月十二日) ………………………… 364

特任廖仲恺职务令(一九二四年六月十二日) ……………………… 364

准姚雨平辞职令(一九二四年六月十三日) ………………………… 365

委派林森职务令(一九二四年六月十三日) ………………………… 365

任命李济深等职务令(一九二四年六月十三日) …………………… 365

任命高杞职务令(一九二四年六月十三日) ………………………… 366

任命陈贞瑞职务令(一九二四年六月十三日) ……………………… 366

给何应钦任命状(一九二四年六月十三日) ………………………… 367

准陈兴汉辞职令(一九二四年六月十四日) ………………………… 367

委派许崇灏职务令(一九二四年六月十四日) ……………………… 368

准任冯铁裴等职务令(一九二四年六月十四日) …………………… 368

任命梁鸿楷等职务令(一九二四年六月十四日) …………………… 369

准任卢善矩职务令(一九二四年六月十四日) ……………………… 369

任命周自得兼职令(一九二四年六月十六日) ……………………… 370

委派古应芬职务令(一九二四年六月十七日) ……………………… 370

任命古应芬职务令(一九二四年六月十七日) ……………………… 370

任命姚雨平职务令(一九二四年六月十七日) ……………………… 371

准任林振雄等职务令(一九二四年六月十七日) ………………………… 371

准任吕梦熊等职务令(一九二四年六月十七日) ………………………… 372

免刘成禺职务令(一九二四年六月十七日) ……………………………… 372

任命刘成禺职务令(一九二四年六月十七日) …………………………… 373

  附录　给刘成禺任命状 …………………………………………… 373

委派徐谦职务状(一九二四年六月十七日) ……………………………… 374

委派胡谦郑洪年职务令(一九二四年六月十九日) ……………………… 374

任命蒋介石兼职状(一九二四年六月十九日) …………………………… 375

准郑洪年辞职令(一九二四年六月二十四日) …………………………… 375

准免廖朗如职务令(一九二四年六月二十四日) ………………………… 375

准委姜和椿等职务令(一九二四年六月二十四日) ……………………… 376

委派廖朗如李承翼职务令(一九二四年六月二十四日) ………………… 376

任命陈其瑗职务令(一九二四年六月二十四日) ………………………… 377

任命萧炳章职务令(一九二四年六月二十四日) ………………………… 377

任命林赤民等职务令(一九二四年六月二十四日) ……………………… 378

准免陆仲履职务令(一九二四年六月二十五日) ………………………… 378

准陈兴汉辞职令(一九二四年六月二十五日) …………………………… 379

准邵元冲辞职令(一九二四年六月二十五日) …………………………… 379

准林云陔辞职令(一九二四年六月二十五日) …………………………… 380

任命古应芬职务状(一九二四年六月二十六日) ………………………… 380

委派廖仲恺等职务令(一九二四年六月二十八日) ……………………… 381

准任王南微郑炳烜职务令(一九二四年六月二十八日) ………………… 381

准任程滨等职务令(一九二四年六月二十九日) ………………………… 381

准陈兴汉辞职令(一九二四年七月一日) ………………………………… 382

任命周自得职务令(一九二四年七月一日) ……………………………… 382

任命赵超职务令(一九二四年七月二日) ………………………………… 383

准任徐坚等职务令(一九二四年七月二日) ……………………………… 383

准免杨子毅李景纲职务令(一九二四年七月二日) ……………………… 383

任命李景纲杨子毅职务令(一九二四年七月二日) …… 384

准任金汉生职务令(一九二四年七月二日) …… 384

准任林君复职务令(一九二四年七月三日) …… 385

准任黄元彬等职务令(一九二四年七月三日) …… 385

任命谢英伯等职务令(一九二四年七月四日) …… 386

任命丁超五等职务令(一九二四年七月四日) …… 386

准马伯麟辞职令(一九二四年七月七日) …… 387

任命蒋介石职务令(一九二四年七月七日) …… 387

委派林森职务令(一九二四年七月七日) …… 388

准何家猷辞职令(一九二四年七月八日) …… 388

免黄桓职务令(一九二四年七月八日) …… 389

任命黄桓职务令(一九二四年七月八日) …… 389

委任陆志云职务令(一九二四年七月八日) …… 390

委派谢瀛洲职务令(一九二四年七月八日) …… 390

任命蒋作宾等职务令(一九二四年七月十日) …… 391

任命张拱辰陈保群职务令(一九二四年七月十日) …… 391

委派朱道南职务令(一九二四年七月十日) …… 392

任命张鉴藻等职务令(一九二四年七月十日) …… 392

准免陈敬汉职务令(一九二四年七月十一日) …… 392

任命李其芳职务令(一九二四年七月十二日) …… 393

准任陆福廷甘乃光职务令(一九二四年七月十二日) …… 393

准任郭敏卿职务令(一九二四年七月十二日) …… 394

准任李之腴职务令(一九二四年七月十二日) …… 394

准委曾镛职务令(一九二四年七月十二日) …… 394

准委黄启元等职务令(一九二四年七月十二日) …… 395

任命庄庶管职务令(一九二四年七月十五日) …… 395

委派陈玉麟职务令(一九二四年七月十五日) …… 396

委派蒋介石等职务令(一九二四年七月十五日) …… 396

准廖湘芸辞职令(一九二四年七月十九日) …………………………………… 397

任命陈肇英职务令(一九二四年七月十九日) …………………………………… 397

委派宋子文等职务令(一九二四年七月十九日) ………………………………… 398

任命黄实职务令(一九二四年七月二十一日) …………………………………… 398

任命余和鸿职务令(一九二四年七月二十八日) ………………………………… 399

委派汪啸涯职务令(一九二四年七月二十八日) ………………………………… 399

任命陶澄孝余鹤松职务令(一九二四年八月一日) ……………………………… 400

准免宋荣昌职务令(一九二四年八月一日) ……………………………………… 400

准任李其芳职务令(一九二四年八月一日) ……………………………………… 400

准任李思辕职务令(一九二四年八月一日) ……………………………………… 401

任命宋子文黄隆生职务令(一九二四年八月二日) ……………………………… 401

委派陆嗣曾职务令(一九二四年八月五日) ……………………………………… 402

准任招桂章职务令(一九二四年八月七日) ……………………………………… 402

准林若时辞职令(一九二四年八月七日) ………………………………………… 403

准任邓士章等职务令(一九二四年八月七日) …………………………………… 403

准赵士养辞职令(一九二四年八月七日) ………………………………………… 404

准任张子丹职务令(一九二四年八月七日) ……………………………………… 404

委派胡谦兼职令(一九二四年八月七日) ………………………………………… 405

准任陆耀文林凤生职务令(一九二四年八月八日) ……………………………… 405

委派胡汉民等职务令(一九二四年八月八日) …………………………………… 405

任命林丽生职务令(一九二四年八月八日) ……………………………………… 406

任命陈光组陈威廉职务令(一九二四年八月八日) ……………………………… 406

委派杜墨林职务令(一九二四年八月十一日) …………………………………… 407

任命梁龙职务令(一九二四年八月十四日) ……………………………………… 407

委派胡汉民等任务令(一九二四年八月十六日) ………………………………… 408

准免沈欣吾徐承燠职务令(一九二四年八月二十一日) ………………………… 408

准任胡奂职务令(一九二四年八月二十一日) …………………………………… 409

准任周骏声职务令(一九二四年八月二十一日) ………………………………… 409

免卢振柳职务令(一九二四年八月二十三日) …………………………… 410

任命邓彦华职务令(一九二四年八月二十三日) …………………………… 410

特派杨希闵等职务令(一九二四年八月二十三日) ………………………… 411

特派胡汉民等职务令(一九二四年八月二十三日) ………………………… 411

委派陈兴汉职务令(一九二四年八月二十五日) …………………………… 411

准郑洪年辞职令(一九二四年八月二十七日) ……………………………… 412

准免黄建勋黄仕强职务令(一九二四年八月二十七日) …………………… 412

任命黄仕强职务令(一九二四年八月二十七日) …………………………… 413

任命黄建勋职务令(一九二四年八月二十七日) …………………………… 413

委派蒋介石等职务令(一九二四年八月二十七日) ………………………… 413

任命邓彦华职务令(一九二四年八月二十八日) …………………………… 414

准鲁涤平辞职令(一九二四年八月三十日) ………………………………… 414

特派谢国光职务令(一九二四年八月三十日) ……………………………… 415

委派李卓峰等职务令(一九二四年九月一日) ……………………………… 415

特派谢国光职务状(一九二四年九月二日) ………………………………… 416

准龙廷杰等辞职令(一九二四年九月四日) ………………………………… 416

准雷飚缪笠仁辞职令(一九二四年九月四日) ……………………………… 416

任命马素职务令(一九二四年九月五日) …………………………………… 417

委派吴煦泉职务令(一九二四年九月五日) ………………………………… 417

委派陈宜禧职务令(一九二四年九月六日) ………………………………… 418

免冯伟职务令(一九二四年九月六日) ……………………………………… 418

任命马素职务令(一九二四年九月六日) …………………………………… 419

任命江天柱职务令(一九二四年九月八日) ………………………………… 419

免李伯恺职务令(一九二四年九月八日) …………………………………… 420

委派李伯恺职务令(一九二四年九月八日) ………………………………… 420

委派谢国光陈兴汉职务令(一九二四年九月九日) ………………………… 421

任命高冠吾职务令(一九二四年九月十日) ………………………………… 421

指派叶恭绰职务令(一九二四年九月十日) ………………………………… 421

免廖仲恺职务令(一九二四年九月十二日) …………………………… 422

特任胡汉民兼职令(一九二四年九月十二日) …………………………… 422

免叶恭绰职务令(一九二四年九月十二日) …………………………… 423

特任廖仲恺职务令(一九二四年九月十二日) …………………………… 423

特任廖仲恺兼职令(一九二四年九月十二日) …………………………… 424

准任黄裳等职务令(一九二四年九月十二日) …………………………… 424

免谢无量职务令(一九二四年九月十二日) …………………………… 425

任命谢无量职务令(一九二四年九月十二日) …………………………… 425

准陈其瑗辞职令(一九二四年九月十二日) …………………………… 426

着廖仲恺兼职令(一九二四年九月十二日) …………………………… 426

给吴铁城的命令(一九二四年九月十二日) …………………………… 427

特派胡汉民代职令(一九二四年九月十三日) …………………………… 427

准陈树人辞职令(一九二四年九月十五日) …………………………… 427

任命李文范职务令(一九二四年九月十五日) …………………………… 428

任命林云陔职务令(一九二四年九月十五日) …………………………… 428

前赴韶关督师时的命令(一九二四年九月十五日) …………………………… 429

任命祁耿寰陈民钟职务令(一九二四年九月十六日) …………………………… 429

任命余维谦职务令(一九二四年九月十六日) …………………………… 430

准免戴恩赛职务令(一九二四年九月十六日) …………………………… 430

任命林子峰职务令(一九二四年九月十六日) …………………………… 430

着余维谦兼职令(一九二四年九月十六日) …………………………… 431

准任徐天深等职务令(一九二四年九月十七日) …………………………… 431

准任蔡汉升职务令(一九二四年九月十九日) …………………………… 432

准廖仲恺辞职令(一九二四年九月二十三日) …………………………… 432

准廖仲恺辞职令(一九二四年九月二十三日) …………………………… 433

特任古应芬职务令(一九二四年九月二十三日) …………………………… 433

特任古应芬职务令(一九二四年九月二十三日) …………………………… 434

准杨志章辞职令(一九二四年九月二十三日) …………………………… 434

准任黄乃镛职务令(一九二四年九月二十三日) …… 435

给李明扬等的命令(一九二四年九月二十四日) …… 435

给曾西盛的指令(一九二四年九月二十五日) …… 435

委派徐天琛谭平山职务令(一九二四年九月二十六日) …… 436

任命赖天球职务令(一九二四年九月二十七日) …… 436

准任张惠臣毛如璋职务令(一九二四年九月二十八日) …… 437

特任张开儒职务令(一九二四年九月二十九日) …… 437

任命方声涛职务令(一九二四年九月三十日) …… 438

任命冯宝森练炳章职务令(一九二四年九月三十日) …… 438

特任方声涛职务令(一九二四年十月四日) …… 439

特任谭延闿职务令(一九二四年十月六日) …… 439

特任程潜职务令(一九二四年十月六日) …… 440

任命孔绍尧职务令(一九二四年十月六日) …… 440

任命林支宇职务令(一九二四年十月八日) …… 441

准任谭璟等职务令(一九二四年十月八日) …… 441

特任古应芬兼职令(一九二四年十月九日) …… 442

特任许崇智职务令(一九二四年十月九日) …… 442

准任叶次周等职务令(一九二四年十月九日) …… 442

准任岑念慈职务令(一九二四年十月九日) …… 443

免郑洪年职务令(一九二四年十月九日) …… 443

任命林云陔职务令(一九二四年十月九日) …… 444

免胡谦职务令(一九二四年十月九日) …… 444

免程潜职务令(一九二四年十月九日) …… 445

准胡鲁等辞职令(一九二四年十月九日) …… 445

免叶恭绰职务令(一九二四年十月九日) …… 446

准李承翼辞职令(一九二四年十月九日) …… 446

给鲍罗庭的聘任状(一九二四年十月十一日) …… 447

免傅秉常兼职令(一九二四年十月十一日) …… 447

任命罗桂芳职务令(一九二四年十月十一日) …………………… 447
委派陈友仁等职务令(一九二四年十月十一日) ………………… 448
特派许崇智等职务令(一九二四年十月十一日) ………………… 448
给胡汉民的指令(一九二四年十月十一日) ……………………… 448
准黄松俦升任令(一九二四年十月十二日) ……………………… 449
准免黄梦熊职务令(一九二四年十月十二日) …………………… 449
任命宋鹤庚等职务令(一九二四年十月十三日) ………………… 450
任命何成濬等职务令(一九二四年十月十三日) ………………… 450
准王焕龙辞职令(一九二四年十月十三日) ……………………… 451
给黎泽闿的指令(一九二四年十月十三日) ……………………… 451
任命曾杰职务令(一九二四年十月十四日) ……………………… 452
任命井岳秀职务状(一九二四年十月十四日) …………………… 452
准傅秉常辞职令(一九二四年十月十五日) ……………………… 453
任命罗桂芳职务令(一九二四年十月十五日) …………………… 453
委派吴枂职务令(一九二四年十月十五日) ……………………… 453
任命何成濬职务令(一九二四年十月十八日) …………………… 454
任命张继等职务令(一九二四年十月十九日) …………………… 454
特派徐谦等职务令(一九二四年十月十九日) …………………… 454
委派章烈职务令(一九二四年十月二十日) ……………………… 455
免马超俊职务令(一九二四年十月二十日) ……………………… 455
任命黄骚代职令(一九二四年十月二十日) ……………………… 456
准派李藩国职务令(一九二四年十月二十日) …………………… 456
准任陈翊忠等职务令(一九二四年十月二十一日) ……………… 456
准免林志华职务令(一九二四年十月二十一日) ………………… 457
准任陈言职务令(一九二四年十月二十一日) …………………… 457
委派王棠代职状(一九二四年十月二十一日) …………………… 458
晋授黄实职务令(一九二四年十月二十一日) …………………… 458
准古应芬辞职令(一九二四年十月二十一日) …………………… 458

委派王用宾职务状(一九二四年十月二十二日) ……………………… 459

任命李卓峰职务令(一九二四年十月二十三日) ……………………… 459

任命李铎等职务令(一九二四年十月二十六日) ……………………… 459

特任胡谦职务令(一九二四年十月二十七日) ………………………… 460

免罗桂芳职务令(一九二四年十一月一日) …………………………… 460

任命范其务职务令(一九二四年十一月一日) ………………………… 461

技师郑校之交留守府任用令(一九二四年十一月二日) ……………… 461

任命谢心准职务令(一九二四年十一月二日) ………………………… 462

免黄昌谷职务令(一九二四年十一月三日) …………………………… 462

任命黄昌谷职务令(一九二四年十一月三日) ………………………… 463

任命林直勉职务令(一九二四年十一月三日) ………………………… 463

准徐绍桢辞职令(一九二四年十一月三日) …………………………… 464

委派杨西岩代职令(一九二四年十一月三日) ………………………… 464

着吴铁城兼职令(一九二四年十一月三日) …………………………… 465

委派张民达职务令(一九二四年十一月四日) ………………………… 465

特任刘震寰职务令(一九二四年十一月五日) ………………………… 466

准李藩国辞职令(一九二四年十一月六日) …………………………… 466

准委廖燮职务令(一九二四年十一月六日) …………………………… 466

委派马耿光职务令(一九二四年十一月六日) ………………………… 467

给胡汉民的指令(一九二四年十一月六日) …………………………… 467

给古应芬的指令(一九二四年十一月七日) …………………………… 468

准任叶子琼余焯礼职务令(一九二四年十一月八日) ………………… 468

准任钟华廷等职务令(一九二四年十一月九日) ……………………… 469

准任胡芳辉等职务令(一九二四年十一月九日) ……………………… 469

给蔡舒任命状(一九二四年十一月九日) ……………………………… 470

任命陈翰誉职务令(一九二四年十一月十日) ………………………… 470

准杨西岩辞职令(一九二四年十一月十日) …………………………… 471

准陈树人辞职令(一九二四年十一月十日) …………………………… 471

准徐希元辞职令(一九二四年十一月十日) …… 471

准吴衍慈郑德铭辞职令(一九二四年十一月十日) …… 472

任命蒋介石职务令(一九二四年十一月十一日) …… 472

任命廖仲恺等职务令(一九二四年十一月十一日) …… 473

任命许崇智职务令(一九二四年十一月十一日) …… 473

任命廖仲恺职务令(一九二四年十一月十一日) …… 474

任命谢适群职务令(一九二四年十一月十一日) …… 474

委派谢适群代职令(一九二四年十一月十一日) …… 475

着黄居素代理海外部长令(一九二四年十一月十一日) …… 475

着廖仲恺兼职令(一九二四年十一月十一日) …… 475

免吴铁城兼职令(一九二四年十一月十二日) …… 476

任命卢振柳职务令(一九二四年十一月十二日) …… 476

任命冯朝宗职务令(一九二四年十一月十五日) …… 477

任命吉名瀛职务令(一九二四年十一月十五日) …… 477

准葛昆山升任令(一九二四年十一月十五日) …… 477

免胡谦职务令(一九二四年十一月十五日) …… 478

准任杨允恭职务令(一九二四年十一月十六日) …… 478

任命梁弼群职务令(一九二四年十一月十七日) …… 479

委派林直勉职务令(一九二四年十一月十七日) …… 479

准任谭炳鉴职务令(一九二四年十一月十八日) …… 480

任命罗翼群职务令(一九二四年十一月十八日) …… 480

任命任应歧职务令(一九二四年十一月十九日) …… 481

任命任应歧职务令(一九二四年十一月十九日) …… 481

任命陈青云职务令(一九二四年十一月十九日) …… 482

任命卢兴邦职务令(一九二四年十一月十九日) …… 482

任命陈新燮职务令(一九二四年十一月二十日) …… 483

着张毅等免本职令(一九二四年十一月二十日) …… 483

任命杨愿公职务令(一九二四年十一月二十一日) …… 484

委派王棠职务令(一九二四年十一月二十二日) …… 484
委任刘培寿宣传员证书(一九二四年十一月二十四日) …… 484
特任李宗仁职务令(一九二四年十一月二十四日) …… 485
特任黄绍竑职务令(一九二四年十一月二十四日) …… 485
任命钟华廷职务状(一九二四年十一月二十四日) …… 486
特任赵杰职务令(一九二四年十一月二十七日) …… 486
委派王棠职务状(一九二四年十一月二十七日) …… 486
准林直勉辞职令(一九二四年十二月一日) …… 487
任命余和鸿职务令(一九二四年十二月一日) …… 487
准董福开辞职令(一九二四年十二月一日) …… 488
任命董福开职务令(一九二四年十二月一日) …… 488
任命周雍能职务令(一九二四年十二月一日) …… 489
　　附录　给周雍能任命状 …… 489
准伍大光辞职令(一九二四年十二月一日) …… 490
特任常德盛职务状(一九二四年十二月一日) …… 490
任命赵端职务令(一九二四年十二月三日) …… 491
准卫鼐辞职令(一九二四年十二月三日) …… 491
特派范石生职务令(一九二四年十二月五日) …… 492
准任杨允恭职务令(一九二四年十二月五日) …… 492
准任王紫剑等职务令(一九二四年十二月五日) …… 492
委派罗翼群梅光培职务令(一九二四年十二月五日) …… 493
委派谢国光韦冠英职务令(一九二四年十二月五日) …… 493
任命蒋群职务令(一九二四年十二月六日) …… 494
任命陈翰誉职务令(一九二四年十二月八日) …… 494
委派余和鸿职务令(一九二四年十二月九日) …… 495
任命祁耿寰职务令(一九二四年十二月十一日) …… 495
准任张贞等职务令(一九二四年十二月十一日) …… 495
任命林支宇职务令(一九二四年十二月十二日) …… 496

特派谢国光职务令(一九二四年十二月十二日)………………… 496

着陈青云代职令(一九二四年十二月十二日)………………… 497

给黄桓的指令(一九二四年十二月十五日)…………………… 497

任命韦冠英职务令(一九二四年十二月十六日)……………… 498

任命伍毓瑞职务令(一九二四年十二月十六日)……………… 498

任命刘震寰职务令(一九二四年十二月十六日)……………… 499

任命潘文治职务令(一九二四年十二月十七日)……………… 499

委派范石生等职务令(一九二四年十二月十七日)…………… 500

准潘文治辞职令(一九二四年十二月十八日)………………… 500

准任冯兆霖等职务令(一九二四年十二月十九日)…………… 500

任命刘一道职务令(一九二四年十二月二十日)……………… 501

任命魏会英巢寒青职务令(一九二四年十二月二十日)……… 501

委派李世军宣传员证书(一九二四年十二月二十一日)……… 502

准田炳章辞职令(一九二四年十二月二十三日)……………… 502

任命何家瑞等职务令(一九二四年十二月二十四日)………… 503

免陈兴汉职务令(一九二四年十二月二十九日)……………… 503

免王棠代职令(一九二四年十二月二十九日)………………… 504

委派林直勉职务令(一九二四年十二月二十九日)…………… 504

任命潘震亚职务令(一九二四年十二月三十日)……………… 505

准任钟忠职务令(一九二四年十二月三十日)………………… 505

准任刘国祥等职务令(一九二五年一月五日)………………… 505

委派北京国民会议宣传员令(一九二五年一月六日)………… 506

准廖燮辞职令(一九二五年一月七日)………………………… 506

准派祝膏如职务令(一九二五年一月七日)…………………… 507

委派林直勉职务令(一九二五年一月十三日)………………… 507

准任陈鼎芬等职务令(一九二五年一月十六日)……………… 507

给王鸣亚任命状(一九二五年一月二十日)…………………… 508

任命林俊廷职务令(一九二五年一月二十七日)……………… 508

— 39 —

任命余际唐职务令（一九二五年二月十二日） …………………… 509
任命汤子模职务令（一九二五年二月十二日） …………………… 509
任命林支宇职务令（一九二五年二月十二日） …………………… 510
给杨希闵的指令（一九二五年二月二十四日） …………………… 510
准免岑念慈职务令（一九二五年二月二十六日） ………………… 511
准任陆幼刚职务令（一九二五年二月二十六日） ………………… 511
给杨希闵的指令（一九二五年三月二日） ………………………… 512
委派苏世杰职务令（一九二五年三月五日） ……………………… 512
准梁桂山辞职令（一九二五年三月九日） ………………………… 513

准王棠辞职令

(一九二三年五月一日)

大元帅令

　　广东造币厂会办王棠呈请辞职。应照准。此令。

　　　　　　　　　　　　　　　　　　（中华民国陆海军大元帅之印）

　　　　　　　　　　　　　　　　　　中华民国十二年五月一日

据大本营秘书处编《陆海军大元帅大本营公报》第十号
(广州一九二三年五月十一日)

委派余育之职务令

(一九二三年五月一日)

大元帅令

　　派余育之为中央财政委员会委员。此令。

　　　　　　　　　　　　　　　　　　（中华民国陆海军大元帅之印）

　　　　　　　　　　　　　　　　　　中华民国十二年五月一日

据大本营秘书处编《陆海军大元帅大本营公报》第十号
(广州一九二三年五月十一日)

准任汪彦平职务令

（一九二三年五月一日）

大元帅令

　　大本营审计局长刘纪文呈请任命汪彦平为大本营审计局主任审计官。应照准。此令。

（中华民国陆海军大元帅之印）

中华民国十二年五月一日

据大本营秘书处编《陆海军大元帅大本营公报》第十号
（广州一九二三年五月十一日）

任命陈天太职务令

（一九二三年五月二日）

大元帅令

　　任命陈天太为中央直辖第七军第三师师长。此令。

（中华民国陆海军大元帅之印）

中华民国十二年五月二日

据大本营秘书处编《陆海军大元帅大本营公报》第十号
（广州一九二三年五月十一日）

准任李民雨职务令

（一九二三年五月二日）

大元帅令

　　大本营兵站总监罗翼群呈请任命李民雨为大本营兵站第二支部长。应照准。此令。

（中华民国陆海军大元帅之印）

中华民国十二年五月二日

据大本营秘书处编《陆海军大元帅大本营公报》第十号

（广州一九二三年五月十一日）

任命黄子聪职务令

（一九二三年五月四日）

大元帅令

　　任命黄子聪为大本营秘书。此令。

（中华民国陆海军大元帅之印）

中华民国十二年五月四日

据大本营秘书处编《陆海军大元帅大本营公报》第十号

（广州一九二三年五月十一日）

准林直勉辞职令

（一九二三年五月四日）

大元帅令

　　大本营秘书林直勉呈请辞职。林直勉准免本职。此令。

　　　　　　　　　　　　　　　　　　（中华民国陆海军大元帅之印）

　　　　　　　　　　　　　　　　　　中华民国十二年五月四日

　　　　　　　　　据大本营秘书处编《陆海军大元帅大本营公报》第十号
　　　　　　　　　（广州一九二三年五月十一日）

免周之贞职务令

（一九二三年五月五日）

大元帅令

　　四邑两阳香顺八属①绥靖处业经明令裁撤，绥靖处长周之贞另有任用，应免本职。此令。

　　　　　　　　　　　　　　　　　　（中华民国陆海军大元帅之印）

　　　　　　　　　　　　　　　　　　中华民国十二年五月五日

　　　　　　　　　据大本营秘书处编《陆海军大元帅大本营公报》第十号
　　　　　　　　　（广州一九二三年五月十一日）

---

① 四邑两阳香顺八属：指广东的台山、开平、恩平、新会、阳江、阳春、香山、顺德八县。

任命周之贞职务令

（一九二三年五月五日）

大元帅令

　　任命周之贞为中央直辖广东讨贼军第二师师长。此令。

（中华民国陆海军大元帅之印）
中华民国十二年五月五日

据大本营秘书处编《陆海军大元帅大本营公报》第十号
（广州一九二三年五月十一日）

任命盛荣超职务令

（一九二三年五月五日）

大元帅令

　　任命盛荣超为大本营参军。此令。

（中华民国陆海军大元帅之印）
中华民国十二年五月五日

据大本营秘书处编《陆海军大元帅大本营公报》第十号
（广州一九二三年五月十一日）

免徐绍桢职务令

（一九二三年五月七日）

大元帅令

　　广东省长徐绍桢另有任用,应免本职。此令。

　　　　　　　　　　　　　　　　（中华民国陆海军大元帅之印）

　　　　　　　　　　　　　　　　中华民国十二年五月七日

　　　　　　据大本营秘书处编《陆海军大元帅大本营公报》第十号

　　　　　　（广州一九二三年五月十一日）

任命廖仲恺职务令

（一九二三年五月七日）

大元帅令

　　特任廖仲恺为广东省长。此令。

　　　　　　　　　　　　　　　　（中华民国陆海军大元帅之印）

　　　　　　　　　　　　　　　　中华民国十二年五月七日

　　　　　　据大本营秘书处编《陆海军大元帅大本营公报》第十号

　　　　　　（广州一九二三年五月十一日）

免邓泰中职务令

（一九二三年五月七日）

大元帅令

　　大本营高级参谋邓泰中另有任用，应免本职。此令。

（中华民国陆海军大元帅之印）
中华民国十二年五月七日

据大本营秘书处编《陆海军大元帅大本营公报》第十号
（广州一九二三年五月十一日）

免杨西岩伍学熀职务令

（一九二三年五月七日）

大元帅令

　　广东财政厅长杨西岩、两广盐运使伍学熀均另有任用，应免本职。此令。

（中华民国陆海军大元帅之印）
中华民国十二年五月七日

据大本营秘书处编《陆海军大元帅大本营公报》第十号
（广州一九二三年五月十一日）

免谭延闿职务令

（一九二三年五月七日）

大元帅令

　　大本营内政部长谭延恺〔闿〕另有任用，应免本职。此令。

　　　　　　　　　　　　　　　　（中华民国陆海军大元帅之印）

　　　　　　　　　　　　　　　　　　中华民国十二年五月七日

据大本营秘书处编《陆海军大元帅大本营公报》第十号
（广州一九二三年五月十一日）

免邓泽如职务令

（一九二三年五月七日）

大元帅令

　　大本营建设部长兼理财政部长邓泽如另有任用，应免本兼各职。此令。

　　　　　　　　　　　　　　　　（中华民国陆海军大元帅之印）

　　　　　　　　　　　　　　　　　　中华民国十二年五月七日

据大本营秘书处编《陆海军大元帅大本营公报》第十号
（广州一九二三年五月十一日）

任命邓泽如职务令

(一九二三年五月七日)

大元帅令

　　任命邓泽如为两广盐运使。此令。

（中华民国陆海军大元帅之印）
中华民国十二年五月七日

据大本营秘书处编《陆海军大元帅大本营公报》第十号
(广州一九二三年五月十一日)

任命徐绍桢等职务令

(一九二三年五月七日)

大元帅令

　　特任徐绍桢为大本营内政部长，叶恭绰为财政部长，谭延闿为建设部长。此令。

（中华民国陆海军大元帅之印）
中华民国十二年五月七日

据大本营秘书处编《陆海军大元帅大本营公报》第十号
(广州一九二三年五月十一日)

任命叶恭绰兼职令

（一九二三年五月七日）

大元帅令

财政部长叶恭绰着兼理广东财政厅长。此令。

（中华民国陆海军大元帅之印）

中华民国十二年五月七日

据大本营秘书处编《陆海军大元帅大本营公报》第十号
（广州一九二三年五月十一日）

委派邓慕韩职务令

（一九二三年五月七日）

大元帅令

派邓慕韩为大本营广东宣传委员。此令。

（中华民国陆海军大元帅之印）

中华民国十二年五月七日

据大本营秘书处编《陆海军大元帅大本营公报》第十号
（广州一九二三年五月十一日）

任命邓泰中等职务令

（一九二三年五月七日）

大元帅令

任命邓泰中为大本营军政部次长；杨西岩为内政部次长；郑鸿年为财政部次长；伍学熀为建设部次长。此令。

（中华民国陆海军大元帅之印）

中华民国十二年五月七日

据大本营秘书处编《陆海军大元帅大本营公报》第十号（广州一九二三年五月十一日）

给汤连等委任状

（一九二三年五月九日）

委任汤连、黄全、袁肇春、莫泉、方成为亚洲皇后船中国国民党分部筹备员。此状。

总理（印）

总务部部长　彭素民副署

据中国国民党中央文化传播委员会党史馆藏一般档案 051/323

给陈焕庭委任状

（一九二三年五月九日）

委任陈焕庭为亚洲皇后船中国国民党分部筹备主任。此状。

总理（印）

总务部部长　彭素民副署

代理党务部部长　孙　镜副署

财务部部长　林业明副署

宣传部部长　叶楚伧副署

交际部部长　张秋白副署

据中国国民党中央文化传播委员会党史馆藏一般档案051/323

给朱凤吾等委任状

（一九二三年五月十日）

委任朱凤吾为坝罗中国国民党分部正部长，詹仲民为坝罗中国国民党分部副部长，王莆鸿为坝罗中国国民党分部评议部正议长，李嘉鹏为坝罗中国国民党分部评议部副议长；黄一新为意基度中国国民党分部正部长，万民强为意基度中国国民党分部副部长，陈茂华为意基度中国国民党分部评议部正议长，钟昌鹤为意基度中国国民党分部评议部副议长；赵彪为智京中国国民党分部正部长，李满为智京中国国民党分部副部长，李珍为智京中国国民党分部评议部正议长，梁有成为智京中国国民党分部评议部副议长；陈福元为那卡利中国国民党通讯处正主任，罗景华为那卡利中国国民党通讯处副主任，李霖义为那卡利中国国民党通讯处评议部正议长，余百发为那卡利中国国民党通讯处评议部副议长；周澄清为主咕中国国民党通讯处正主任，陈锡棠为主咕中国国民党通讯处副主任；邝锦遬为高老沙中国国民党通讯处正主任，周瑞典为高老沙中国国民党通讯处副主任；邓以光为世利乔中国国民党通讯处正主任。此状。

总理（印）

总务部部长　彭素民副署

代理党务部部长　孙　镜副署

财务部部长　林业明副署

宣传部部长　叶楚伧副署

交际部部长　张秋白副署

据中国国民党中央文化传播委员会党史馆藏一般档案051/323

给符潮波等委任状

（一九二三年五月十日）

委任符潮波为坝罗中国国民党分部党务科主任；钟荫墀为智京中国国民党分部党务科主任；胡尧亚为那卡利中国国民党通讯处党务科科长；唐敬富为主咕中国国民党通讯处党务科科长；李年常为高老沙中国国民党通讯处党务科科长。此状。

总理（印）

总务部部长　彭素民副署

代理党务部部长　孙　镜副署

据中国国民党中央文化传播委员会党史馆藏一般档案051/323

给朱维烈等委任状

（一九二三年五月十日）

委任朱维烈为坝罗中国国民党分部会计科主任；潘桃为智京中国国民党分部会计科主任；甄增培为那卡利中国国民党通讯处会计科科长；唐敬富为主咕中国国民党通讯处会计科科长；陈棠为高老沙中国国民党通讯处会计科科长；司徒德炜为世利乔中国国民党通讯处会计科科长。此状。

总理（印）

总务部部长　彭素民副署

财务部部长　林业明副署

据中国国民党中央文化传播委员会党史馆藏一般档案051/323

给陈克珍等委任状

（一九二三年五月十日）

委任陈克珍为坝罗中国国民党分部宣传科主任；黄昌为智京中国国民党分部宣传科主任；朱义然为那卡利中国国民党通讯处宣传科科长；周澄清为主咕中国国民党通讯处宣传科科长；李岭南为高老沙中国国民党通讯处宣传科科长。此状。

总理（印）

总务部部长　彭素民副署

宣传部部长　叶楚伧副署

据《中国国民党本部公报》一卷十九号，一九二三年七月十日，转录自秦孝仪主编《国父全集》第八册（台北近代中国出版社一九八九年版）

给符汉精等委任状

（一九二三年五月十日）

委任符汉精为坝罗中国国民党分部总务科主任，张汉彰为坝罗中国国民党分部执行部书记，朱儒翰、钟日南、符午坊、陈良谋、何信鲁、白继文、黄得光、吴汉光、詹所奉、李运淑为坝罗中国国民党分部干事，李命根为坝罗中国国民党分部评议部书记，梁月臣、许之禄、郑邦钟、洪熙初、詹开奉、詹开柏、陈壮英、吴坤珍、颜书鸾、黄汉章、陈汉英、陈良钰、黄自铭、符献川、何鑫、符寿山为坝罗中国国民党分部评议部评议员；刘民特为意基度中国国民党分部执行部书记，刘民特、冯树荣、刘广泰、邹科珍为意基度中国国民党分部干事，刘觉民为意基度中国国民党分部评议部书记，钟晓鸣、巫世珍、陈秀廷、郭德明为意基度中国国民党分部评议部评议员；邓香泉为智京中国国民党分部总务科主任，李起凤、邓香泉为智京中国国民党分部执行部书记，邝受田、罗肇初为智京中国国民党分部干事，马舜民为智京中国国民党分部评议部书记，陈树章、赖海珊、黄朗池、赵饶、余来、梁买为智京中国国民党分部评议部评议员；冯俊三为那卡利中国国民党通讯处总务科科长，甄香泉、冯俊三为那卡利中国国民党通讯处执行部书记，谢雨生、余仲强、练瑞隆、黄连优为那卡利中国国民党通讯处干事，胡联为那卡利中国国民党通讯处评议部书记，阮官成、刘富生、陈锐生、蔡成兴、梁修林、蔡民挥为那卡利中国国民党通讯处评议部评议员；周楫为主咕中国国民党通讯处总务科科长，陈锡棠为主咕中国国民党通讯处执行部书记；李维垣为高老沙中国国民党通讯处总务科科长，李锡蕃为高老沙中国国民党通讯处执行部书记；邓镜墀为世利乔中国国民党通讯处执行部书记。此状。

总理（印）

总务部部长　彭素民副署

据中国国民党中央文化传播委员会党史馆藏一般档案 051/323

任命王国璇职务令

（一九二三年五月十日）

任王国璇为广东财政厅长。

孙　文

据中国国民党中央文化传播委员会党史馆藏一般档案 051/147

准任曾拔职务令

（一九二三年五月十二日）

大元帅令

大本营参军长朱培德呈请任命曾拔为大本营参军处中校副官。应照准。此令。

（中华民国陆海军大元帅之印）

中华民国十二年五月十二日

据大本营秘书处编《陆海军大元帅大本营公报》第十一号（广州一九二三年五月十八日）

准林达存辞职令

（一九二三年五月十二日）

大元帅令

　　大本营财政部第二局局长林达存呈请辞职。林达存准免本职。此令。

　　　　　　　　　　　　　　　（中华民国陆海军大元帅之印）

　　　　　　　　　　　　　　　中华民国十二年五月十二日

据大本营秘书处编《陆海军大元帅大本营公报》第十一号
（广州一九二三年五月十八日）

委派魏邦平职务令

（一九二三年五月十四日）

大元帅令

　　特派魏邦平为西江讨贼军总指挥。此令。

　　　　　　　　　　　　　　　（中华民国陆海军大元帅之印）

　　　　　　　　　　　　　　　中华民国十二年五月十四日

据大本营秘书处编《陆海军大元帅大本营公报》第十一号
（广州一九二三年五月十八日）

准任罗桂芳职务令

（一九二三年五月十四日）

大元帅令

大本营兵站总监罗翼群呈请任命罗桂芳为大本营兵站第三支部长，应照准。此令。

（中华民国陆海军大元帅之印）

中华民国十二年五月十四日

据大本营秘书处编《陆海军大元帅大本营公报》第十一号（广州一九二三年五月十八日）

任命尹骥职务令

（一九二三年五月十四日）

大元帅令

任命尹骥为中央直辖陆军第一、第二两师指挥。此令。

（中华民国陆海军大元帅之印）

中华民国十二年五月十四日

据大本营秘书处编《陆海军大元帅大本营公报》第十一号（广州一九二三年五月十八日）

委派周震鳞职务令

（一九二三年五月十四日）

大元帅令

　　特派周震鳞为大本营劳军使，兼督率中央直辖第一、第二两师事宜。此令。

　　　　　　　　　　　　　　　　　　（中华民国陆海军大元帅之印）
　　　　　　　　　　　　　　　　　　中华民国十二年五月十四日

据大本营秘书处编《陆海军大元帅大本营公报》第十一号
（广州一九二三年五月十八日）

委派黄白马伯麟职务令

（一九二三年五月十四日）

大元帅令

　　派黄白、马伯麟为大本营特务委员。此令。

　　　　　　　　　　　　　　　　　　（中华民国陆海军大元帅之印）
　　　　　　　　　　　　　　　　　　中华民国十二年五月十四日

据大本营秘书处编《陆海军大元帅大本营公报》第十一号
（广州一九二三年五月十八日）

附录　同题异文

（一九二三年五月十四日）

黄白、马伯麟二人委为大本营特务委员，每月公费叁百元。

文

据谭延闿编《总理遗墨》第三辑（印行时间不详，广东省社会科学院藏）

任命夏醉雄职务令

（一九二三年五月十四日）

大元帅令

　　任命夏醉雄为大本营谘议。此令。

（中华民国陆海军大元帅之印）
中华民国十二年五月十四日

据大本营秘书处编《陆海军大元帅大本营公报》第十二号（广州一九二三年五月二十五日）

任命王隆中职务令

（一九二三年五月十六日）

大元帅令

　　任命王隆中为大本营谘议。此令。

（中华民国陆海军大元帅之印）
中华民国十二年五月十六日

据大本营秘书处编《陆海军大元帅大本营公报》第十二号
（广州一九二三年五月二十五日）

委派谢心准职务令

（一九二三年五月十六日）

大元帅令

　　派谢心准为大本营特务委员。此令。

（中华民国陆海军大元帅之印）
中华民国十二年五月十六日

据大本营秘书处编《陆海军大元帅大本营公报》第十二号
（广州一九二三年五月二十五日）

附录 同题异文

（一九二三年五月十五日）

任谢心准为大本营特务委员，每月公费叁百元。此令。

孙　文

中华民国十二年五月十五日

据谭延闿编《总理遗墨》第三辑(印行时间不详，广东省社会科学院藏)

准叶恭绰辞兼职令

（一九二三年五月十七日）

大元帅令

大本营财政部长叶恭绰呈请辞广东财政厅长兼职。应照准。此令。

（中华民国陆海军大元帅之印）

中华民国十二年五月十七日

据大本营秘书处编《陆海军大元帅大本营公报》第十二号（广州一九二三年五月二十五日）

给姜汇清任命状

（一九二三年五月十八日）

任命状

  任命姜汇清为大本营谘议。此状。

孙　文

中华民国十二年五月十八日

据中国国民党中央委员会党史委员会编《国父全集补编》
（台北一九八五年版）

任命邹鲁职务令

（一九二三年五月十八日）

大元帅令

  任命邹鲁为广东财政厅长。此令。

（中华民国陆海军大元帅之印）

中华民国十二年五月十八日

据大本营秘书处编《陆海军大元帅大本营公报》第十二号
（广州一九二三年五月二十五日）

任命程潜职务令

（一九二三年五月二十日）

大元帅令

　　任程潜为东江总指挥。

据上海《民国日报》一九二三年五月二十二日《本社专电》

给骆谭等委任状

（一九二三年五月二十一日）

　　委任骆谭为利物浦中国国民党支部正部长，黄球为利物浦中国国民党支部副部长，冯琳为利物浦中国国民党支部评议部正议长，黎琪为利物浦中国国民党支部评议部副议长。此状。

总理（印）

总务部部长　彭素民副署

代理党务部部长　孙　镜副署

财务部部长　林业明副署

宣传部部长　叶楚伧副署

交际部部长　张秋白副署

据《中国国民党本部公报》一卷十九号，一九二三年七月十日，转录自秦孝仪主编《国父全集》第八册（台北近代中国出版社一九八九年版）

给吴池波委任状

（一九二三年五月二十一日）

委任吴池波为利物浦中国国民党支部党务科正主任。此状。

总理（印）

总务部部长　彭素民副署

代理党务部部长　孙　镜副署

据中国国民党中央文化传播委员会党史馆藏一般档案051/323

给岑相佐黄球委任状

（一九二三年五月二十一日）

委任岑相佐为利物浦中国国民党支部会计科正主任，黄球为利物浦中国国民党支部会计科副主任。此状。

总理（印）

总务部部长　彭素民副署

财务部部长　林业明副署

据中国国民党中央文化传播委员会党史馆藏一般档案051/323

给谢五有委任状

（一九二三年五月二十一日）

委任谢五有为利物浦中国国民党支部宣传科正主任。此状。

总理（印）
总务部部长　彭素民副署
宣传部部长　叶楚伧副署

据《中国国民党本部公报》一卷十九号，一九二三年七月十日，转录自秦孝仪主编《国父全集》第八册（台北近代中国出版社一九八九年版）

给张静愚等委任状

（一九二三年五月二十一日）

委任张静愚、蔡锦全为利物浦中国国民党支部执行部书记，冯远、顾根福、吴钦德、曾福、邓利、冯普、马日龙为利物浦中国国民党支部干事，梅邦华为利物浦中国国民党支部评议部书记，黄明哲、梅宗才、杨容、唐煜秋、黄文卿、庄添、刘昌、郭云凤、黄仲兰、梅栋、张福安、庄保、黎福、严庆辉、黄玉波、周胜、邓镇鸿、谭维、冯广魁、甄深、谭俊信、黄均、司徒于业、邝权修、吴毅、江锦焕、冯昆鹏、邓柱进为利物浦中国国民党支部评议部评议员。此状。

总理（印）
总务部部长　彭素民副署

据中国国民党中央文化传播委员会党史馆藏一般档案 051/323

免陈树人职务令

（一九二三年五月二十一日）

大元帅令

广东政务厅长陈树人另有任用，应免本职。此令。

（中华民国陆海军大元帅之印）

中华民国十二年五月廿一日

据大本营秘书处编《陆海军大元帅大本营公报》第十二号
（广州一九二三年五月二十五日）

任命陈树人职务令

（一九二三年五月二十一日）

大元帅令

任命陈树人为大本营内政部总务厅长。此令。

（中华民国陆海军大元帅之印）

中华民国十二年五月廿一日

据大本营秘书处编《陆海军大元帅大本营公报》第十二号
（广州一九二三年五月二十五日）

任命古应芬职务令

(一九二三年五月二十一日)

大元帅令

　　任命古应芬为广东政务厅长。此令。

(中华民国陆海军大元帅之印)

中华民国十二年五月廿一日

据大本营秘书处编《陆海军大元帅大本营公报》第十二号
(广州一九二三年五月二十五日)

任命谢百城等职务令

(一九二三年五月二十一日)

大元帅令

　　任命谢百城、许行怿、唐支厦、宋镇华为大本营谘议。此令。

(中华民国陆海军大元帅之印)

中华民国十二年五月廿一日

据大本营秘书处编《陆海军大元帅大本营公报》第十二号
(广州一九二三年五月二十五日)

委派刘成禹陈群职务令[①]

（一九二三年五月二十一日）

大元帅令

　　派刘成禹、陈群为大本营宣传委员。此令。

（中华民国陆海军大元帅之印）

中华民国十二年五月廿一日

据大本营秘书处编《陆海军大元帅大本营公报》第十二号
（广州一九二三年五月二十五日）

给刘成禹派状

（一九二三年五月二十一日）

派状

　　派刘成禹为大本营宣传委员。此状。

孙　文

中华民国十二年五月二十一日

据中国国民党中央委员会党史委员会编《国父全集补编》
（台北一九八五年版）

[①] 刘成禹派状见下篇。

免黄白职务令

（一九二三年五月二十二日）

大元帅令

　　大本营特务委员黄白另有任用，应免本职。此令。

　　　　　　　　　　　　　　　　　（中华民国陆海军大元帅之印）

　　　　　　　　　　　　　　　　中华民国十二年五月廿二日

　　　　　　据大本营秘书处编《陆海军大元帅大本营公报》第十三号

　　　　　（广州一九二三年六月一日）

准任黄白职务令

（一九二三年五月二十二日）

大元帅令

　　大本营参军长朱培德呈请任命黄白为大本营参军处上校副官。应照准。此令。

　　　　　　　　　　　　　　　　　（中华民国陆海军大元帅之印）

　　　　　　　　　　　　　　　　中华民国十二年五月廿二日

　　　　　　据大本营秘书处编《陆海军大元帅大本营公报》第十三号

　　　　　（广州一九二三年六月一日）

免彭澄职务令

（一九二三年五月二十二日）

大元帅令

　　江固舰舰长彭澄着即免去本职。此令。

（中华民国陆海军大元帅之印）
中华民国十二年五月廿二日

据大本营秘书处编《陆海军大元帅大本营公报》第十三号（广州一九二三年六月一日）

任命袁良骅职务令

（一九二三年五月二十二日）

大元帅令

　　委任袁良骅为江固舰舰长。此令。

（中华民国陆海军大元帅之印）
中华民国十二年五月廿二日

据大本营秘书处编《陆海军大元帅大本营公报》第十三号（广州一九二三年六月一日）

任命卢启泰陶炯职务令

(一九二三年五月二十二日)

大元帅令

　　任命卢启泰、陶炯为大本营咨议。此令。

(中华民国陆海军大元帅之印)
中华民国十二年五月廿二日

据大本营秘书处编《陆海军大元帅大本营公报》第十三号(广州一九二三年六月一日)

任命涂震亚职务令

(一九二三年五月二十三日)

大元帅令

　　任命涂震亚为大本营咨议。此令。

(中华民国陆海军大元帅之印)
中华民国十二年五月廿三日

据大本营秘书处编《陆海军大元帅大本营公报》第十三号(广州一九二三年六月一日)

任命周家琳职务令

（一九二三年五月二十六日）

大元帅令

　　任命周家琳为大本营咨议。此令。

（中华民国陆海军大元帅之印）

中华民国十二年五月廿六日

据大本营秘书处编《陆海军大元帅大本营公报》第十三号（广州一九二三年六月一日）

给刘芦隐委任状

（一九二三年五月二十九日）

委任刘芦隐为加拿大中国国民党总支部总干事。此状。

总理（印）

总务部部长　彭素民副署

代理党务部部长　孙　镜副署

财务部部长　林业明副署

宣传部部长　叶楚伧副署

交际部部长　张秋白副署

据中国国民党中央文化传播委员会党史馆藏一般档案051/323

任命王柏龄职务令

（一九二三年五月二十九日）

大元帅令

  任命王柏龄为大本营高级参谋。此令。

           （中华民国陆海军大元帅之印）
           中华民国十二年五月廿九日

据大本营秘书处编《陆海军大元帅大本营公报》第十四号
（广州一九二三年六月八日）

委派徐方济丁士杰职务令

（一九二三年五月二十九日）

大元帅令

  派徐方济、丁士杰为大本营出勤委员。此令。

           （中华民国陆海军大元帅之印）
           中华民国十二年五月廿九日

据大本营秘书处编《陆海军大元帅大本营公报》第十四号
（广州一九二三年六月八日）

免林云陔职务令

（一九二三年五月二十九日）

大元帅令

大本营秘书林云陔另有任用，应免本职。此令。

（中华民国陆海军大元帅之印）

中华民国十二年五月廿九日

据大本营秘书处编《陆海军大元帅大本营公报》第十四号（广州一九二三年六月八日）

任命林云陔宋子文职务令

（一九二三年五月二十九日）

大元帅令

任命林云陔为中央银行行长，宋子文为副行长。此令。

（中华民国陆海军大元帅之印）

中华民国十二年五月廿九日

据大本营秘书处编《陆海军大元帅大本营公报》第十四号（广州一九二三年六月八日）

准任周尧坤等职务令

（一九二三年五月二十九日）

大元帅令

　　大本营参谋长张开儒呈请任命周尧坤、周鳌山为大本营参谋处秘书；陈雄洲为上校参谋；陈焯为中校参谋；卢汉为上校副官；谷春芳、黄伯度为中校副官；苏俊伍为少校副官。均照准。此令。

（中华民国陆海军大元帅之印）

中华民国十二年五月二十九日

据大本营秘书处编《陆海军大元帅大本营公报》第十四号
（广州一九二三年六月八日）

任命朱霁青职务令

（一九二三年五月三十日）

大元帅令

　　任命朱霁青为大本营谘议。此令。

（中华民国陆海军大元帅之印）

中华民国十二年五月卅日

据大本营秘书处编《陆海军大元帅大本营公报》第十四号
（广州一九二三年六月八日）

免温树德职务令

（一九二三年五月三十一日）

大元帅令

　　海军舰队司令温树德不奉命令，擅离职守，应即免职。此令。

（中华民国陆海军大元帅之印）

中华民国十二年五月卅一日

据大本营秘书处编《陆海军大元帅大本营公报》第十四号

（广州一九二三年六月八日）

任命吴志馨等职务令

（一九二三年五月三十一日）

大元帅令

　　任命吴志馨为海圻舰舰长，何瀚澜为海深〔琛〕舰舰长，李国堂为肇和舰舰长，田忠柏为飞鹰舰舰长，潘文治为福安舰舰长，赵梯琨为永翔舰舰长兼海军舰队司令部参谋长，胡文溶为楚豫舰舰长，缪庆福为豫章舰舰长，任治龙为海军舰队司令部轮机长，郭朴为海军舰队司令部军需长，王文泰为海军警卫大队长，章焕文为海军司令部副官长。此令。

（中华民国陆海军大元帅之印）

中华民国十二年五月三十一日

据大本营秘书处编《陆海军大元帅大本营公报》第十四号

（广州一九二三年六月八日）

任命卢焘职务令

（一九二三年五月）①

卢焘为大本营高等顾问。此令。

孙　文

据谭延闿编《总理遗墨》第一辑（一九二八年印行，广东省社会科学院藏）

任命黄实职务令

（一九二三年六月一日）

大元帅令

任命黄实为大本营参军。此令。

（中华民国陆海军大元帅之印）

中华民国十二年六月一日

据大本营秘书处编《陆海军大元帅大本营公报》第十四号（广州一九二三年六月八日）

命胡汉民代行大元帅职权令

（一九二三年六月一日）

当大元帅出征期内，特派胡汉民代行职权。此令。

据上海《民国日报》一九二三年六月九日《孙总统出巡后之粤局》

---

① 上海《民国日报》1923年5月4日载"大元帅令"中有"聘卢焘为高等顾问"。此件时间据此酌定。

给刘谦祥等委任状

（一九二三年六月二日）

委任刘谦祥为宿务中国国民党支部正部长，伍尚铨为宿务中国国民党支部副部长，黄瑞为宿务中国国民党支部评议部正议长，关汉生为宿务中国国民党支部评议部副议长。此状。

总理（印）

总务部部长　彭素民副署

代理党务部部长　孙　镜副署

财务部部长　林业明副署

宣传部部长　叶楚伧副署

交际部部长　张秋白副署

据中国国民党中央文化传播委员会党史馆藏一般档案051/323

给林不帝王武昌委任状

（一九二三年六月二日）

委任林不帝为宿务中国国民党支部党务科正主任，王武昌为宿务中国国民党支部党务科副主任。此状。

总理（印）

总务部部长　彭素民副署

代理党务部部长　孙　镜副署

据中国国民党中央文化传播委员会党史馆藏一般档案051/323

给蔡兆庆黄爱逊委任状

（一九二三年六月二日）

委任蔡兆庆为宿务中国国民党支部会计科正主任,黄爱逊为宿务中国国民党支部会计科副主任。此状。

总理(印)

总务部部长　彭素民副署

财务部部长　林业明副署

据中国国民党中央文化传播委员会党史馆藏一般档案051/323

给黄蜚声郭锡年委任状

（一九二三年六月二日）

委任黄蜚声为宿务中国国民党支部宣传科正主任,郭锡年为宿务中国国民党支部宣传科副主任。此状。

总理(印)

总务部部长　彭素民副署

宣传部部长　叶楚伧副署

据中国国民党中央文化传播委员会党史馆藏一般档案051/323

给林仲寿等委任状

（一九二三年六月二日）

委任林仲寿为宿务中国国民党支部总务科正主任，包魏荣为宿务中国国民党支部总务科副主任，陈水根、朱玉亭、林正复、陈承祖、吴祥祝、陈夏莲、谢耀公、冯国华、江石龙、吴守箴为宿务中国国民党支部评议部评议员。此状。

总理（印）

总务部部长　彭素民副署

据中国国民党中央文化传播委员会党史馆藏一般档案051/323

准任张国元伍大光职务令

（一九二三年六月二日）

大元帅令

大本营建设部长谭延闿呈请任命张国元、伍大光为大本营建设部秘书，应照准。此令。

（中华民国陆海军大元帅之印）

中华民国十二年六月二日

据大本营秘书处编《陆海军大元帅大本营公报》第十五号（广州一九二三年六月十五日）

给林美回等委任状

（一九二三年六月三日）

委任林美回为纳卯中国国民党支部正部长，苏广寿为纳卯中国国民党支部副部长，蔡振山为纳卯中国国民党支部评议部正议长，洪癸永为纳卯中国国民党支部评议部副议长。此状。

              总理（印）
          总务部部长 彭素民副署
       代理党务部部长 孙 镜副署
          财务部部长 林业明副署
          宣传部部长 叶楚伧副署
          交际部部长 张秋白副署

据中国国民党中央文化传播委员会党史馆藏一般档案051/323

给陈毅梁侣梅委任状

（一九二三年六月三日）

委任陈毅为纳卯中国国民党支部党务科正主任，梁侣梅为纳卯中国国民党支部党务科副主任。此状。

              总理（印）
          总务部部长 彭素民副署
       代理党务部部长 孙 镜副署

据中国国民党中央文化传播委员会党史馆藏一般档案051/323

给李贲明李吉庭委任状

（一九二三年六月三日）

委任李贲明为纳卯中国国民党支部会计科正主任，李吉庭为纳卯中国国民党支部会计科副主任。此状。

总理（印）

总务部部长　彭素民副署

财务部部长　林业明副署

据中国国民党中央文化传播委员会党史馆藏一般档案 051/323

给甄海山余仕豪委任状

（一九二三年六月三日）

委任甄海山为纳卯中国国民党支部宣传科正主任，余仕豪为纳卯中国国民党支部宣传科副主任。此状。

总理（印）

总务部部长　彭素民副署

宣传部部长　叶楚伧副署

据中国国民党中央文化传播委员会党史馆藏一般档案 051/323

给余民钟等委任状

（一九二三年六月三日）

委任余民钟为纳卯中国国民党支部总务科正主任，邝思汉为纳卯中国国民党支部总务科副主任，李松伟为纳卯中国国民党支部执行部书记，黄灿、陈文、马柏桐、黄玉麟、黄耀、许振、马冠可、邝信达为纳卯中国国民党支部干事，戴爵谷、李锦全、黄芳春、谭衡、黄锦、黄棠、梁炎炘、邝玉池为纳卯中国国民党支部评议部评议员。此状。

总理（印）

总务部部长　彭素民副署

据中国国民党中央文化传播委员会党史馆藏一般档案
051/323

任命熊克武职务令

（一九二三年六月四日）

大元帅令

特任熊克武为川军讨贼军总司令。此令。

（中华民国陆海军大元帅之印）
中华民国十二年六月四日

据大本营秘书处编《陆海军大元帅大本营公报》第十五号
（广州一九二三年六月十五日）

任命刘成勋职务令

（一九二三年六月四日）

大元帅令

　　特任刘成勋为四川省长兼川军总司令。此令。

（中华民国陆海军大元帅之印）
中华民国十二年六月四日

　　据大本营秘书处编《陆海军大元帅大本营公报》第十五号（广州一九二三年六月十五日）

任命赖星辉职务令

（一九二三年六月四日）

大元帅令

　　任命赖星辉为川军讨贼军总指挥。此令。

（中华民国陆海军大元帅之印）
中华民国十二年六月四日

　　据大本营秘书处编《陆海军大元帅大本营公报》第十五号（广州一九二三年六月十五日）

委派古应芬职务令

（一九二三年六月四日）

大元帅令

特派古应芬督办西江筹饷事宜。此令。

（中华民国陆海军大元帅之印）

中华民国十二年六月四日

据大本营秘书处编《陆海军大元帅大本营公报》第十五号
（广州一九二三年六月十五日）

给余和鸿等委任状

（一九二三年六月五日）

委任余和鸿为墨国中国国民党支部正部长，李霖义为墨国中国国民党支部副部长，冯浚三为墨国中国国民党支部评议部正议长，谢雨生为墨国中国国民党支部评议部副议长；林万燕为苏萱中国国民党分部正部长，王福骈为苏萱中国国民党分部副部长，萧镒基为苏萱中国国民党分部评议部正议长，陈镜安为苏萱中国国民党分部评议部副议长；李炳为球那暗步中国国民党通讯处正主任。此状。

　　　　　　　　　　　　　　　　总理（印）
　　　　　　　　　总务部部长　　彭素民副署
　　　　　　代理党务部部长　　孙　镜副署
　　　　　　　　　财务部部长　　林业明副署
　　　　　　　　　宣传部部长　　叶楚伧副署
　　　　　　　　　交际部部长　　张秋白副署

据中国国民党中央文化传播委员会党史馆藏一般档案
051/323

给胡联等委任状

（一九二三年六月五日）

委任胡联为墨国中国国民党支部党务科正主任，余仲强为墨国中国国民党支部党务科副主任；刘祺安为苏萱中国国民党分部党务科主任。此状。

总理（印）

总务部部长　彭素民副署

代理党务部部长　孙　镜副署

据中国国民党中央文化传播委员会党史馆藏一般档案051/323

给梁修林等委任状

（一九二三年六月五日）

委任梁修林为墨国中国国民党支部会计科正主任，余百发为墨国中国国民党支部会计科副主任；胡焯生为苏萱中国国民党分部会计科主任。此状。

总理（印）

总务部部长　彭素民副署

财务部部长　林业明副署

据中国国民党中央文化传播委员会党史馆藏一般档案051/323

给朱义然等委任状

（一九二三年六月五日）

委任朱义然为墨国中国国民党支部宣传科正主任，甄增培为墨国中国国民党支部宣传科副主任；陈文锦为苏萱中国国民党分部宣传科主任。此状。

总理（印）

总务部部长　彭素民副署

宣传部部长　叶楚伧副署

据中国国民党中央文化传播委员会党史馆藏一般档案051/323

给甄增培等委任状①

（一九二三年六月五日）

委任甄增培为墨国中国国民党支部总务科正主任，胡联为墨国中国国民党支部总务科副主任，胡联为墨国中国国民党支部执行部书记，余毓源为墨国中国国民党支部干事，陈福元为墨国中国国民党支部评议部书记，黄容济、刘富生、陈锐生、黄连优、练瑞隆、陈湛、余仕鸿、余仕清、吴允享、陈仕球、陈炯焕、蔡成兴、阮官成为墨国中国国民党支部评议部评议员；王凯旋为苏萱中国国民党分部总务科主任，王成为苏萱中国国民党分部执行部书记，刘祺安、林炳桥、黄桂屏、陈锦发、陈文锦、王森桂为苏萱中国国民党分部干事，萧国民为苏萱中国国民党分部评议部书记，蔡棣生、林惠叶、胡汉辉、刘三

---

① 同日另委甄增培为墨国支部宣传科副主任。

苗、刘鸡、黄碧为苏萱中国国民党分部评议部评议员；彭惠贤为球那暗步中国国民党通讯处执行部书记。此状。

总理（印）

总务部部长　彭素民副署

据中国国民党中央文化传播委员会党史馆藏一般档案051/323

给黄二明委任状

（一九二三年六月五日）

委任黄二明为三藩市《少年中国报》编辑。此状。

总理（印）

据中国国民党中央文化传播委员会党史馆藏一般档案051/323

任命林震职务令

（一九二三年六月七日）

大元帅令

　　任命林震为大本营高级参谋。此令。

（中华民国陆海军大元帅之印）
中华民国十二年六月七日

据大本营秘书处编《陆海军大元帅大本营公报》第十五号（广州一九二三年六月十五日）

准任陈庆森等职务令

（一九二三年六月七日）

大元帅令

大本营内政部长徐绍桢呈请任命陈庆森、黄仕强、吴衍慈、陈新燮为大本营内政部科长。应照准。此令。

（中华民国陆海军大元帅之印）

中华民国十二年六月七日

据大本营秘书处编《陆海军大元帅大本营公报》第十五号
（广州一九二三年六月十五日）

给陈振华等委任状

（一九二三年六月九日）

委任陈振华为典的市中国国民党分部正部长，陈血生为典的市中国国民党分部副部长，高根大为典的市中国国民党分部评议部正议长，陈雄英为典的市中国国民党分部评议部副议长；杨殿南为那市比中国国民党分部正部长，吴事业为那市比中国国民党分部副部长，汤发祥为那市比中国国民党分部评议部正议长，杨铁血为那市比中国国民党分部评议部副议长；黄发文为满地可中国国民党分部正部长，李光迎为满地可中国国民党分部副部长，李希槐为满地可中国国民党分部评议部正议长，李剑生为满地可中国国民党分部评议部副议长；刘起岩为温地辟中国国民党分部正部长，宋海平为温地辟中国国民党分部副部长，黄舜杰为温地辟中国国民党分部评议部正议长，宋少白为温地辟中国国民党分部评议部副议长；周瑞祝为打市巧夫中国国民党分部正部长，周道富为打市巧夫中国国民党分部副部长，周开旋为打市巧夫中国国民党分部评议部正议长,周宪禄为打市巧夫中国国民党分部评议部副议长;黄启瑞为始李巴中国国民党通讯处正主任,黄述焜为始李巴中国国民党通讯处副主任,李云霭为始李巴中国国民党通讯处评议部正议长,梁耀南为始李巴中国国民党通讯处评议部副议长;宋善生为尾步隙中国国民党通讯处正主任,李毓林为尾步隙中国国民党通讯处副主任,李锡三为尾步隙中国国民党通讯处评议部正议长,李堆衍为尾步隙中国国民党通讯处评议部副议长;黄松辅为晒宁中国国民党通讯处正主任,江卓熊为晒宁中国国民党通讯处副主任,麦铁根为晒宁中国国民党通讯处评议部正议长。此状。

总理(印)
总务部部长　彭素民副署
代理党务部部长　孙　镜副署
财务部部长　林业明副署
宣传部部长　叶楚伧副署
交际部部长　张秋白副署

据《中国国民党本部公报》一卷二十一号,一九二三年七月三十日,转录自秦孝仪主编《国父全集》第八册(台北近代中国出版社一九八九年版)

给黄振三等委任状

(一九二三年六月九日)

委任黄振三为典的市中国国民党分部党务科主任;薛群昌为那市比中国国民党分部党务科主任;黄一扫为满地可中国国民党分部党务科主任;胡雁公为温地辟中国国民党分部党务科主任;黄良森为打市巧夫中国国民党分部党务科主任;梁顾桓为始李巴中国国民党通讯处党务科科长;黄胜椿为尾步隙中国国民党通讯处党务科科长;朱芹衍为晒宁中国国民党通讯处党

务科科长。此状。

            总理(印)
         总务部部长 彭素民副署
       代理党务部部长 孙 镜副署

据《中国国民党本部公报》一卷二十一号,一九二三年七月三十日,转录自秦孝仪主编《国父全集》第八册(台北近代中国出版社一九八九年版)

给李晓楼等委任状

(一九二三年六月九日)

委任李晓楼为典的市中国国民党分部会计科主任;杨云鉴为那市比中国国民党分部会计科主任;陈迺文为满地可中国国民党分部会计科主任;麦积超为温地辟中国国民党分部会计科主任;周东朝为打市巧夫中国国民党分部会计科主任;梁碧城为始李巴中国国民党通讯处会计科科长;黄振卓为尾步障〔隙〕中国国民党通讯处会计科科长;朱光汉为晒宁中国国民党通讯处会计科科长。此状。

            总理(印)
         总务部部长 彭素民副署
         财务部部长 林业明副署

据《中国国民党本部公报》一卷二十一号,一九二三年七月三十日,转录自秦孝仪主编《国父全集》第八册(台北近代中国出版社一九八九年版)

给麦雅各等委任状

（一九二三年六月九日）

委任麦雅各为典的市中国国民党分部宣传科主任；杨继志为那市比中国国民党分部宣传科主任；黄渊伟为满地可中国国民党分部宣传科主任；马荣植为温地辟中国国民党分部宣传科主任；吴季谦为打市巧夫中国国民党分部宣传科主任；梁汉志为始李巴中国国民党通讯处宣传科科长；黄皖经为尾步隙中国国民党通讯处宣传科科长；胡荫吾为晒宁中国国民党通讯处宣传科科长。此状。

总理（印）

总务部部长　彭素民副署

宣传部部长　叶楚伧副署

据《中国国民党本部公报》一卷二十一号，一九二三年七月三十日，转录自秦孝仪主编《国父全集》第八册（台北近代中国出版社一九八九年版）

给黄仕元等委任状

（一九二三年六月九日）

委任黄仕元为典的市中国国民党分部总务科主任，廖凤岐为典的市中国国民党分部执行部书记，黄松基、黄澧柟、廖伟理、关朝杷为典的市中国国民党分部干事，陈道荣为典的市中国国民党分部评议部书记，李养来、朱作民、黄纪超、黄宗广、林重平、马来庆、陈孙护为典的市中国国民党分部评议部评议员；杨英三为那市比中国国民党分部总务科主任，高荣耀为那市比中国国民党分部执行部书记，杨裕厚、林昂、林韶、杨逸民为那市比中国国民党分部干事,杨凤岐为那市比中国国民党分部评议部书记,钟亦志、杨国卫、梁坚庭、邹耀元、吴泽松、杨旌贺、吴从光为那市比中国国民党分部评议员;李雨生为满地可中国国民党分部总务科主任,谭君博为满地可中国国民党分部执行部书记,黄运耀、余毓伦、黄传海、余元乐、黄耀启、汤名振、李兆俊、余杰和、黄占鳌、黄中文、黄欣渠、邝文汉、谢连照、黄光锦、凌厚柏为满地可中国国民党分部干事,朱晓湖为满地可中国国民党分部评议部书记,黄浩民、黄名政、朱玉清、李一平、李期焜、余兆麟、周汉三、黄能文、伍云坡、谭宗喜为满地可中国国民党分部评议部评议员;关旭峰为温地辟中国国民党分部总务科主任,李狂父、黄达仁为温地辟中国国民党分部执行部书记,梅强、甄兆麟、蔡社德、李岳、黄启铨、何荣、李植、甄稳为温地辟中国国民党分部干事,黄元仕为温地辟中国国民党分部评议部书记,冯广林、余企中、高宗汉、甄郁林、黄茗兰、黄兆麟、黄杰生、林森、黄文炎、彭利、谭鳌、区富、张洪为温地辟中国国民党分部评议部评议员;梁奕德为打市巧夫中国国民党分部总务科主任,梁丽方为打市巧夫中国国民党分部执行部书记,谢崇现、梁美焯、谢焕庚、周惠生、梁邦和、陈锐明、周庆云为打市巧夫中国国民党分部干事,周寿眉为打市巧夫中国国民党分部评议部书记,黄庆云、周道凯、陈百森、苏成香、叶植生、梁章达、黄礼煜、周添瑶为打市巧夫中国国民党分部评议部评议员;李惠衡为始李巴中国国民党通讯处总务科科长,梁显宏为始李巴中国国民党通讯处执行部书记,梁就发为始李巴中国国民党通讯处评议部书记,李群业、张镛修、黄求大、梁品三为始李巴中国国民党通讯处评议部评议员;余竞生为尾步隙中国国民党通讯处总务科科长,李煦风、余善绪为尾步隙中国国民党通讯处执行部书记,黄洽述、黄沐濂、余植宪、李步云为尾步隙中国国民党通讯处科员,黄颖洲为尾步隙中国国民党通讯处评议部书记,宋卫国、任廷栋、关榜、余耀枝、李福廷、余藻、黄国平、李世濯为尾步隙中国国民党通讯处评议部评议员;彭卓光为晒宁中国国民党通讯处总务科科长,彭效文为晒宁中国国民党通讯处执行部书记,谢汝扬、苏守奎、张荣椿、黄毅民为晒宁中国国民党通讯处科员,黄初运为晒宁中国国民党通讯处评议部书记,赵文初、卢可銮、郑进行、朱箕安、谭宪龙、黄初运为晒宁中国国民党通讯处评议部评议员。此状。

总理(印)

总务部部长　彭素民副署

据《中国国民党本部公报》一卷二十一号,一九二三年七月三十日,转录自秦孝仪主编《国父全集》第八册(台北近代中国出版社一九八九年版)

委派刘翰如职务令

（一九二三年六月九日）

大元帅令

　　派刘翰如为大本营出勤委员。此令。

（中华民国陆海军大元帅之印）

中华民国十二年六月九日

据大本营秘书处编《陆海军大元帅大本营公报》第十六号（广州一九二三年六月二十二日）

给曾唯委任状

（一九二三年六月十日）

委任曾唯为中国国民党上海第四分部筹备处主任。此状。

总理(印)

总务部部长　彭素民副署

据中国国民党中央文化传播委员会党史馆藏环龙路档案09681

给阮炎等委任状

（一九二三年六月十一日）

委任阮炎为檀香山中国国民党支部正部长，李成功为檀香山中国国民党支部副部长，刘福球为檀香山中国国民党支部评议部正议长，阮艺为檀香山中国国民党支部评议部副议长。此状。

总理（印）

总务部部长　彭素民副署

代理党务部部长　孙　镜副署

财务部部长　林业明副署

宣传部部长　叶楚伧副署

交际部部长　张秋白副署

据《中国国民党本部公报》一卷二十二号，一九二三年八月十日，转录自秦孝仪主编《国父全集》第八册（台北近代中国出版社一九八九年版）

给麦民生委任状

（一九二三年六月十一日）

委任麦民生为檀香山中国国民党支部党务科正主任。此状。

总理（印）

总务部部长　彭素民副署

代理党务部部长　孙　镜副署

据《中国国民党本部公报》一卷二十二号，一九二三年八月十日，转录自秦孝仪主编《国父全集》第八册（台北近代中国出版社一九八九年版）

给许棠委任状

（一九二三年六月十一日）

委任许棠为檀香山中国国民党支部会计科正主任。此状。

总理（印）

总务部部长　彭素民副署

财务部部长　林业明副署

据《中国国民党本部公报》一卷二十二号，一九二三年八月十日，转录自秦孝仪主编《国父全集》第八册（台北近代中国出版社一九八九年版）

给欧绍欣委任状

（一九二三年六月十一日）

委任欧绍欣为檀香山中国国民党支部宣传科正主任。此状。

总理（印）

总务部部长　彭素民副署

宣传部部长　叶楚伧副署

据《中国国民党本部公报》一卷二十二号，一九二三年八月十日，转录自秦孝仪主编《国父全集》第八册（台北近代中国出版社一九八九年版）

给杜广等委任状

（一九二三年六月十一日）

委任杜广为檀香山中国国民党支部总务科正主任,卓麟、余让为檀香山中国国民党支部执行部书记,吴君平、陈荃、余揖、吴赞庸、黄炽、冯就、程春雨、杨鼎新、冯玉棠、梁华显、林扬、黄北胜、萧全棣、张金胜、李绍祥、蔡海、刘润柱、林觐、林光、黄烈、黄华、苏霖、郑初、蔡正川为檀香山中国国民党支部干事,林祝泉为檀香山中国国民党支部评议部书记,陈近冬、古石云、刘棠、卢冠、杨华金、李流、杨帝荣、阮暖、王品、郑弼、宋金福、任金、许石贵、杨满、阮培、李进、李公武为檀香山中国国民党支部评议部评议员。此状。

总理（印）

总务部部长　彭素民副署

据《中国国民党本部公报》一卷二十二号,一九二三年八月十日,转录自秦孝仪主编《国父全集》第八册（台北近代中国出版社一九八九年版）

委派徐文镜职务令

（一九二三年六月十一日）

大元帅令

派徐文镜为大本营出勤委员。此令。

（中华民国陆海军大元帅之印）

中华民国十二年六月十一日

据大本营秘书处编《陆海军大元帅大本营公报》第十六号（广州一九二三年六月二十二日）

委派谢荫民职务令

（一九二三年六月十一日）

大元帅令

　　派谢荫民为大本营宣传委员。此令。

（中华民国陆海军大元帅之印）

中华民国十二年六月十一日

据大本营秘书处编《陆海军大元帅大本营公报》第十六号（广州一九二三年六月二十二日）

给任金委任状

（一九二三年六月十一日）

委任状

　　委任任金为檀香山中国国民党支部评议部评议员。此状。

中国国民党总理　孙　文
总务部部长　彭素民
中华民国十二年六月十一日

据中国国民党中央文化传播委员会党史馆藏一般档案051/240

给张澍时委任状

（一九二三年六月十一日）

委任张澍时为中国国民党南京第三分部筹备处主任。此状。

          总理　孙　文（印）
         总务部部长　彭素民（印）
       中华民国十二年六月十一日

据中国国民党中央文化传播委员会党史馆藏环龙路档案09682

任命胡思清职务令

（一九二三年六月十二日）

大元帅令

  任命胡思清为大本营参军。此令。

        （中华民国陆海军大元帅之印）
       中华民国十二年六月十二日

据大本营秘书处编《陆海军大元帅大本营公报》第十六号（广州一九二三年六月二十二日）

委派蔡懿恭职务令

（一九二三年六月十二日）

大元帅令

　　派蔡懿恭为大本营出勤委员。此令。

　　　　　　　　　　　　　　（中华民国陆海军大元帅之印）

　　　　　　　　　　　　　　中华民国十二年六月十二日

　　　　　据大本营秘书处编《陆海军大元帅大本营公报》第十六号

　　（广州一九二三年六月二十二日）

准任徐希元职务令

（一九二三年六月十三日）

大元帅令

　　大本营内政部长徐绍桢呈请任命徐希元为大本营内政部秘书。应照准。此令。

　　　　　　　　　　　　　　（中华民国陆海军大元帅之印）

　　　　　　　　　　　　　　中华民国十二年六月十三日

　　　　　据大本营秘书处编《陆海军大元帅大本营公报》第十六号

　　（广州一九二三年六月二十二日）

任命胡汉民职务令

（一九二三年六月十五日）

大元帅令

特任胡汉民为大本营总参议。此令。

（中华民国陆海军大元帅之印）

中华民国十二年六月十五日

据大本营秘书处编《陆海军大元帅大本营公报》第十六号（广州一九二三年六月二十二日）

任命伍朝枢职务令

（一九二三年六月十五日）

大元帅令

特任伍朝枢为大本营外交部长。此令。

（中华民国陆海军大元帅之印）

中华民国十二年六月十五日

据大本营秘书处编《陆海军大元帅大本营公报》第十六号（广州一九二三年六月二十二日）

任命蒋介石职务令

（一九二三年六月十七日）

大元帅令

特任蒋中正为大元帅行营参谋长。此令。

（中华民国陆海军大元帅之印）

中华民国十二年六月十七日

据大本营秘书处编《陆海军大元帅大本营公报》第十六号（广州一九二三年六月二十二日）

准林云陔辞职令

（一九二三年六月十七日）

大元帅令

大〔中〕央银行行长林云陔呈请辞职。林云陔准免本职。此令。

（中华民国陆海军大元帅之印）

中华民国十二年六月十七日

据大本营秘书处编《陆海军大元帅大本营公报》第十六号（广州一九二三年六月二十二日）

给徐谦派状

(一九二三年六月十七日)

派状

　　派徐谦为特务宣传员。此状。

孙　文

中华民国十二年六月十七日

<small>据杨雪峰《国父给徐谦几封未见发表的函电》，载传记文学编辑委员会编《传记文学》第四十一卷第五期（台北一九八二年十一月）</small>

给郑受炳等委任状

(一九二三年六月二十日)

　　委任郑受炳为巴生中国国民党支部正部长，谭进为巴生中国国民党支部副部长，符昕为巴生中国国民党支部评议部正议长，黄方白为巴生中国国民党支部评议部副议长；陈利焕为布林中国国民党分部正部长，陈喜堂为布林中国国民党分部副部长，邝敬树为布林中国国民党分部评议部正议长，黄枝荣为布林中国国民党分部评议部副议长；麦斗元为嘉柄中国国民党分部正部长，司徒有拱为嘉柄中国国民党分部副部长，何义为嘉柄中国国民党分部评议部正议长，司徒俊明为嘉柄中国国民党分部评议部副议长；郑泗全为坚时中国国民党分部正部长，林有祥为坚时中国国民党分部副部长，王开为坚时中国国民党分部评议部正议长，陈北进为坚时中国国民党分部副议长。此状。

总理（印）

总务部部长　彭素民副署
代理党务部部长　孙　镜副署
财务部部长　林业明副署
宣传部部长　叶楚伧副署
交际部部长　张秋白副署

据中国国民党中央文化传播委员会党史馆藏一般档案051/331

给林诗必等委任状

（一九二三年六月二十日）

委任林诗必为巴生中国国民党支部党务科正主任，潘汉亭为巴生中国国民党支部党务科副主任；邝敬铨为布林中国国民党分部党务科主任；司徒俊礼为嘉柄中国国民党分部党务科主任；李天燋为坚时中国国民党分部党务科主任。此状。

总理（印）
总务部部长　彭素民副署
代理党务部部长　孙　镜副署

据《中国国民党本部公报》一卷二十三号，一九二三年八月二十日，转录自秦孝仪主编《国父全集》第八册（台北近代中国出版社一九八九年版）

给朱普元等委任状

（一九二三年六月二十日）

委任朱普元为巴生中国国民党支部会计科主任，何石安为巴生中国国民党支部会计科副主任；伍时宋为布林中国国民党分部会计科主任；叶全为嘉柄中国国民党分部会计科主任;陈卓祺为坚时中国国民党分部会计科主任。此状。

总理(印)

总务部部长　彭素民副署

财务部部长　林业明副署

据中国国民党中央文化传播委员会党史馆藏一般档案051/331

给陈北平等委任状

（一九二三年六月二十日）

委任陈北平为巴生中国国民党支部宣传科正主任,陈学选为巴生中国国民党支部宣传科副主任;雷连德为布林中国国民党分部宣传科主任;关华为嘉柄中国国民党分部宣传科主任;黄澄溪为坚时中国国民党分部宣传科主任。此状。

总理(印)

总务部部长　彭素民副署

宣传部部长　叶楚伧副署

据《中国国民党本部公报》一卷二十三号,一九二三年八月二十日,转录自秦孝仪主编《国父全集》第八册(台北近代中国出版社一九八九年版)

给詹扬文等委任状

（一九二三年六月二十日）

委任詹扬文为巴生中国国民党支部总务科正主任,陈景星为巴生中国国民党支部总务科副主任,赵汉余为巴生中国国民党支部执行部书记,阮平世、郑心儒、伍光宗、刘桂芬、朱炳酉、何惠民、黄汉雄、何福生为巴生中国国民党支部干事,曾纪孔为巴生中国国民党支部评议部书记,杨古杰、梁锦泰、赵儒忠、冯锐生、黄清相、叶南强、吕仲珊、张东健、郑开煨、姚金榜为巴生中国国民党支部评议部评议员;邝五敬为布林中国国民党分部总务科主任,陈喜堂为布林中国国民党分部执行部书记,陈水萍、余五中、王永宏、伍于定、司徒承彩、符世祥、陈绥良、伍仓德、梁桂昌、邝强、邝国桢、何清润、陈典学、黄广赐、余玉章、邝燮俊、邝修锭、陈齐奕、陈养贻、黄德光、余铨章、列玉珊、邝栋敬、何国祥为布林中国国民党分部干事,何恭鋈为布林中国国民党分部评议部书记,陈治连、何恭鋈、洪昌运、余琼中、廖安田、邝名安、邝祝三、潘德培为布林中国国民党分部评议部评议员;谢松初为嘉柄中国国民党分部总务科主任,凌焕文、陈长胜为嘉柄中国国民党分部执行部书记,司徒宗盛、司徒炳伸、周盛、司徒熙航、司徒永芳、余祐晃、司徒渠、司徒振厚、司徒石、司徒俊良、司徒寿、司徒仕芳为嘉柄中国国民党分部干事,李伯生为嘉柄中国国民党分部评议部书记,马福田、司徒榛、黄认、邝燕、司徒汝林、司徒绍、司徒福畴为嘉柄中国国民党分部评议部评议员;王康实为坚时中国国民党分部总务科主任,郑梦兰、赵东垣为坚时中国国民党分部执行部书记,刘礼谋、阮飞、刘汉彩、刘胜意、黄床、林建安、李金时、周锦庸、王康财、古帝培、方安为坚时中国国民党分部干事,林秀山为坚时中国国民党分部评议部书记,林连富、缪祖绍、蔡连枝、李北、杨帝、郑连、汤建宽、李和、梁超为坚时中国国民党分部评议部评议员。此状。

总理(印)

总务部部长　彭素民副署

据《中国国民党本部公报》一卷二十三号,一九二三年八月二十日,转录自秦孝仪主编《国父全集》第八册(台北近代中国出版社一九八九年版)

委派朱艮职务令

（一九二三年六月二十日）①

大元帅令

　　派朱艮为大本营出勤委员。此令。

　　　　　　　　　　　　　（中华民国陆海军大元帅之印）

　　　　　　　　　　　　　中华民国十二年六月二十日

　　　　　　据大本营秘书处编《陆海军大元帅大本营公报》第二十号
　　　　　（广州一九二三年七月二十日）

附录　手谕

　　朱艮乃黄花岗之役老同志，委为出勤委员，每月公费一百元。

　　　　　　　　　　　　　　　　　　　　　　　孙　文

　　　　　据谭延闿编《总理遗墨》第三辑（印行时间不详，广东省社会科学院藏）

任命赵全季职务令

（一九二三年六月二十日）

大元帅令

　　任命赵全季为大本营咨议。此令。

　　　　　　　　　　　　　（中华民国陆海军大元帅之印）
　　　　　　　　　　　　　中华民国十二年六月二十日

　　　　　　据大本营秘书处编《陆海军大元帅大本营公报》第十七号
　　　　　（广州一九二三年六月二十九日）

---

① 原件无日期，今据《陆海军大元帅大本营公报》第二十号朱艮委派令发表之日期。

任命李思唐职务令

（一九二三年六月二十日）

大元帅令

　　任命李思唐为大本营咨议。此令。

（中华民国陆海军大元帅之印）

中华民国十二年六月二十日

据大本营秘书处编《陆海军大元帅大本营公报》第十七号（广州一九二三年六月二十九日）

附录　手令

委李思唐为谘议，每月公费二百元。此令。

孙　文

中华民国十二年六月十九日

据谭延闿编《总理遗墨》第三辑（印行时间不详，广东省社会科学院藏）

委派邱文彬职务令

（一九二三年六月二十日）

邱文彬委为出勤委员，每月公费二百元。

文

民国十二年六月二十日

据中国国民党中央文化传播委员会党史馆藏一般档案051/150

准任温良职务令

（一九二三年六月二十日）

大元帅令

　　大本营秘书长杨庶堪呈请任命温良为大本营秘书处科员。应照准。此令。

（中华民国陆海军大元帅之印）

中华民国十二年六月二十日

据大本营秘书处编《陆海军大元帅大本营公报》第二十号
（广州一九二三年七月二十日）

准任李湛等职务令

（一九二三年六月二十一日）

大元帅令

　　大本营建设部长谭延闿呈请任命李湛、陈润棠、刘百泉、卫鼐为大本营建设部科长。应照准。此令。

（中华民国陆海军大元帅之印）

中华民国十二年六月廿一日

据大本营秘书处编《陆海军大元帅大本营公报》第十七号
（广州一九二三年六月二十九日）

任命林子峰陆敬科职务令

（一九二三年六月二十二日）

大元帅令

　　任命林子峰为大本营外交部第一局局长，陆敬科为大本营外交部第二局局长。此令。

（中华民国陆海军大元帅之印）
中华民国十二年六月廿二日

据大本营秘书处编《陆海军大元帅大本营公报》第十七号（广州一九二三年六月二十九日）

任命胡思舜职务令

（一九二三年六月二十四日）

大元帅令

　　任命胡思舜为中央直辖滇军第五师师长。此令。

（中华民国陆海军大元帅之印）
中华民国十二年六月廿四日

据大本营秘书处编《陆海军大元帅大本营公报》第十七号（广州一九二三年六月二十九日）

给麦燮棠朱辉如委任状

（一九二三年六月二十五日）

委任麦燮棠为仁丹中国国民党分部正部长，朱辉如为仁丹中国国民党分部评议部正议长。此状。

　　　　　　　　　　　　　　　　　　　总理（印）
　　　　　　　　　　　　　　　总务部部长　彭素民副署
　　　　　　　　　　　　　代理党务部部长　孙　镜副署
　　　　　　　　　　　　　　　财务部部长　林业明副署
　　　　　　　　　　　　　　　宣传部部长　叶楚伧副署
　　　　　　　　　　　　　　　交际部部长　张秋白副署

据《中国国民党本部公报》一卷二十四号，一九二三年八月三十日，转录自秦孝仪主编《国父全集》第八册（台北近代中国出版社一九八九年版）

给练芳委任状

（一九二三年六月二十五日）

委任练芳为仁丹中国国民党分部党务科主任。此状。

　　　　　　　　　　　　　　　　　　　总理（印）
　　　　　　　　　　　　　　　总务部部长　彭素民副署
　　　　　　　　　　　　　代理党务部部长　孙　镜副署

据《中国国民党本部公报》一卷二十四号，一九二三年八月三十日，转录自秦孝仪主编《国父全集》第八册（台北近代中国出版社一九八九年版）

给廖梓谦委任状

(一九二三年六月二十五日)

委任廖梓谦为仁丹中国国民党分部会计科主任。此状。

总理(印)

总务部部长　彭素民副署

财务部部长　林业明副署

据《中国国民党本部公报》一卷二十四号,一九二三年八月三十日,转录自秦孝仪主编《国父全集》第八册(台北近代中国出版社一九八九年版)

给叶荣燊委任状

(一九二三年六月二十五日)

委任叶荣燊为仁丹中国国民党分部宣传科主任。此状。

总理(印)

总务部部长　彭素民副署

宣传部部长　叶楚伧副署

据《中国国民党本部公报》一卷二十四号,一九二三年八月三十日,转录自秦孝仪主编《国父全集》第八册(台北近代中国出版社一九八九年版)

给林天相委任状

（一九二三年六月二十五日）

委任林天相为仁丹中国国民党分部总务科主任。此状。

总理（印）

总务部部长　彭素民副署

据《中国国民党本部公报》一卷二十四号，一九二三年八月三十日，转录自秦孝仪主编《国父全集》第八册（台北近代中国出版社一九八九年版）

免杨虎职务令

（一九二三年六月二十五日）

大元帅令

　　海军特派员杨虎另有任用，应免本职。此令。

（中华民国陆海军大元帅之印）

中华民国十二年六月廿五日

据大本营秘书处编《陆海军大元帅大本营公报》第十七号（广州一九二三年六月二十九日）

任命杨虎职务令

（一九二三年六月二十五日）

大元帅令

　　任命杨虎为大本营参军。此令。

　　　　　　　　　　　　　　　　（中华民国陆海军大元帅之印）

　　　　　　　　　　　　　　　中华民国十二年六月廿五日

　　　　　　据大本营秘书处编《陆海军大元帅大本营公报》第十七号

　　　　（广州一九二三年六月二十九日）

任命姚雨平职务令

（一九二三年六月二十六日）

大元帅令

　　特派姚雨平为惠州安抚使。此令。

　　　　　　　　　　　　　　　　（中华民国陆海军大元帅之印）

　　　　　　　　　　　　　　　中华民国十二年六月廿六日

　　　　　　据大本营秘书处编《陆海军大元帅大本营公报》第十七号

　　　　（广州一九二三年六月二十九日）

准任郑洪铸职务令

（一九二三年六月二十六日）

大元帅令

　　大本营内政部长徐绍桢呈请任命郑洪铸为大本营内政部科长,应照准。此令。

　　　　　　　　　　　　　　　　　　（中华民国陆海军大元帅之印）

　　　　　　　　　　　　　　　　　　中华民国十二年六月廿六日

据大本营秘书处编《陆海军大元帅大本营公报》第十七号
（广州一九二三年六月二十九日）

准任叶佩瑜职务令

（一九二三年六月二十六日）

大元帅令

　　大本营内政部长徐绍桢呈请任命叶佩瑜为大本营内政部科长,应照准。此令。

　　　　　　　　　　　　　　　　　　（中华民国陆海军大元帅之印）

　　　　　　　　　　　　　　　　　　中华民国十二年六月廿六日

据大本营秘书处编《陆海军大元帅大本营公报》第十七号
（广州一九二三年六月二十九日）

任命刘铁城黄仕强职务令

（一九二三年六月二十六日）

大元帅令

　　任命刘铁城为大本营财政部第二局局长，黄仕强为第三局局长。此令。

　　　　　　　　　　　　　　　（中华民国陆海军大元帅之印）

　　　　　　　　　　　　　　　中华民国十二年六月廿六日

　　　　　　　　据大本营秘书处编《陆海军大元帅大本营公报》第十七号

　　　　　　（广州一九二三年六月二十九日）

准黄仕强辞职令

（一九二三年六月二十六日）

大元帅令

　　大本营内政部长徐绍桢呈大本营内政部科长黄仕强恳请辞职，应照准。此令。

　　　　　　　　　　　　　　　（中华民国陆海军大元帅之印）

　　　　　　　　　　　　　　　中华民国十二年六月廿六日

　　　　　　　　据大本营秘书处编《陆海军大元帅大本营公报》第十七号

　　　　　　（广州一九二三年六月二十九日）

委派黄建勋职务令

(一九二三年六月二十八日)

大元帅令

　　派黄建勋为西江船舶检查所所长。此令。

　　　　　　　　　　　　　　　　　　（中华民国陆海军大元帅之印）

　　　　　　　　　　　　　　　　　　中华民国十二年六月廿八日

　　　　　　　　　据大本营秘书处编《陆海军大元帅大本营公报》第十八号
　　　　　　　　　（广州一九二三年七月六日）

任命魏邦平兼职令

(一九二三年六月二十九日)

大元帅令

　　任命魏邦平兼广东西江戒严司令。此令。

　　　　　　　　　　　　　　　　　　（中华民国陆海军大元帅之印）

　　　　　　　　　　　　　　　　　　中华民国十二年六月廿九日

　　　　　　　　　据大本营秘书处编《陆海军大元帅大本营公报》第十八号
　　　　　　　　　（广州一九二三年七月六日）

给曾唯等委任状

(一九二三年六月三十日)

　　委任曾唯为中国国民党上海第四分部正部长,赵毓坤为中国国民党上海第四分部评议部正议长,罗立荣为中国国民党上海第四分部评议部副议长;刘恢汉为山姐咕中国国民党分部正部长,黄晋三为山姐咕中国国民党分部副部长,李耀阶为山姐咕中国国民党分部评议部正议长,黄荣新为山姐咕中国国民党分部评议部副议长。此状。

总理(印)

总务部部长　彭素民副署

代理党务部部长　孙　镜副署

财务部部长　林业明副署

宣传部部长　叶楚伧副署

交际部部长　张秋白副署

据《中国国民党本部公报》一卷二十四号,一九二三年八月三十日,转录自秦孝仪主编《国父全集》第八册(台北近代中国出版社一九八九年版)

给黄俊林织云委任状

(一九二三年六月三十日)

委任黄俊为中国国民党上海第四分部党务科主任;林织云为山姐咕中国国民党分部党务科主任。此状。

总理(印)

总务部部长　彭素民副署

代理党务部部长　孙　镜副署

据《中国国民党本部公报》一卷二十四号,一九二三年八月三十日,转录自秦孝仪主编《国父全集》第八册(台北近代中国出版社一九八九年版)

给张少繁郑明琨委任状

（一九二三年六月三十日）

委任张少繁为中国国民党上海第四分部会计科主任；郑明琨为山姐咕中国国民党分部会计科主任。此状。

总理（印）

总务部部长　彭素民副署

代理党务部部长　孙　镜副署

据《中国国民党本部公报》一卷二十四号，一九二三年八月三十日，转录自秦孝仪主编《国父全集》第八册（台北近代中国出版社一九八九年版）

给石顺豫关崇掀委任状

（一九二三年六月三十日）

委任石顺豫为中国国民党上海第四分部宣传科主任；关崇掀为山姐咕中国国民党分部宣传科主任。此状。

总理（印）

总务部部长　彭素民副署

宣传部部长　叶楚伧副署

据《中国国民党本部公报》一卷二十四号，一九二三年八月三十日，转录自秦孝仪主编《国父全集》第八册（台北近代中国出版社一九八九年版）

给罗桓等委任状

（一九二三年六月三十日）

委任罗桓为中国国民党上海第四分部总务科主任，苏效良、刘国定、何渊、周传祎、韩仁举、祁光华、李代斌、徐天趣为中国国民党上海第四分部干事；谭淦明为山姐咕中国国民党分部总务科主任，谭毓云为山姐咕中国国民党分部执行部书记，孙悦初、赵庆平、周传权、周玉堂为山姐咕中国国民党分部干事，杜朝为山姐咕中国国民党分部评议部书记，关崇祠、谭宪谋、谭尧阶、周积旺、谭子垣、余敦棠、刘禄、关崇樵、刘观华为山姐咕中国国民党分部评议部评议员。此状。

总理（印）

总务部部长　彭素民副署

据《中国国民党本部公报》一卷二十四号，一九二三年八月三十日，转录自秦孝仪主编《国父全集》第八册（台北近代中国出版社一九八九年版）

委派程壮职务令

（一九二三年六月三十日）

大元帅令

派程壮为大本营出勤委员。此令。

（中华民国陆海军大元帅之印）

中华民国十二年六月卅日

据大本营秘书处编《陆海军大元帅大本营公报》第十八号（广州一九二三年七月六日）

准任梁桂山职务令

（一九二三年六月三十日）①

大元帅令

　　大本营内政部长徐绍桢呈请任命梁桂山为大本营内政部科长。应照准。此令。

（中华民国陆海军大元帅之印）

据大本营秘书处编《陆海军大元帅大本营公报》第十八号
（广州一九二三年七月六日）

任命张识尘职务令

（一九二三年六月三十日）

大元帅令

　　任命张识尘为大本营咨议。此令。

（中华民国陆海军大元帅之印）

中华民国十二年六月卅日

据大本营秘书处编《陆海军大元帅大本营公报》第十九号
（广州一九二三年七月十三日）

---

① 本件在《陆海军大元帅大本营公报》未署时间，今据该公报发表此件时的编次酌定。

任命陈其瑗职务令

（一九二三年六月三十日）

大元帅令

　　任命陈其瑗为大本营财政部总务厅长。此令。

（中华民国陆海军大元帅之印）

中华民国十二年六月卅日

据大本营秘书处编《陆海军大元帅大本营公报》第十九号
（广州一九二三年七月十三日）

准任陈长乐伍大光职务令

（一九二三年六月三十日）

大元帅令

　　大本营外交部长伍朝枢呈请任命陈长乐、伍大光为大本营外交部秘书，应照准。此令。

（中华民国陆海军大元帅之印）

中华民国十二年六月卅日

据大本营秘书处编《陆海军大元帅大本营公报》第十八号
（广州一九二三年七月六日）

准任陈灏职务令

（一九二三年六月三十日）

大元帅令

  大本营兵站总监罗翼群呈请任命陈灏为大本营兵站第二支部长。应照准。此令。

            （中华民国陆海军大元帅之印）

              中华民国十二年六月卅日

据大本营秘书处编《陆海军大元帅大本营公报》第十八号
（广州一九二三年七月六日）

准任卢谔生等职务令

（一九二三年六月三十日）

大元帅令

  大本营财政部长叶恭绰呈请任命卢谔生、汪宗准、杨志章为大本营财政部秘书。应照准。此令。

            （中华民国陆海军大元帅之印）

              中华民国十二年六月卅日

据大本营秘书处编《陆海军大元帅大本营公报》第十九号
（广州一九二三年七月十三日）

准任王祺等职务令

（一九二三年六月三十日）

大元帅令

　　大本营军政部长程潜呈请任命王祺、李隆建、邹建庭为大本营军政部秘书；姚大慈为大本营军政部纂译官；马骥为大本营军政部高级副官；云瀛桥、冯宝森、黄培燮、李济汶、沈重熙、宁坤、李明灏、姚大愿、潘培敏为大本营军政部科长；梁祖荫为大本营军政部军法处委员长。均照准。此令。

（中华民国陆海军大元帅之印）
中华民国十二年六月卅日

据大本营秘书处编《陆海军大元帅大本营公报》第十八号
（广州一九二三年七月六日）

准任黄乐诚等职务令

（一九二三年六月三十日）

大元帅令

　　大本营财政部长叶恭绰呈请任命黄乐诚、李景纲、邹庆时、廖朗如、张沛、梅放洲、沈欣吾、徐承燠、梁廷槐、鲍铩①、朱景丰、梁仿谘为大本营财政部科长。应照准。此令。

（中华民国陆海军大元帅之印）
中华民国十二年六月卅日

据大本营秘书处编《陆海军大元帅大本营公报》第十九号
（广州一九二三年七月十三日）

---

① 鲍铩，也作鲍荣。

给刘恢汉委任状

（一九二三年六月三十日）

委任状

　　委任刘恢汉为山姐咕中国国民党分部正部长。此状。

中国国民党总理　孙　文

总务部部长　彭素民

代理党务部部长　孙　镜

财政部部长　林业明

宣传部部长　叶楚伧

交际部部长　张秋白

中华民国十二年六月三十日

据中国国民党中央文化传播委员会党史馆藏一般档案395/63

任命邓慕韩职务令

（一九二三年六月）

邓慕韩广东宣传局长。

据中国国民党中央文化传播委员会党史馆藏一般档案051/151

任命安健孙镜亚职务令

（一九二三年七月五日）

大元帅令

　　任命安健、孙镜亚为大本营谘议。此令。

（中华民国陆海军大元帅之印）

中华民国十二年七月五日

据大本营秘书处编《陆海军大元帅大本营公报》第十九号（广州一九二三年七月十三日）

附录　手谕

　　安健、孙镜亚委谘议，各给公费二百元。卢振柳为参军兼卫士队长，姚观顺另有差遣。

孙　文

据谭延闿编《总理遗墨》第三辑（印行时间不详，广东省社会科学院藏）

准任刘民畏职务令

（一九二三年七月五日）

大元帅令

　　大本营秘书长杨庶堪呈请任命刘民畏为大本营秘书处科员。应照准。此令。

（中华民国陆海军大元帅之印）
中华民国十二年七月五日

据大本营秘书处编《陆海军大元帅大本营公报》第十九号（广州一九二三年七月十三日）

任命卢振柳职务令

（一九二三年七月五日）

大元帅令

　　任命卢振柳为大本营参军兼卫士队队长。此令。

（中华民国陆海军大元帅之印）
中华民国十二年七月五日

据大本营秘书处编《陆海军大元帅大本营公报》第十九号（广州一九二三年七月十三日）

给石青阳委任状

（一九二三年七月五日）

任命石青阳为中国国民党四川总支部部长。此状。

总理（印）

总务部部长　彭素民副署

代理党务部部长　孙　镜副署

财务部部长　林业明副署

宣传部部长　叶楚伧副署

交际部部长　张秋白副署

据《中国国民党本部公报》一卷二十五号，一九二三年九月十日，转录自秦孝仪主编《国父全集》第八册（台北近代中国出版社一九八九年版）

免姚观顺职务令

（一九二三年七月五日）

大元帅令

　　大本营参军兼大本营卫士队长姚观顺另有任用，应免本兼各职。此令。

（中华民国陆海军大元帅之印）

中华民国十二年七月五日

据大本营秘书处编《陆海军大元帅大本营公报》第十九号（广州一九二三年七月十三日）

准任方孝纯职务令

（一九二三年七月六日）

大元帅令

　　大本营参军长朱培德呈请任命方孝纯为大本营参军处少校副官。应照准。此令。

（中华民国陆海军大元帅之印）

中华民国十二年七月六日

据大本营秘书处编《陆海军大元帅大本营公报》第十九号
（广州一九二三年七月十三日）

准任王文翰职务令

（一九二三年七月七日）

大元帅令

　　大本营参军长朱培德呈请任命王文翰为大本营参军处上校副官。应照准。此令。

（中华民国陆海军大元帅之印）

中华民国十二年七月七日

据大本营秘书处编《陆海军大元帅大本营公报》第二十号
（广州一九二三年七月二十日）

免伍岳职务令

（一九二三年七月七日）

大元帅令

　　代理广东高等审判厅厅长伍岳着即免职。此令。

（中华民国陆海军大元帅之印）

中华民国十二年七月七日

据大本营秘书处编《陆海军大元帅大本营公报》第二十号
（广州一九二三年七月二十日）

任命林云陔职务令

（一九二三年七月七日）

大元帅令

　　任命林云陔代理广东高等审判厅厅长。此令。

（中华民国陆海军大元帅之印）

中华民国十二年七月七日

据大本营秘书处编《陆海军大元帅大本营公报》第二十号
（广州一九二三年七月二十日）

委派喻毓藩职务令

（一九二三年七月八日）

派喻毓藩为湖北军事联络员。此令。不支薪不发表。

孙　文

中华民国十二年七月八日

据谭延闿编《总理遗墨》第三辑（印行时间不详，广东省社会科学院藏）

准任朱全德职务令

（一九二三年七月十日）

大元帅令

大本营参军长朱培德呈请任命朱全德为大本营参军处少校副官。应照准。此令。

（中华民国陆海军大元帅之印）

中华民国十二年七月十日

据大本营秘书处编《陆海军大元帅大本营公报》第二十号（广州一九二三年七月二十日）

给符兆光等委任状

（一九二三年七月十一日）

委任符兆光为星洲中国国民党分部正部长，崔霸东为星洲中国国民党分部副部长,林天庭为星洲中国国民党分部评议部正议长,陈大聪为星洲中国国民党分部评议部副议长。此状。

总理(印)

总务部部长　彭素民副署

代理党务部部长　孙　镜副署

财务部部长　林业明副署

宣传部部长　叶楚伧副署

交际部部长　张秋白副署

据《中国国民党本部公报》一卷二十五号,一九二三年九月十日,转录自秦孝仪主编《国父全集》第八册(台北近代中国出版社一九八九年版)

给朱拔英委任状

(一九二三年七月十一日)

委任朱拔英为星洲中国国民党分部党务科主任。此状。

总理(印)

总务部部长　彭素民副署

代理党务部部长　孙　镜副署

据《中国国民党本部公报》一卷二十五号,一九二三年九月十日,转录自秦孝仪主编《国父全集》第八册(台北近代中国出版社一九八九年版)

给严光汉委任状

（一九二三年七月十一日）

委任严光汉为星洲中国国民党分部会计科主任。此状。

总理（印）
总务部部长　彭素民副署
财务部部长　林业明副署

据《中国国民党本部公报》一卷二十五号，一九二三年九月十日，转录自秦孝仪主编《国父全集》第八册（台北近代中国出版社一九八九年版）

给孔宪璟委任状

（一九二三年七月十一日）

委任孔宪璟为星洲中国国民党分部宣传科主任。此状。

总理（印）
总务部部长　彭素民副署
宣传部部长　叶楚伧副署

据《中国国民党本部公报》一卷二十五号，一九二三年九月十日，转录自秦孝仪主编《国父全集》第八册（台北近代中国出版社一九八九年版）

给钱开云等委任状

（一九二三年七月十一日）

委任钱开云为星洲中国国民党分部总务科主任；詹启新为星洲中国国民党分部执行部书记；陈如春、张如富、范基存、庄光奕、黄昌积、何启达、韩经丰、罗豫环为星洲中国国民党分部干事；崔镇之为星洲中国国民党分部评议部书记；黄锦江、王汉光、黄义华、梁英才、陈子贤、詹易浓、林绍生、梅春煊、陈英、翁德盛为星洲中国国民党分部评议部评议员。此状。

总理（印）

总务部部长　彭素民副署

据《中国国民党本部公报》一卷二十五号，一九二三年九月十日，转录自秦孝仪主编《国父全集》第八册（台北近代中国出版社一九八九年版）

任命周鳌山等职务令

（一九二三年七月十二日）

大元帅令

任命周鳌山、钟起宇、吴贞襸为大本营谘议。此令。

（中华民国陆海军大元帅之印）

中华民国十二年七月十二日

据大本营秘书处编《陆海军大元帅大本营公报》第二十号（广州一九二三年七月二十日）

免黄镇磐职务令

（一九二三年七月十二日）

大元帅令

　　广东高等检察厅检察长黄镇磐着即免职。此令。

　　　　　　　　　　　　　　　（中华民国陆海军大元帅之印）
　　　　　　　　　　　　　　　中华民国十二年七月十二日

　　　　　　据大本营秘书处编《陆海军大元帅大本营公报》第二十号
　　　　　　（广州一九二三年七月二十日）

任命车显承职务令

（一九二三年七月十二日）

大元帅令

　　任命车显承代理广东高等检察厅检察长。此令。

　　　　　　　　　　　　　　　（中华民国陆海军大元帅之印）
　　　　　　　　　　　　　　　中华民国十二年七月十二日

　　　　　　据大本营秘书处编《陆海军大元帅大本营公报》第二十号
　　　　　　（广州一九二三年七月二十日）

给邢森洲委任状

（一九二三年七月十三日）

委任邢森洲为暹罗各埠宣传委员。此状。

总理（印）

总务部部长　彭素民副署

宣传部部长　叶楚伧副署

据《中国国民党本部公报》一卷二十五号，一九二三年九月十日，转录自秦孝仪主编《国父全集》第八册（台北近代中国出版社一九八九年版）

给朱晋经委任状

（一九二三年七月十三日）

委任状（第一百一十八号）

委任朱晋经为本党清远分部长。此状。

总理　孙　文

支部长　邓泽如

中华民国十二年七月十三日

据中国国民党中央文化传播委员会党史馆藏一般档案051/159

给王思恭委任状

(一九二三年七月十三日)

委任王思恭为东京中国国民党第一分部筹备处主任。此状。

总理(印)

总务部部长　彭素民副署

据《中国国民党本部公报》一卷二十五号,一九二三年九月十日,转录自秦孝仪主编《国父全集》第八册(台北近代中国出版社一九八九年版)

任命范其务职务令

(一九二三年七月十三日)

大元帅令

任命范其务为广东电政监督兼广州电报局局长。此令。

(中华民国陆海军大元帅之印)

中华民国十二年七月十三日

据大本营秘书处编《陆海军大元帅大本营公报》第二十号(广州一九二三年七月二十日)

准林直勉辞职令

(一九二三年七月十三日)

大元帅令

广东电政监督兼广州电报局局长林直勉呈请辞去本兼各职,林直勉准免本兼各职。此令。

（中华民国陆海军大元帅之印）

中华民国十二年七月十三日

据大本营秘书处编《陆海军大元帅大本营公报》第二十号（广州一九二三年七月二十日）

任命杨蓁职务令

（一九二三年七月十四日）

特任杨蓁代理大元帅行营参谋长。此令。

孙　文

据谭延闿编《总理遗墨》第三辑（印行时间不详，广东省社会科学院藏）

委派杨希闵等职务令

（一九二三年七月十四日）

大元帅令

特派杨希闵、叶恭绰、程潜、杨庶堪、廖仲恺、邹鲁为统一广东财政委员。此令。

（中华民国陆海军大元帅之印）

中华民国十二年七月十四日

据大本营秘书处编《陆海军大元帅大本营公报》第二十号（广州一九二三年七月二十日）

任命朱润德职务令

（一九二三年七月十四日）

大元帅令

  任命朱润德为大本营谘议。此令。

（中华民国陆海军大元帅之印）

中华民国十二年七月十四日

据大本营秘书处编《陆海军大元帅大本营公报》第二十号（广州一九二三年七月二十日）

附录　手谕

（一九二三年七月十四日）

朱润德为谘议，俸每月二百元。

孙　文

中华民国十二年七月十四日

据谭延闿编《总理遗墨》第三辑（印行时间不详，广东省社会科学院藏）

委派陈季博梁明致职务令

（一九二三年七月十四日）

大元帅令

　　派陈季博、梁明致为大本营宣传委员。此令。

　　　　　　　　　　　　　　（中华民国陆海军大元帅之印）

　　　　　　　　　　　　　　中华民国十二年七月十四日

　　　　　据大本营秘书处编《陆海军大元帅大本营公报》第二十号
　　　　（广州一九二三年七月二十日）

委派陈正绳罗玉田职务令

（一九二三年七月十四日）

大元帅令

　　派陈正绳、罗玉田为随营宣传委员。此令。

　　　　　　　　　　　　　　（中华民国陆海军大元帅之印）

　　　　　　　　　　　　　　中华民国十二年七月十四日

　　　　　据大本营秘书处编《陆海军大元帅大本营公报》第二十号
　　　　（广州一九二三年七月二十日）

任命李烈钧等职务令

（一九二三年七月十六日）①

李烈钧为江西总司令兼省长、谭延闿为湖南总司令兼省长、柏文蔚为安徽总司令兼省长、钮永建为江苏总司令兼省长。

> 据中国国民党中央文化传播委员会党史馆藏一般档案051/1

任命谭延闿职务令

（一九二三年七月十六日）

大元帅令

特任谭延闿为湖南省长兼湘军总司令。此令。

（中华民国陆海军大元帅之印）

中华民国十二年七月十六日

> 据大本营秘书处编《陆海军大元帅大本营公报》第二十二号（广州一九二三年八月三日）

---

① 原件无日期，据《陆海军大元帅大本营公报》第二十二号大元帅令。

任命李烈钧职务令

（一九二三年七月十六日）

特任李烈钧为江西总司令兼江西省长。此令。

孙　文

民国十二年七月十六日

据中国国民党中央文化传播委员会党史馆藏一般档案051/147

任命蔡钜猷等职务令

（一九二三年七月十六日）

大元帅令

任命蔡钜猷为湖南讨贼军湘西第一军军长；陈渠珍为湘西第二军军长；谢国光为湘南第一军军长；吴剑学为湘南第二军军长；宋鹤庚为湘中第一军军长；鲁涤平为湘中第二军军长。此令。

（中华民国陆海军大元帅之印）

中华民国十二年七月十六日

据大本营秘书处编《陆海军大元帅大本营公报》第二十二号（广州一九二三年八月三日）

任命杨希闵等职务令

（一九二三年七月十六日）

大元帅令

　　任命杨希闵兼中央直辖滇军第一军军长；范石生为第二军军长；蒋光亮为第三军军长。此令。

　　　　　　　　　　　　　　　　　　　（中华民国陆海军大元帅之印）
　　　　　　　　　　　　　　　　　　　中华民国十二年七月十六日

据大本营秘书处编《陆海军大元帅大本营公报》第二十号
（广州一九二三年七月二十日）

任命赵成梁等职务令

（一九二三年七月十六日）

大元帅令

　　任命赵成梁为中央直辖滇军第一师师长；廖行超为第二师师长；杨廷培为第三师师长；王秉钧为第四师师长。此令。

　　　　　　　　　　　　　　　　　　　（中华民国陆海军大元帅之印）
　　　　　　　　　　　　　　　　　　　中华民国十二年七月十六日

据大本营秘书处编《陆海军大元帅大本营公报》第二十号
（广州一九二三年七月二十日）

任命朱培德职务令

（一九二三年七月十六日）

大元帅令

任命朱培德为中央直辖第一军军长。此令。

（中华民国陆海军大元帅之印）

中华民国十二年七月十六日

据大本营秘书处编《陆海军大元帅大本营公报》第二十号
（广州一九二三年七月二十日）

任命王均职务令

（一九二三年七月十六日）

大元帅令

任命王均为中央直辖第一军第一师师长。此令。

（中华民国陆海军大元帅之印）

中华民国十二年七月十六日

据大本营秘书处编《陆海军大元帅大本营公报》第二十号
（广州一九二三年七月二十日）

委派方觉慧职务令

（一九二三年七月十六日）

大元帅令

　　派方觉慧为大本营宣传委员。此令。

（中华民国陆海军大元帅之印）

中华民国十二年七月十六日

据大本营秘书处编《陆海军大元帅大本营公报》第二十号

（广州一九二三年七月二十日）

委派蒲名元职务令

（一九二三年七月十六日）

大元帅令

　　派蒲名元为大本营宣传委员。此令。

（中华民国陆海军大元帅之印）

中华民国十二年七月十六日

据大本营秘书处编《陆海军大元帅大本营公报》第二十号

（广州一九二三年七月二十日）

委派邱仲川张熙职务令

（一九二三年七月十六日）

大元帅令

　　派邱仲川、张熙为大本营出勤委员。此令。

　　　　　　　　　　　　（中华民国陆海军大元帅之印）

　　　　　　　　　　　　中华民国十二年七月十六日

　　　　　据大本营秘书处编《陆海军大元帅大本营公报》第二十号（广州一九二三年七月二十日）

委派陈季博梁明致职务令

（一九二三年七月十六日）

大元帅令

　　派陈季博、梁明致为大本营宣传委员。此令。

　　　　　　　　　　　　（中华民国陆海军大元帅之印）

　　　　　　　　　　　　中华民国十二年七月十六日

　　　　　据大本营秘书处编《陆海军大元帅大本营公报》第二十一号（广州一九二三年七月二十七日）

免蔡达三文明清职务令

（一九二三年七月十六日）

大元帅令

  大本营出勤委员蔡达三、文明清均着免去本职。此令。

（中华民国陆海军大元帅之印）
中华民国十二年七月十六日

据大本营秘书处编《陆海军大元帅大本营公报》第二十号
（广州一九二三年七月二十日）

免杨池生杨如轩职务令

（一九二三年七月十六日）

大元帅令

  中央直辖滇军第一师师长杨池生、第二师师长杨如轩均着免本职。此令。

（中华民国陆海军大元帅之印）
中华民国十二年七月十六日

据大本营秘书处编《陆海军大元帅大本营公报》第二十号
（广州一九二三年七月二十日）

任命刘崐职务令

（一九二三年七月十七日）

大元帅令

  任命刘崐为大本营谘议。此令。

           （中华民国陆海军大元帅之印）

            中华民国十二年七月十七日

    据大本营秘书处编《陆海军大元帅大本营公报》第二十一号（广州一九二三年七月二十七日）

任命谢适群职务令

（一九二三年七月十七日）

大元帅令

  任命谢适群为大本营内政部第一局局长。此令。

           （中华民国陆海军大元帅之印）

            中华民国十二年七月十七日

    据大本营秘书处编《陆海军大元帅大本营公报》第二十一号（广州一九二三年七月二十七日）

准任陈其瑗周诰职务令

（一九二三年七月十七日）

大元帅令

大本营财政部长叶恭绰呈请任命陈其瑗为中国银行监理官、周诰为广东省银行监理官。均照准。此令。

（中华民国陆海军大元帅之印）

中华民国十二年七月十七日

据大本营秘书处编《陆海军大元帅大本营公报》第二十一号（广州一九二三年七月二十七日）

委派赵士觐职务令

（一九二三年七月十七日）

大元帅令

派赵士觐为大本营粮食管理处督办。此令。

（中华民国陆海军大元帅之印）

中华民国十二年七月十七日

据大本营秘书处编《陆海军大元帅大本营公报》第二十一号（广州一九二三年七月二十七日）

任命黄昌谷职务令

（一九二三年七月十八日）

大元帅令

  任命黄昌谷为大元帅行营金库长。此令。

            （中华民国陆海军大元帅之印）

              中华民国十二年七月十八日

    据大本营秘书处编《陆海军大元帅大本营公报》第二十一号（广州一九二三年七月二十七日）

委派李济深职务令

（一九二三年七月十九日）

大元帅令

  特派李济深兼西江善后督办。此令。

            （中华民国陆海军大元帅之印）

              中华民国十二年七月十九日

    据大本营秘书处编《陆海军大元帅大本营公报》第二十一号（广州一九二三年七月二十七日）

免黄建勋职务令

(一九二三年七月十九日)

大元帅令

琼海关监督黄建勋另有任用,应免本职。此令。

(中华民国陆海军大元帅之印)

中华民国十二年七月十九日

据大本营秘书处编《陆海军大元帅大本营公报》第二十一号(广州一九二三年七月二十七日)

任命黄建勋职务令

(一九二三年七月十九日)

大元帅令

任命黄建勋为梧州关监督兼外交部特派广西交涉员。此令。

(中华民国陆海军大元帅之印)

中华民国十二年七月十九日

据大本营秘书处编《陆海军大元帅大本营公报》第二十一号(广州一九二三年七月二十七日)

任命韦一新职务令

（一九二三年七月十九日）

大元帅令

　　任命韦一新为大本营秘书。此令。

（中华民国陆海军大元帅之印）

中华民国十二年七月十九日

据大本营秘书处编《陆海军大元帅大本营公报》第二十一号（广州一九二三年七月二十七日）

任命岳森卢师撰职务令

（一九二三年七月二十日）

任岳森（不支薪）、卢师撰（每月二百）为谘议。

孙　文

民国十二年七月二十日

据中国国民党中央文化传播委员会党史馆藏一般档案051/151

委派邢森洲职务令

（一九二三年七月二十日）

大元帅令

　　派邢森洲为华侨宣慰员。此令。

　　　　　　　　　　　　　　　（中华民国陆海军大元帅之印）
　　　　　　　　　　　　　　　中华民国十二年七月二十日

　　　　　据大本营秘书处编《陆海军大元帅大本营公报》第二十一号（广州一九二三年七月二十七日）

免孙万乘职务令

（一九二三年七月二十日）

大元帅令

　　大本营谘议孙万乘着免本职。此令。

　　　　　　　　　　　　　　　（中华民国陆海军大元帅之印）
　　　　　　　　　　　　　　　中华民国十二年七月二十日

　　　　　据大本营秘书处编《陆海军大元帅大本营公报》第二十一号（广州一九二三年七月二十七日）

任命杨希闵职务令

（一九二三年七月二十日）

大元帅令

杨希闵兼任粤赣湘边防督办。

据上海《民国日报》一九二三年七月二十一日《本社专电》

免赵宝贤职务令

（一九二三年七月二十一日）

大元帅令

大本营谘议赵宝贤另有任用，应免本职。此令。

（中华民国陆海军大元帅之印）

中华民国十二年七月廿一日

据大本营秘书处编《陆海军大元帅大本营公报》第二十一号（广州一九二三年七月二十七日）

任命赵宝贤职务令

（一九二三年七月二十一日）

大元帅令

任命赵宝贤为大本营高级参谋。此令。

（中华民国陆海军大元帅之印）

中华民国十二年七月廿一日

据大本营秘书处编《陆海军大元帅大本营公报》第二十一号（广州一九二三年七月二十七日）

准任邓彦华职务令

（一九二三年七月二十一日）

大元帅令

　　大本营参军长朱培德呈请任命邓彦华为大本营参军处上校副官。应照准。此令。

（中华民国陆海军大元帅之印）
中华民国十二年七月廿一日
据大本营秘书处编《陆海军大元帅大本营公报》第二十一号（广州一九二三年七月二十七日）

任命杨池生杨如轩职务令

（一九二三年七月二十一日）

任杨池生、杨如轩〈为〉大本营参谋。

据上海《民国日报》一九二三年七月二十二日《本社专电》

任命林丽生职务令

（一九二三年七月二十二日）

大元帅令

　　任命林丽生为大本营谘议。此令。

（中华民国陆海军大元帅之印）
中华民国十二年七月廿二日
据大本营秘书处编《陆海军大元帅大本营公报》第二十二号（广州一九二三年八月三日）

给刘友珊等委任状

（一九二三年七月二十四日）

委任刘友珊为砂朥越中国国民党分部正部长；黄呈光为砂朥越中国国民党分部副部长；伍朝海为砂朥越中国国民党分部评议部正议长。此状。

总理（印）

总务部部长　彭素民副署

代理党务部部长　孙　镜副署

财务部部长　林业明副署

宣传部部长　叶楚伧副署

交际部部长　张秋白副署

据《中国国民党本部公报》一卷二十五号，一九二三年九月十日，转录自秦孝仪主编《国父全集》第八册（台北近代中国出版社一九八九年版）

给李鸿标委任状

（一九二三年七月二十四日）

委任李鸿标为砂朥越中国国民党分部党务科主任。此状。

总理（印）

总务部部长　彭素民副署

代理党务部部长　孙　镜副署

据《中国国民党本部公报》一卷二十五号，一九二三年九月十日，转录自秦孝仪主编《国父全集》第八册（台北近代中国出版社一九八九年版）

给黄呈光委任状

（一九二三年七月二十四日）

委任黄呈光为砂胜越中国国民党分部会计科主任。此状。

总理（印）

总务部部长　彭素民副署

财务部部长　林业明副署

据《中国国民党本部公报》一卷二十五号，一九二三年九月十日，转录自秦孝仪主编《国父全集》第八册（台北近代中国出版社一九八九年版）

给杨子琪委任状

（一九二三年七月二十四日）

委任杨子琪为砂胜越中国国民党分部宣传科主任。此状。

总理（印）

总务部部长　彭素民副署

宣传部部长　叶楚伧副署

据《中国国民党本部公报》一卷二十五号，一九二三年九月十日，转录自秦孝仪主编《国父全集》第八册（台北近代中国出版社一九八九年版）

给郭川衡等委任状

（一九二三年七月二十四日）

委任郭川衡为砂胜越中国国民党分部总务科主任；郭兆棠为砂胜越中国国民党分部执行部书记；吴子昭、杜东升、林开臻、梁胜、郭书成为砂胜越中国国民党分部干事；李闰为砂胜越中国国民党分部评议部书记；萧春生、杨捧章、余溢初、李家春、刘吉庭为砂胜越中国国民党分部评议部评议员。此状。

总理（印）

总务部部长　彭素民副署

据《中国国民党本部公报》一卷二十五号，一九二三年九月十日，转录自秦孝仪主编《国父全集》第八册（台北近代中国出版社一九八九年版）

免谭延闿职务令

（一九二三年七月二十四日）

大元帅令

大本营建设部长谭延闿另有任用，应免本职。此令。

（中华民国陆海军大元帅之印）

中华民国十二年七月廿四日

据大本营秘书处编《陆海军大元帅大本营公报》第二十二号（广州一九二三年八月三日）

任命林森职务令

(一九二三年七月二十四日)

特任林森为大本营建设部长。此令。

（中华民国陆海军大元帅之印）

中华民国十二年七月廿四日

据大本营秘书处编《陆海军大元帅大本营公报》第二十二号(广州一九二三年八月三日)

命叶恭绰令

(一九二三年七月二十四日)

大元帅令

大本营建设部长林森未到任以前,着财政部长叶恭绰暂行兼理。此令。

（中华民国陆海军大元帅之印）

中华民国十二年七月廿四日

据大本营秘书处编《陆海军大元帅大本营公报》第二十二号(广州一九二三年八月三日)

任命黄芸苏黄子聪职务令

（一九二三年七月二十四日）

大元帅令

任命黄芸苏为大本营秘书，黄子聪为秘书。此令。

中华民国十二年七月廿四日

据谭延闿编《总理遗墨》第一辑（一九二八年印行，广东省社会科学院藏）

准任陈敬汉职务令

（一九二三年七月二十四日）

大元帅令

大本营财政部长叶恭绰呈请任命陈敬汉署理财政部秘书。应照准。此令。

（中华民国陆海军大元帅之印）

中华民国十二年七月廿四日

据大本营秘书处编《陆海军大元帅大本营公报》第二十二号（广州一九二三年八月三日）

准免汪宗准职务令

（一九二三年七月二十四日）

大元帅令

　　大本营财政部长叶恭绰呈称：财政部秘书汪宗准另有任用，请免本职。汪宗准准免本职。此令。

（中华民国陆海军大元帅之印）
中华民国十二年七月廿四日

据大本营秘书处编《陆海军大元帅大本营公报》第二十二号（广州一九二三年八月三日）

任命邹鲁职务令

（一九二三年七月二十四日）

　　任邹鲁为广东财政厅长。此令。

孙　文
民国十二年七月廿四日

据中国国家博物馆藏原件

准任王任化职务令

（一九二三年七月二十五日）

大元帅令

　　大本营建设部长谭延闿呈请任命王任化为大本营建设部科长。应照准。此令。

（中华民国陆海军大元帅之印）

中华民国十二年七月廿五日

据大本营秘书处编《陆海军大元帅大本营公报》第二十二号（广州一九二三年八月三日）

委派范石生蒋光亮职务令

（一九二三年七月二十六日）

大元帅令

特派范石生、蒋光亮为统一广东财政委员。此令。

（中华民国陆海军大元帅之印）

中华民国十二年七月廿六日

据大本营秘书处编《陆海军大元帅大本营公报》第二十二号（广州一九二三年八月三日）

任命路孝忱职务令

（一九二三年七月二十七日）

大元帅令

任命路孝忱为中央直辖山陕讨贼军司令。此令。

（中华民国陆海军大元帅之印）

中华民国十二年七月廿七日

据大本营秘书处编《陆海军大元帅大本营公报》第二十二号（广州一九二三年八月三日）

准容景芳辞职令

（一九二三年七月三十日）

大元帅令

  大本营参军长朱培德呈称：参军处上校副官容景芳恳请辞职。应照准。此令。

（中华民国陆海军大元帅之印）
中华民国十二年七月三十日

据大本营秘书处编《陆海军大元帅大本营公报》第二十二号（广州一九二三年八月三日）

委派王恒职务令

（一九二三年七月三十一日）

大元帅令

  派王恒为大本营宣传委员。此令。

（中华民国陆海军大元帅之印）
中华民国十二年七月卅一日

据大本营秘书处编《陆海军大元帅大本营公报》第二十三号（广州一九二三年八月十日）

准张国元辞职令

（一九二三年八月一日）

大元帅令

　　大本营建设部长谭延闿呈称：秘书张国元恳请辞职。应照准。此令。

（中华民国陆海军大元帅之印）

中华民国十二年八月一日

据大本营秘书处编《陆海军大元帅大本营公报》第二十三号（广州一九二三年八月十日）

任命何家猷职务令

（一九二三年八月二日）

　　任命何家猷为琼海关监督兼管北海关事宜。此令。
　　任命何家猷为琼州北海〈外交〉交涉员。此令。

据《广州民国日报》一九二三年八月二日《大元帅命令》

委派张国元职务令

（一九二三年八月二日）

大元帅令

　　派张国元为大本营宣传委员。此令。

（中华民国陆海军大元帅之印）

中华民国十二年八月二日

据大本营秘书处编《陆海军大元帅大本营公报》第二十三号（广州一九二三年八月十日）

给周高伦等委任状

（一九二三年八月四日）

委任周高伦为胜缅中国国民党分部正部长,蔡英洋为胜缅中国国民党分部副部长,萧德钦为胜缅中国国民党分部评议部正议长,周道参为胜缅中国国民党分部评议部副议长。此状。

                总理（印）
            总务部部长 彭素民副署
         代理党务部部长 孙 镜副署
            财务部部长 林业明副署
            宣传部部长 叶楚伧副署
            交际部部长 张秋白副署

据《中国国民党本部公报》一卷二十六号,一九二三年九月二十日,转录自秦孝仪主编《国父全集》第八册（台北近代中国出版社一九八九年版）

给谭裔炽委任状

（一九二三年八月四日）

委任谭裔炽为胜缅中国国民党分部党务科主任。此状。

                总理（印）
            总务部部长 彭素民副署
         代理党务部部长 孙 镜副署

据《中国国民党本部公报》一卷二十六号,一九二三年九月二十日,转录自秦孝仪主编《国父全集》第八册（台北近代中国出版社一九八九年版）

给叶君培委任状

（一九二三年八月四日）

委任叶君培为胜缅中国国民党分部会计科主任。此状。

总理（印）

总务部部长　彭素民副署

财务部部长　林业明副署

据《中国国民党本部公报》一卷二十六号，一九二三年九月二十日，转录自秦孝仪主编《国父全集》第八册（台北近代中国出版社一九八九年版）

给任春华委任状

（一九二三年八月四日）

委任任春华为胜缅中国国民党分部宣传科主任。此状。

总理（印）

总务部部长　彭素民副署

宣传部部长　叶楚伧副署

据《中国国民党本部公报》一卷二十六号，一九二三年九月二十日，转录自秦孝仪主编《国父全集》第八册（台北近代中国出版社一九八九年版）

给叶达煦等委任状

（一九二三年八月四日）

委任叶达煦为胜缅中国国民党分部总务科主任,梅宗镶为胜缅中国国民党分部执行部书记,黄民三为胜缅中国国民党分部评议部书记,梅彬乃、蒋友文、郑观祺、谭槐文、谭裔谅、梅宗安、黄邦迪、胡维让、黄子焕、周志忠为胜缅中国国民党分部评议部评议员。此状。

　　　　　　　　　　　　　　　　　　　　　　　总理(印)
　　　　　　　　　　　　　　　　　　　总务部部长　彭素民副署

据《中国国民党本部公报》一卷二十六号,一九二三年九月二十日,转录自秦孝仪主编《国父全集》第八册(台北近代中国出版社一九八九年版)

委派宋渊源职务令

（一九二三年八月四日）

大元帅令

特派宋渊源为闽南宣慰使。此令。

　　　　　　　　　　　　　　　　　　　（中华民国陆海军大元帅之印）
　　　　　　　　　　　　　　　　　　　中华民国十二年八月四日

据大本营秘书处编《陆海军大元帅大本营公报》第二十四号(广州一九二三年八月十七日)

准任王应潮职务令

（一九二三年八月四日）

大元帅令

　　大本营参军长朱培德呈请任命王应潮为大本营参军处少校副官。应照准。此令。

（中华民国陆海军大元帅之印）
中华民国十二年八月四日

据大本营秘书处编《陆海军大元帅大本营公报》第二十四号（广州一九二三年八月十七日）

给焦易堂派状

（一九二三年八月四日）

派状

　　派焦易堂为陕西河南军事特派员。此状。

孙　文
中华民国十二年八月四日

据中国国民党中央文化传播委员会党史馆藏一般档案051/183

任命陈嘉祐职务令

（一九二三年八月八日）

大元帅令

　　任命陈嘉祐为湖南讨贼军湘东第一军军长。此令。

（中华民国陆海军大元帅之印）
中华民国十二年八月八日

据大本营秘书处编《陆海军大元帅大本营公报》第二十四号（广州一九二三年八月十七日）

委派魏邦平职务令

（一九二三年八月九日）

大元帅令

　　特派魏邦平为琼崖实业督办。此令。

（中华民国陆海军大元帅之印）
中华民国十二年八月九日

据大本营秘书处编《陆海军大元帅大本营公报》第二十四号（广州一九二三年八月十七日）

任命黄隆生职务令

（一九二三年八月九日）

大元帅令

　　任命黄隆生为大元帅行营军用票监督。此令。

（中华民国陆海军大元帅之印）

中华民国十二年八月九日

据大本营秘书处编《陆海军大元帅大本营公报》第二十四号(广州一九二三年八月十七日)

任命安宝恕职务令

（一九二三年八月九日）

大元帅令

　　任命安宝恕为大本营咨议。此令。

（中华民国陆海军大元帅之印）

中华民国十二年八月九日

据大本营秘书处编《陆海军大元帅大本营公报》第二十四号(广州一九二三年八月十七日)

准任范望职务令

（一九二三年八月九日）

大元帅令

　　大本营参谋长张开儒呈请任命范望为大本营参谋处上校参谋。应照准。此令。

　　　　　　　　　　　　　　　　　　（中华民国陆海军大元帅之印）
　　　　　　　　　　　　　　　　　　中华民国十二年八月九日

据大本营秘书处编《陆海军大元帅大本营公报》第二十四号（广州一九二三年八月十七日）

准任李承翼职务令

（一九二三年八月九日）

大元帅令

　　大本营财政部长叶恭绰呈请任命李承翼为大本营财政部科长。应照准。此令。

　　　　　　　　　　　　　　　　　　（中华民国陆海军大元帅之印）
　　　　　　　　　　　　　　　　　　中华民国十二年八月九日

据大本营秘书处编《陆海军大元帅大本营公报》第二十四号（广州一九二三年八月十七日）

准魏邦平辞职令

（一九二三年八月九日）

大元帅令

西江讨贼军总指挥兼西江戒严司令魏邦平呈请辞去本兼各职。应照准。此令。

（中华民国陆海军大元帅之印）

中华民国十二年八月九日

据大本营秘书处编《陆海军大元帅大本营公报》第二十四号（广州一九二三年八月十七日）

准免梁廷槐职务令

（一九二三年八月九日）

大元帅令

大本营财政部长叶恭绰呈称：财政部科长梁廷槐另有任用，请免本职。梁廷槐准免本职。此令。

（中华民国陆海军大元帅之印）

中华民国十二年八月九日

据大本营秘书处编《陆海军大元帅大本营公报》第二十四号（广州一九二三年八月十七日）

委派程潜等职务令

（一九二三年八月十一日）

大元帅令

特派程潜、廖仲恺、古应芬、李济深、邹鲁为西江善后委员。此令。

（中华民国陆海军大元帅之印）

中华民国十二年八月十一日

据大本营秘书处编《陆海军大元帅大本营公报》第二十五号（广州一九二三年八月二十四日）

免董鸿勋职务令

（一九二三年八月十一日）

大元帅令

大本营参军董鸿勋着即免职。此令。

（中华民国陆海军大元帅之印）

中华民国十二年八月十一日

据大本营秘书处编《陆海军大元帅大本营公报》第二十五号（广州一九二三年八月二十四日）

免董鸿勋戴永萃职务令

（一九二三年八月十一日）

董鸿勋、戴永萃向未到差，开去本职。

孙　文

据谭延闿编《总理遗墨》第一辑（一九二八年印行，广东省社会科学院藏）

给黄仲衡等委任状

（一九二三年八月十五日）

委任黄仲衡为洞口中国国民党支部正部长，罗四维为洞口中国国民党支部副部长，郭秋旭为洞口中国国民党支部评议部正议长，彭芹香为洞口中国国民党支部评议部副议长；郭琼生为乌陵中国国民党分部正部长，凌光明为乌陵中国国民党分部副部长，梁钦四为乌陵中国国民党分部评议部正议长，凌瘦仙为乌陵中国国民党分部评议部副议长；罗安为马丹沙中国国民党分部正部长，余经章为马丹沙中国国民党分部副部长，卢锦标为马丹沙中国国民党分部评议部正议长，罗贤忠为马丹沙中国国民党分部评议部副议长；杨国华为洞多利中国国民党分部正部长，洪森国为洞多利中国国民党分部副部长，杨质权为洞多利中国国民党分部评议部正议长，陈浩为洞多利中国国民党分部评议部副议长。此状。

总理（印）

总务部部长　彭素民副署

代理党务部部长　孙　镜副署

财务部部长　林业明副署

宣传部部长　叶楚伧副署

交际部部长　张秋白副署

据《中国国民党本部公报》一卷二十七号，一九二三年九月三十日，转录自秦孝仪主编《国父全集》第八册（台北近代中国出版社一九八九年版）

给钟克明等委任状

（一九二三年八月十五日）

委任钟克明为洞口中国国民党支部党务科正主任，潘志超为洞口中国国民党支部党务科副主任；幸跃衢为乌陵中国国民党分部党务科主任；赵德艮为马丹沙中国国民党分部党务科主任；黄星伍为洞多利中国国民党分部党务科主任。此状。

总理（印）

总务部部长　彭素民副署

代理党务部部长　孙　镜副署

据《中国国民党本部公报》一卷二十七号，一九二三年九月三十日，转录自秦孝仪主编《国父全集》第八册（台北近代中国出版社一九八九年版）

给潘瑞香等委任状

（一九二三年八月十五日）

委任潘瑞香为洞口中国国民党支部会计科正主任，林长康为洞口中国国民党支部会计科副主任；高仲达为乌陵中国国民党分部会计科主任；余维章为马丹沙中国国民党分部会计科主任；辜世惯为洞多利中国国民党分部会计科主任。此状。

总理（印）

总务部部长　彭素民副署

财务部部长　林业明副署

据《中国国民党本部公报》一卷二十七号，一九二三年九月三十日，转录自秦孝仪主编《国父全集》第八册（台北近代中国出版社一九八九年版）

给刘卓英等委任状

（一九二三年八月十五日）

委任刘卓英为洞口中国国民党支部宣传科正主任，温淑铭为洞口中国国民党支部宣传科副主任；林翼扶为乌陵中国国民党分部宣传科主任；罗合为马丹沙中国国民党分部宣传科主任；汤濂现为洞多利中国国民党分部宣传科主任。此状。

总理（印）

总务部部长　彭素民副署

宣传部部长　叶楚伧副署

据《中国国民党本部公报》一卷二十七号，一九二三年九月三十日，转录自秦孝仪主编《国父全集》第八册（台北近代中国出版社一九八九年版）

给卢运球等委任状

（一九二三年八月十五日）

委任卢运球为洞口中国国民党支部总务科正主任，徐砚修为洞口中国国民党支部总务科副主任，罗四维为洞口中国国民党支部执行部书记，沈子云、叶奎记、彭金芳、彭汉升、李柏春、刘若生、李祝寿、吴祖约、马章云、张子明、古凤生、李渐来为洞口中国国民党支部干事，许采卿为洞口中国国民党支部评议部书记，黄赠四、王慰如、王金汤、曾森贤、许采卿、钟华荣、陈彬如、李汉唐、谢其珍、钟世元、钟锦延、张玉明为洞口中国国民党支部评议部评议员；何秋廷为乌陵中国国民党分部总务科主任，何秋亭为乌陵中国国民党分部执行部书记，廖汉寰、陈寿田、黄天鸿、宋少仙为乌陵中国国民党分部干事,幸跃衢为乌陵中国国民党分部评议部书记,沈加友、叶晓堂、邓采唐、李友东、刘达卿、郭耀棠、马庆勋、钟铭三、刘福珍、罗炳四、张星云、刘金传为乌陵中国国民党分部评议部评议员;蒋祝三为马丹沙中国国民党分部总务科主任,蒋文球、蒋抡秀为马丹沙中国国民党分部执行部书记,张龙恩、刘焕清、蒋会金、蒋成福为马丹沙中国国民党分部干事,蒋祝三为马丹沙中国国民党分部评议部书记,蒋杰臣、刘榕森、黄梁安、蒋邦可、陈国耀、李本、余中胖、张炳骥为马丹沙中国国民党分部评议部评议员;洪惠庆为洞多利中国国民党分部总务科主任,苏啸山为洞多利中国国民党分部执行部书记,苏国英、陈克扁、郭创新、何炯锐、何戊辰、吴祥沃为洞多利中国国民党分部干事,陈承筹为洞多利中国国民党分部评议部书记,辜世惯、辜华权、陈祝民、洪汉图为洞多利中国国民党分部评议部评议员。此状。

总理(印)

总务部部长　彭素民副署

据《中国国民党本部公报》一卷二十七号,一九二三年九月三十日,转录自秦孝仪主编《国父全集》第八册(台北近代中国出版社一九八九年版)

任命古应芬职务令

（一九二三年八月十五日）

大元帅令

　　特任古应芬为大元帅行营秘书长。此令。

(中华民国陆海军大元帅之印)

中华民国十二年八月十五日

据大本营秘书处编《陆海军大元帅大本营公报》第二十五号(广州一九二三年八月二十四日)

任命何克夫职务令

（一九二三年八月十五日）

任命何克夫为（在周之贞之后）□□师师长。此令。

孙　文
十二年八月十五日

据胡汉民编《总理全集》第四集（上海民智书局一九三〇年版）影印原件

准任郑校之职务令

（一九二三年八月十五日）

大元帅令

大元帅行营秘书长古应芬呈请任命郑校之为大元帅行营庶务科长。应照准。此令。

（中华民国陆海军大元帅之印）
中华民国十二年八月十五日

据大本营秘书处编《陆海军大元帅大本营公报》第二十五号（广州一九二三年八月二十四日）

准任陆华显职务令

（一九二三年八月十五日）

大元帅令

　　大本营会计司长王棠呈请任命陆华显为大本营庶务科长，应照准。此令。

　　　　　　　　　　　　　　　　　　　（中华民国陆海军大元帅之印）
　　　　　　　　　　　　　　　　　　　中华民国十二年八月十五日

据大本营秘书处编《陆海军大元帅大本营公报》第二十五号（广州一九二三年八月二十四日）

委派文明清蔡达三职务令

（一九二三年八月十五日）

大元帅令

　　派文明清、蔡达三为大元帅行营委员。此令。

　　　　　　　　　　　　　　　　　　　（中华民国陆海军大元帅之印）
　　　　　　　　　　　　　　　　　　　中华民国十二年八月十五日

据大本营秘书处编《陆海军大元帅大本营公报》第二十五号（广州一九二三年八月二十四日）

委派李植生职务令

（一九二三年八月十五日）

大元帅令

　　派李植生为惠阳安抚委员。此令。

（中华民国陆海军大元帅之印）

中华民国十二年八月十五日

据大本营秘书处编《陆海军大元帅大本营公报》第二十五号（广州一九二三年八月二十四日）

任命方寿龄职务令

（一九二三年八月十五日）

方寿龄，步兵中校，陆军大学毕业，委以行营中校参谋。

文

据谭延闿编《总理遗墨》第三辑（印行时间不详，广东省社会科学院藏）

任命黄绍雄职务令

（一九二三年八月十六日）

大元帅令

　　任命黄绍雄为中央直辖西路讨贼军第五师师长。此令。

（中华民国陆海军大元帅之印）

中华民国十二年八月十六日

据大本营秘书处编《陆海军大元帅大本营公报》第二十五号（广州一九二三年八月二十四日）

委派梁鸿楷职务令

（一九二三年八月十七日）

大元帅令

　　特派梁鸿楷兼两阳、三、罗①等处安抚使。此令。

　　　　　　　　　　　　　　　　（中华民国陆海军大元帅之印）

　　　　　　　　　　　　　　　　中华民国十二年八月十七日

　　　　据大本营秘书处编《陆海军大元帅大本营公报》第二十五号（广州一九二三年八月二十四日）

任命邱鸿钧职务令

（一九二三年八月十七日）

大元帅令

　　任命邱鸿钧为大本营参军。此令。

　　　　　　　　　　　　　　　　（中华民国陆海军大元帅之印）

　　　　　　　　　　　　　　　　中华民国十二年八月十七日

　　　　据大本营秘书处编《陆海军大元帅大本营公报》第二十五号（广州一九二三年八月二十四日）

---

① 两阳、三、罗，分别指阳江、阳春、三水、罗定。

任命杨子嘉职务令

（一九二三年八月十七日）

大元帅令

　　任命杨子嘉为大本营技师。此令。

（中华民国陆海军大元帅之印）
中华民国十二年八月十七日

据大本营秘书处编《陆海军大元帅大本营公报》第二十五号（广州一九二三年八月二十四日）

任命吴东启职务令

（一九二三年八月十八日）

大元帅令

　　任命吴东启为大本营参议。此令。

（中华民国陆海军大元帅之印）
中华民国十二年八月十八日

据大本营秘书处编《陆海军大元帅大本营公报》第二十六号（广州一九二三年八月三十一日）

任命赵锄非等职务令

（一九二三年八月十八日）

大元帅令

　　任命赵锄非、宋大章、陈丕显为大本营谘议。此令。

　　　　　　　　　　　　　　　　（中华民国陆海军大元帅之印）

　　　　　　　　　　　　　　　　中华民国十二年八月十八日

　　　　　据大本营秘书处编《陆海军大元帅大本营公报》第二十六号（广州一九二三年八月三十一日）

任命于若愚职务令

（一九二三年八月十八日）

大元帅令

　　任命于若愚为大本营谘议。此令。

　　　　　　　　　　　　　　　　（中华民国陆海军大元帅之印）

　　　　　　　　　　　　　　　　中华民国十二年八月十八日

　　　　　据大本营秘书处编《陆海军大元帅大本营公报》第二十六号（广州一九二三年八月三十一日）

委派胡镜波职务令

（一九二三年八月十八日）

大元帅令

　　派胡镜波为大本营出勤委员。此令。

（中华民国陆海军大元帅之印）

中华民国十二年八月十八日

据大本营秘书处编《陆海军大元帅大本营公报》第二十六号（广州一九二三年八月三十一日）

准任吴靖职务令

（一九二三年八月十八日）

大元帅令

　　大本营参军长朱培德呈请任命吴靖为大本营参军处上校副官。应照准。此令。

（中华民国陆海军大元帅之印）

中华民国十二年八月十八日

据大本营秘书处编《陆海军大元帅大本营公报》第二十六号（广州一九二三年八月三十一日）

给余轼和等委任状

（一九二三年八月二十日）

委任余轼和为映市仓中国国民党分部正部长，李辅衍为映市仓中国国民党分部副部长,余毓瑞为映市仓中国国民党分部评议部正议长,余坤和为映市仓中国国民党分部评议部副议长;蔡庆祥为哗造中国国民党分部正部长,陈润祥为哗造中国国民党分部副部长,黄冠三为哗造中国国民党分部评议部正议长,谢梓垣为哗造中国国民党分部评议部副议长。此状。

总理(印)
总务部部长　彭素民副署
代理党务部部长　孙　镜副署
财务部部长　林业明副署
宣传部部长　叶楚伧副署
交际部部长　张秋白副署

据《中国国民党本部公报》一卷二十八号,一九二三年十月十五日,转录自秦孝仪主编《国父全集》第八册(台北近代中国出版社一九八九年版)

给余蓁中苏孟裔委任状

(一九二三年八月二十日)

委任余蓁中为映市仓中国国民党分部党务科主任;苏孟裔为哗造中国国民党分部党务科主任。此状。

总理(印)
总务部部长　彭素民副署
代理党务部部长　孙　镜副署

据《中国国民党本部公报》一卷二十八号,一九二三年十月十五日,转录自秦孝仪主编《国父全集》第八册(台北近代中国出版社一九八九年版)

给余煇中陈进枝委任状

（一九二三年八月二十日）

委任余煇中为映市仓中国国民党分部会计科主任；陈进枝为哔造中国国民党分部会计科主任。此状。

           总理（印）
       总务部部长 彭素民副署
       财务部部长 林业明副署

据《中国国民党本部公报》一卷二十八号，一九二三年十月十五日，转录自秦孝仪主编《国父全集》第八册（台北近代中国出版社一九八九年版）

给陈斗邓孺子委任状

（一九二三年八月二十日）

委任陈斗为映市仓中国国民党分部宣传科主任；邓孺子为哔造中国国民党分部宣传科主任。此状。

           总理（印）
       总务部部长 彭素民副署
       宣传部部长 叶楚伧副署

据《中国国民党本部公报》一卷二十八号，一九二三年十月十五日，转录自秦孝仪主编《国父全集》第八册（台北近代中国出版社一九八九年版）

给谢协民等委任状

（一九二三年八月二十日）

委任谢协民为映市仑中国国民党分部总务科主任，余泽臣为映市仑中国国民党分部执行部书记，余泽臣、李业芳、余日烨、余鼎初、余毓伟、张锡富、雷金德为映市仑中国国民党分部干事，余泽臣为映市仑中国国民党分部评议部书记，李襄州、余叔华、余福、李成锦、余俭中、余仁和、李喜、汤华、李伟涛、李树云、余进和为映市仑中国国民党分部评议部评议员；吴泽庭为哗造中国国民党分部总务科主任，蔡翊超、孔超武为哗造中国国民党分部执行部书记，刘森耀、王文有、黄直腾、方铁侠、刘润祥、简军权、李电轮、郑北、练嘉禾、古振暄、徐扫非为哗造中国国民党分部干事，罗奇为哗造中国国民党分部评议部书记，戴藻芳、李扬海、刘芹、张祖安为哗造中国国民党分部评议部评议员。此状。

总理（印）

总务部部长　彭素民副署

据《中国国民党本部公报》一卷二十八号，一九二三年十月十五日，转录自秦孝仪主编《国父全集》第八册（台北近代中国出版社一九八九年版）

任命姚雨平兼职令

（一九二三年八月二十日）

大元帅令

　　着惠州安抚使姚雨平仍兼中央直辖警备军司令。此令。

（中华民国陆海军大元帅之印）
中华民国十二年八月廿日

　　据大本营秘书处编《陆海军大元帅大本营公报》第二十六号（广州一九二三年八月三十一日）

任命冯镇东职务令

（一九二三年八月二十一日）

大元帅令

　　任命冯镇东为大元帅行营秘书。此令。

（中华民国陆海军大元帅之印）
中华民国十二年八月廿一日

　　据大本营秘书处编《陆海军大元帅大本营公报》第二十六号（广州一九二三年八月三十一日）

委派黄骚职务令

（一九二三年八月二十二日）

大元帅令

　　派黄骚为广东造币分厂监督。此令。

（中华民国陆海军大元帅之印）

中华民国十二年八月廿二日

据大本营秘书处编《陆海军大元帅大本营公报》第二十六号(广州一九二三年八月三十一日)

准车显承辞职令

（一九二三年八月二十二日）

大元帅令

　　广东高等检察厅检察长车显承呈请辞职。车显承准免本职。此令。

（中华民国陆海军大元帅之印）

中华民国十二年八月廿二日

据大本营秘书处编《陆海军大元帅大本营公报》第二十六号(广州一九二三年八月三十一日)

任命何蔚代职令

（一九二三年八月二十二日）

大元帅令

　　任命何蔚代理广东高等检察厅检察长。此令。

（中华民国陆海军大元帅之印）

中华民国十二年八月廿二日

据大本营秘书处编《陆海军大元帅大本营公报》第二十六号（广州一九二三年八月三十一日）

委派胡汉民等职务令

（一九二三年八月二十三日）

大元帅令

　　派胡汉民、程潜、罗翼群为大本营军法裁判官。此令。

（中华民国陆海军大元帅之印）

中华民国十二年八月廿三日

据大本营秘书处编《陆海军大元帅大本营公报》第二十六号（广州一九二三年八月三十一日）

任命陈楚楠职务令

（一九二三年八月二十三日）

大元帅令
　　任命陈楚楠为大本营谘议。此令。

（中华民国陆海军大元帅之印）
中华民国十二年八月廿三日

<small>据大本营秘书处编《陆海军大元帅大本营公报》第二十六号（广州一九二三年八月三十一日）</small>

给谭声根等委任状

（一九二三年八月二十五日）

　　委任谭声根为孟米①中国国民党分部正部长，谭龙光为孟米中国国民党分部副部长，关韶为孟米中国国民党分部评议部正议长，梁涤亚为孟米中国国民党分部评议部副议长；区士依为啤喇中国国民党分部正部长，冯清为啤喇中国国民党分部副部长。此状。

总理（印）
总务部部长　彭素民副署
代理党务部部长　孙　镜副署
财务部部长　林业明副署
宣传部部长　叶楚伧副署
交际部部长　张秋白副署

<small>据《中国国民党本部公报》一卷二十八号，一九二三年十月十五日，转录自秦孝仪主编《国父全集》第八册（台北近代中国出版社一九八九年版）</small>

---

① 孟米，亦作嗑咪，今译作孟买。

给谭伟南区启丁委任状

（一九二三年八月二十五日）

委任谭伟南为孟米中国国民党分部党务科主任；区启丁为啤喇中国国民党分部党务科主任。此状。

总理（印）

总务部部长　彭素民副署

代理党务部部长　孙　镜副署

据《中国国民党本部公报》一卷二十八号，一九二三年十月十五日，转录自秦孝仪主编《国父全集》第八册（台北近代中国出版社一九八九年版）

给谭裁之黄广星委任状

（一九二三年八月二十五日）

委任谭裁之为孟米中国国民党分部会计科主任；黄广星为啤喇中国国民党分部会计科主任。此状。

总理（印）

总务部部长　彭素民副署

财务部部长　林业明副署

据《中国国民党本部公报》一卷二十八号，一九二三年十月十五日，转录自秦孝仪主编《国父全集》第八册（台北近代中国出版社一九八九年版）

给梁顾西区林兆委任状

（一九二三年八月二十五日）

委任梁顾西为孟米中国国民党分部宣传科主任；区林兆为啤喇中国国民党分部宣传科主任。此状。

             总理（印）
         总务部部长 彭素民副署
         宣传部部长 叶楚伧副署

据《中国国民党本部公报》一卷二十八号，一九二三年十月十五日，转录自秦孝仪主编《国父全集》第八册（台北近代中国出版社一九八九年版）

给谭钜盛等委任状

（一九二三年八月二十五日）

委任谭钜盛为孟米中国国民党分部总务科主任，黄子坚、谭松寿、谭家程、梁国琬为孟米中国国民党分部干事，林汇、谭沛英、老锡煊、曾法江、周卓云、谭锦棠、谭有扶、谭泽波为孟米中国国民党分部评议部评议员。此状。

             总理（印）
         总务部部长 彭素民副署

据《中国国民党本部公报》一卷二十八号，一九二三年十月十五日，转录自秦孝仪主编《国父全集》第八册（台北近代中国出版社一九八九年版）

准任赵士养等职务令

（一九二三年八月二十五日）

大元帅令

　　大元帅行营金库长黄昌谷呈请任命赵士养为金库统计科主任，陈登庸为金库保管科主任，罗磊生为金库支出科主任。均照准。此令。

　　　　　　　　　　　　　　　　（中华民国陆海军大元帅之印）
　　　　　　　　　　　　　　　　　　中华民国十二年八月廿五日

据大本营秘书处编《陆海军大元帅大本营公报》第二十七号（广州一九二三年九月七日）

准任刘殿臣职务令

（一九二三年八月二十五日）

大元帅令

　　大本营参军长朱培德呈请任命刘殿臣为大本营参军处上校副官。应照准。此令。

　　　　　　　　　　　　　　　　（中华民国陆海军大元帅之印）
　　　　　　　　　　　　　　　　　中华民国十二年八月二十五日

据大本营秘书处编《陆海军大元帅大本营公报》第二十七号（广州一九二三年九月七日）

准黄为材辞职令

（一九二三年九月一日）

大元帅令

　　大本营参谋长张开儒呈称：广东陆军测量局局长兼测量学校校长黄为材恳请辞职。黄为材准免本兼各职。此令。

（中华民国陆海军大元帅之印）

中华民国十二年九月一日

据大本营秘书处编《陆海军大元帅大本营公报》第二十八号（广州一九二三年九月十四日）

准任吴宗民职务令

（一九二三年九月一日）

大元帅令

　　大本营参谋长张开儒呈请任命吴宗民为广东陆军测量局局长兼测量学校校长。应照准。此令。

（中华民国陆海军大元帅之印）

中华民国十二年九月一日

据大本营秘书处编《陆海军大元帅大本营公报》第二十八号（广州一九二三年九月十四日）

给欧汀贺等委任状

（一九二三年九月三日）

委任欧汀贺为印京中国国民党支部正部长，王雨我为印京中国国民党支部副部长，王志远为印京中国国民党支部评议部正议长，李渭宾为印京中国国民党支部评议部副议长。此状。

          总理（印）
       总务部部长 彭素民副署
     代理党务部部长 孙 镜副署
       财务部部长 林业明副署
       宣传部部长 叶楚伧副署
       交际部部长 张秋白副署

据《中国国民党本部公报》一卷二十九号，一九二三年十月三十日，转录自秦孝仪主编《国父全集》第八册（台北近代中国出版社一九八九年版）

给熊文初古悦我委任状

（一九二三年九月三日）

委任熊文初为印京中国国民党支部党务科正主任；古悦我为印京中国国民党支部党务科副主任。此状。

          总理（印）
       总务部部长 彭素民副署
     代理党务部部长 孙 镜副署

据《中国国民党本部公报》一卷二十九号，一九二三年十月三十日，转录自秦孝仪主编《国父全集》第八册（台北近代中国出版社一九八九年版）

给黄志元陈祝三委任状

（一九二三年九月三日）

委任黄志元为印京中国国民党支部会计科正主任；陈祝三为印京中国国民党支部会计科副主任。此状。

总理（印）

总务部部长　彭素民副署

财务部部长　林业明副署

据《中国国民党本部公报》一卷二十九号，一九二三年十月三十日，转录自秦孝仪主编《国父全集》第八册（台北近代中国出版社一九八九年版）

给谭雨翘熊尧佐委任状

（一九二三年九月三日）

委任谭雨翘为印京中国国民党支部宣传科正主任；熊尧佐为印京中国国民党支部宣传科副主任。此状。

总理（印）

总务部部长　彭素民副署

宣传部部长　叶楚伧副署

据《中国国民党本部公报》一卷二十九号，一九二三年十月三十日，转录自秦孝仪主编《国父全集》第八册（台北近代中国出版社一九八九年版）

给李冠英等委任状

（一九二三年九月三日）

委任李冠英为印京中国国民党支部总务科正主任,黄铭章为印京中国国民党支部总务科副主任,朱云阶为印京中国国民党支部执行部书记,刘继新、王镜湖、曾德天、谢远桥、梁秀芳、李简宾、廖彩辉、杨泽民、黄应辉、侯汉渠、李汉民、陈家祥、熊振明、叶文皋、张国扬、叶祖祥为印京中国国民党支部干事,张宴宾为印京中国国民党支部评议部书记,谭良策、邹邦兴、廖命、陈乐从、钟汉民、丘珍华、洪彦才、高希文、黄松吉、朱益均、邓荫堂、刘云轩、钟属汉、叶伟君、黄木樨、李声鸣、李幼珊、刘日贵、林文光、刘悦吾、刁寿南、秦琛泉、陈冠元、李植南、谢孟杰、廖汉刚、钟玉堂、李必英、王辅臣、凌振均、陈春馥、王秉权为印京中国国民党支部评议部评议员。此状。

总理（印）

总务部部长　彭素民副署

据《中国国民党本部公报》一卷二十九号,一九二三年十月三十日,转录自秦孝仪主编《国父全集》第八册（台北近代中国出版社一九八九年版）

给王京岐等委任状

（一九二三年九月三日）

委任王京岐为里昂中国国民党分部筹备处筹备员;方棣棠为比国中国国民党通讯处筹备处筹备员;周恩来、尹宽为巴黎中国国民党通讯处筹备处筹备员。此状。

总理（印）
总务部部长　彭素民副署

据《中国国民党本部公报》一卷二十九号，一九二三年十月三十日，转录自秦孝仪主编《国父全集》第八册（台北近代中国出版社一九八九年版）

准任任传伯职务令

（一九二三年九月三日）

大元帅令

　　大本营财政部长叶恭绰呈请任命任传伯为大本营财政部科长。应照准。此令。

（中华民国陆海军大元帅之印）
中华民国十二年九月三日

据大本营秘书处编《陆海军大元帅大本营公报》第二十八号（广州一九二三年九月十四日）

委派徐效师职务令

（一九二三年九月三日）

大元帅令

　　派徐效师为大本营出勤委员。此令。

（中华民国陆海军大元帅之印）
中华民国十二年九月三日

据大本营秘书处编《陆海军大元帅大本营公报》第二十八号（广州一九二三年九月十四日）

准免梁仿谘职务令

（一九二三年九月三日）

大元帅令

　　大本营财政部长叶恭绰呈称：大本营财政部科长梁仿谘另有任用，请免本职。应照准。此令。

（中华民国陆海军大元帅之印）
中华民国十二年九月三日

据大本营秘书处编《陆海军大元帅大本营公报》第二十八号（广州一九二三年九月十四日）

给雷揖臣邝林委任状

（一九二三年九月四日）

　　委任雷揖臣、邝林为林肯总统船中国国民党通讯处筹备处筹备员。此状。

总理（印）
总务部部长　彭素民副署

据《中国国民党本部公报》一卷二十九号，一九二三年十月三十日，转录自秦孝仪主编《国父全集》第八册（台北近代中国出版社一九八九年版）

任命梁楚三蒋道日职务令

（一九二三年九月五日）

大元帅令

  任命梁楚三、蒋道日为大本营谘议。此令。

（中华民国陆海军大元帅之印）
中华民国十二年九月五日

据大本营秘书处编《陆海军大元帅大本营公报》第二十八号(广州一九二三年九月十四日)

任命邹竞职务令

（一九二三年九月五日）

委邹竞为上校参谋。此令。

孙　文

据谭延闿编《总理遗墨》第三辑(印行时间不详，广东省社会科学院藏)

任命李蟠职务令

（一九二三年九月六日）

大元帅令

  任命李蟠为大元帅行营秘书。此令。

中华民国十二年九月六日
据中国国家博物馆藏原件

给陈添陈全委任状

（一九二三年九月八日）

委任陈添为勿地顺船中国国民党通讯处执行部正主任，陈全为勿地顺船中国国民党通讯处执行部副主任。此状。

总理（印）

总务部部长　彭素民副署

代理党务部部长　孙　镜副署

财政部部长　林业明副署

宣传部部长　叶楚伧副署

交际部部长　张秋白副署

据《中国国民党本部公报》一卷二十九号，一九二三年十月三十日，转录自秦孝仪主编《国父全集》第八册（台北近代中国出版社一九八九年版）

给董方域等委任状

（一九二三年九月十日）

委任董方域、鲍庆香、陈柏年为中国国民党本部宣传部宣传员。此状。

总理（印）

总务部部长　彭素民副署

宣传部部长　叶楚伧副署

据《中国国民党本部公报》一卷二十九号，一九二三年十月三十日，转录自秦孝仪主编《国父全集》第八册（台北近代中国出版社一九八九年版）

给陈安仁委任状

（一九二三年九月十日）

委任陈安仁为中国国民党南洋群岛特派员。此状。

总理（印）

总务部部长　彭素民副署

代理党务部部长　孙　镜副署

财务部部长　林业明副署

宣传部部长　叶楚伧副署

交际部部长　张秋白副署

据中国国民党中央文化传播委员会党史馆藏一般档案051/348

任命孙祥夫职务令

（一九二三年九月十日）

大元帅令

任命孙祥夫为海军陆战队司令。此令。

（中华民国陆海军大元帅之印）

中华民国十二年九月十日

据大本营秘书处编《陆海军大元帅大本营公报》第二十九号（广州一九二三年九月二十一日）

任命赵锡昌职务令

（一九二三年九月十一日）

大元帅令

　　任命赵锡昌为大本营谘议。此令。

（中华民国陆海军大元帅之印）

中华民国十二年九月十一日

据大本营秘书处编《陆海军大元帅大本营公报》第二十九号(广州一九二三年九月二十一日)

准任郑文轩职务令

（一九二三年九月十四日）

大元帅令

　　大本营财政部长叶恭绰呈请任命郑文轩为大本营财政部秘书。应照准。此令。

（中华民国陆海军大元帅之印）

中华民国十二年九月十四日

据大本营秘书处编《陆海军大元帅大本营公报》第三十号(广州一九二三年九月二十八日)

准免卢谔生职务令

（一九二三年九月十七日）

大元帅令

　　大本营财政部长叶恭绰呈称：秘书卢谔生另有任用，请免本职。卢谔生准免本职。此令。

（中华民国陆海军大元帅之印）

中华民国十二年九月十七日

据大本营秘书处编《陆海军大元帅大本营公报》第三十号
（广州一九二三年九月二十八日）

任命卢谔生职务令

（一九二三年九月十七日）

大元帅令

　　任命卢谔生署理大本营财政部第二局局长。此令。

（中华民国陆海军大元帅之印）

中华民国十二年九月十七日

据大本营秘书处编《陆海军大元帅大本营公报》第三十号
（广州一九二三年九月二十八日）

任命何克夫职务令

（一九二三年九月十七日）

大元帅令

　　任命何克夫为连阳绥靖处长。此令。

（中华民国陆海军大元帅之印）
中华民国十二年九月十七日

据大本营秘书处编《陆海军大元帅大本营公报》第三十号
（广州一九二三年九月二十八日）

准任寸性奇职务令

（一九二三年九月十八日）

大元帅令

　　中央直辖滇军总司令杨希闵呈请任命寸性奇为中央直辖滇军宪兵司令。应照准。此令。

（中华民国陆海军大元帅之印）
中华民国十二年九月十八日

据大本营秘书处编《陆海军大元帅大本营公报》第三十号
（广州一九二三年九月二十八日）

免王棠职务令

（一九二三年九月十八日）

大元帅令

　　大本营会计司司长王棠另有任用，应免本职。此令。

　　　　　　　　　　　　　　　　　（中华民国陆海军大元帅之印）

　　　　　　　　　　　　　　　　　中华民国十二年九月十八日

　　　　　　　　据大本营秘书处编《陆海军大元帅大本营公报》第三十号
（广州一九二三年九月二十八日）

任命王棠职务令

（一九二三年九月十八日）

大元帅令

　　任命王棠为东江商运局局长。此令。

　　　　　　　　　　　　　　　　　（中华民国陆海军大元帅之印）

　　　　　　　　　　　　　　　　　中华民国十二年九月十八日

　　　　　　　　据大本营秘书处编《陆海军大元帅大本营公报》第三十号
（广州一九二三年九月二十八日）

任命黄隆生职务令

（一九二三年九月十八日）

大元帅令

　　任命黄隆生为大本营会计司司长。此令。

（中华民国陆海军大元帅之印）

中华民国十二年九月十八日

据大本营秘书处编《陆海军大元帅大本营公报》第三十号
（广州一九二三年九月二十八日）

任命欧阳格职务令

（一九二三年九月十八日）

大元帅令

　　任命欧阳格为大本营参军。此令。

（中华民国陆海军大元帅之印）

中华民国十二年九月十八日

据大本营秘书处编《陆海军大元帅大本营公报》第三十号
（广州一九二三年九月二十八日）

任命李宗黄职务令

（一九二三年九月十八日）

大元帅令

　　任命李宗黄为大本营参议。此令。

（中华民国陆海军大元帅之印）

中华民国十二年九月十八日

据大本营秘书处编《陆海军大元帅大本营公报》第三十号
（广州一九二三年九月二十八日）

给陈安仁委任状

（一九二三年九月二十一日）

委任状

　　委任陈安仁为本部南洋群岛特派员。此状。

中国国民党总理　孙　文
总务部部长　彭素民

据中国国民党中央文化传播委员会党史馆藏一般档案051/348

任命马晓军职务令

（一九二三年九月二十六日）

大元帅令

  任命马晓军为大本营参军。此令。

          （中华民国陆海军大元帅之印）

           中华民国十二年九月廿六日

  据大本营秘书处编《陆海军大元帅大本营公报》第三十一号（广州一九二三年十月五日）

任命马伯麟职务令

（一九二三年九月二十六日）

大元帅令

  任命马伯麟为长洲要塞司令。此令。

          （中华民国陆海军大元帅之印）

           中华民国十二年九月廿六日

  据大本营秘书处编《陆海军大元帅大本营公报》第三十一号（广州一九二三年十月五日）

准刘纪文辞职令

（一九二三年九月二十七日）

大元帅令

　　大本营审计局局长刘纪文呈请辞职。刘纪文准免本职。此令。

　　　　　　　　　　　　　　　　　　（中华民国陆海军大元帅之印）

　　　　　　　　　　　　　　　　　　中华民国十二年九月廿七日

　　　　　　　据大本营秘书处编《陆海军大元帅大本营公报》第三十一号(广州一九二三年十月五日)

任命林翔职务令

（一九二三年九月二十七日）

大元帅令

　　任命林翔为大本营审计局局长。此令。

　　　　　　　　　　　　　　　　　　（中华民国陆海军大元帅之印）

　　　　　　　　　　　　　　　　　　中华民国十二年九月廿七日

　　　　　　　据大本营秘书处编《陆海军大元帅大本营公报》第三十一号(广州一九二三年十月五日)

任命甘蕃职务令

（一九二三年九月二十八日）

大元帅令

　　任命甘蕃为大本营谘议。此令。

（中华民国陆海军大元帅之印）

中华民国十二年九月廿八日

据大本营秘书处编《陆海军大元帅大本营公报》第三十一号（广州一九二三年十月五日）

准任蔡慎职务令

（一九二三年九月二十八日）

大元帅令

　　大本营兵站总监罗翼群呈请任命蔡慎为大本营兵站第三支部长。应照准。此令。

（中华民国陆海军大元帅之印）

中华民国十二年九月廿八日

据大本营秘书处编《陆海军大元帅大本营公报》第三十一号（广州一九二三年十月五日）

给罗翼群的指令

（一九二三年九月二十八日）

大元帅指令第四八一号

　　令大本营兵站总监罗翼群①

　　呈送该兵站第三支部长兼军车管理处职务蔡慎履历，请加任命并令军政部加令委任由

　　呈悉。准予任命蔡慎为大本营兵站第三支部长，所兼军车管理处职务，仰该总监自行咨请军政部查照加委可也。此令。

（中华民国陆海军大元帅之印）

中华民国十二年九月二十八日

据大本营秘书处编《陆海军大元帅大本营公报》第三十一号（广州一九二三年十月五日）

任命陈友仁职务令

（一九二三年九月三十日）

大元帅令

　　任命陈友仁为航空局局长。此令。

（中华民国陆海军大元帅之印）

中华民国十二年九月卅日

据大本营秘书处编《陆海军大元帅大本营公报》第三十二号（广州一九二三年十月十二日）

---

① 9月21日，大本营兵站总监罗翼群呈请，以蔡慎接替兵站第三支部长冯启民遗缺，请加任命，并令军政部加令委任。

任命郭泰祺职务令

（一九二三年九月三十日）

大元帅令

  任命郭泰祺为大本营外交部次长。此令。

（中华民国陆海军大元帅之印）

中华民国十二年九月三十日

据大本营秘书处编《陆海军大元帅大本营公报》第三十二号(广州一九二三年十月十二日)

任命张国威职务令

（一九二三年十月二日）

大元帅令

  任命张国威为大元帅行营参谋。此令。

（中华民国陆海军大元帅之印）

中华民国十二年十月二日

据大本营秘书处编《陆海军大元帅大本营公报》第三十二号(广州一九二三年十月十二日)

准任余壮鸣胡家弼职务令

（一九二三年十月二日）

大元帅令

大本营参军长朱培德呈请任命余壮鸣、胡家弼为大本营参军处上校副官。均照准。此令。

（中华民国陆海军大元帅之印）

中华民国十二年十月二日

据大本营秘书处编《陆海军大元帅大本营公报》第三十二号（广州一九二三年十月十二日）

命总务部委孙天孙张晋职务令

（一九二三年十月五日）①

孙天孙，奉化人，大连企业公司，长崎高等商业学校毕业，请委大连支部长。

张晋，平湖人，哈尔滨铁路局俄文秘书，请委哈尔滨支部长。

孙　文

（十月五日）着本部办理

据中国国民党中央文化传播委员会党史馆藏一般档案 051/338

---

① 原稿为廖仲恺字，酌情在民国十二年，文末注"（十月五日）"，据此酌定此令发布时间为1923年10月5日。

委任陈德征职务令

（一九二三年十月五日）

委任陈德征为上海第五分部筹备处主任。此令。

总理孙文（谢持代。十月五日。）

十二年十月五日

据中国国民党中央文化传播委员会党史馆藏环龙路档案09685

任命黄明堂职务令

（一九二三年十月八日）

大元帅令

任命黄明堂为钦廉绥靖处处长。此令。

（中华民国陆海军大元帅之印）

中华民国十二年十月八日

据大本营秘书处编《陆海军大元帅大本营公报》第三十三号（广州一九二三年十月十九日）

准任刘钺职务令

（一九二三年十月八日）

大元帅令

大本营参军长朱培德呈请任命刘钺为大本营参军处中校副官。应照准。此令。

(中华民国陆海军大元帅之印)

中华民国十二年十月八日

据大本营秘书处编《陆海军大元帅大本营公报》第三十三号(广州一九二三年十月十九日)

准任陈尧廷职务令

(一九二三年十月八日)

大元帅令

　　大本营秘书长杨庶堪呈请任命陈尧廷为大本营秘书处科员。应照准。此令。

(中华民国陆海军大元帅之印)

中华民国十二年十月八日

据大本营秘书处编《陆海军大元帅大本营公报》第三十三号(广州一九二三年十月十九日)

撤销南路高雷两讨贼军总司令令

(一九二三年十月八日)

大元帅令

　　南路讨贼军总司令、高雷讨贼军总司令两职,均着即行撤销。此令。

(中华民国陆海军大元帅之印)

中华民国十二年十月八日

据大本营秘书处编《陆海军大元帅大本营公报》第三十三号(广州一九二三年十月十九日)

任命方寿龄职务令

（一九二三年十月十一日）

大元帅令

委任方寿龄为大元帅行营中校参谋。此令。

（中华民国陆海军大元帅之印）

中华民国十二年十月十一日

据大本营秘书处编《陆海军大元帅大本营公报》第三十三号（广州一九二三年十月十九日）

任命田钟谷职务令

（一九二三年十月十三日）

大元帅令

任命田钟谷为大本营高级参谋。此令。

（中华民国陆海军大元帅之印）

中华民国十二年十月十三日

据大本营秘书处编《陆海军大元帅大本营公报》第三十三号（广州一九二三年十月十九日）

任命陈中孚职务令

（一九二三年十月十三日）

大元帅令

　　任命陈中孚为大本营参议。此令。

（中华民国陆海军大元帅之印）

中华民国十二年十月十三日

据大本营秘书处编《陆海军大元帅大本营公报》第三十三号(广州一九二三年十月十九日)

准任宋韬石汝霖职务令

（一九二三年十月十三日）

大元帅令

　　大本营参军长朱培德呈请任命宋韬、石汝霖为大本营参军处少校副官。均照准。此令。

（中华民国陆海军大元帅之印）

中华民国十二年十月十三日

据大本营秘书处编《陆海军大元帅大本营公报》第三十三号(广州一九二三年十月十九日)

任命周道万职务令

（一九二三年十月十三日）

大元帅令

  任命周道万为大本营谘议。此令。

           （中华民国陆海军大元帅之印）
            中华民国十二年十月十三日

    据大本营秘书处编《陆海军大元帅大本营公报》第三十三号（广州一九二三年十月十九日）

委派徐苏中职务令

（一九二三年十月十三日）

大元帅令

  派徐苏中为大本营宣传委员。此令。

           （中华民国陆海军大元帅之印）
            中华民国十二年十月十三日

    据大本营秘书处编《陆海军大元帅大本营公报》第三十三号（广州一九二三年十月十九日）

附录　同题异文

（一九二三年十月十三日）

任徐苏中为宣传委员。此令。（每月公费二百元）。

孙　文
中华民国十二年十月十三日

据谭延闿编《总理遗墨》第三辑（印行时间不详，广东省社会科学院藏）

给李庆标委任状

（一九二三年十月十四日）

委任状：委任李庆标为缅甸中国国民党支部副部长。此状。

中国国民党总理　孙　文
总务部部长　彭素民
代理党务部部长　孙　镜
财政部部长　林业明
宣传部部长　叶楚伧
交际部部长　张秋白
中华民国十二年十月十四日

据中国国民党中央文化传播委员会党史馆藏一般档案051/331

给邝金保委任状

（一九二三年十月十四日）

委任状

委任邝金保为缅甸中国国民党支部宣传科正主任。此状。

中国国民党总理　孙　文
总务部部长　彭素民
宣传部部长　叶楚伧
中华民国十二年十月十四日

据秦孝仪主编《国父全集》第八册（台北近代中国出版社一九八九年版）

给朱伟民委任状

（一九二三年十月十四日）

委任状

委任朱伟民为缅甸中国国民党支部党务科副主任。此状。

中国国民党总理　孙　文
总务部部长　彭素民
代理党务部部长　孙　镜
中华民国十二年十月十四日

据中国国民党中央文化传播委员会党史馆藏一般档案051/324

给许大德委任状

(一九二三年十月十四日)

委任状

委任许大德为缅甸中国国民党支部干事。此状。

中国国民党总理　孙　文

总务部部长　彭素民

中华民国十二年十月十四日

据中国国民党中央文化传播委员会党史馆藏一般档案051/322

给黄振兴委任状

(一九二三年十月十四日)

委任状

委任黄振兴为缅甸中国国民党支部干事。此状。

中国国民党总理　孙　文

总务部部长　彭素民

中华民国十二年十月十四日

据中国国民党中央文化传播委员会党史馆藏一般档案051/324

给何荫三委任状

（一九二三年十月十四日）

委任状

委任何荫三为缅甸中国国民党支部评议部评议员。此状。

中国国民党总理　孙　文

总务部部长　彭素民

中华民国十二年十月十四日

据中国国民党中央文化传播委员会党史馆藏一般档案051/331

给符众委任状

（一九二三年十月十四日）

委任状

委任符众为双溪大唏中国国民党分部党务科主任。此状。

中国国民党总理　孙　文

总务部部长　彭素民

代理党务部部长　孙　镜

中华民国十二年十月十四日

据中国国民党中央文化传播委员会党史馆藏一般档案051/161

任命狄侃职务令

（一九二三年十月十四日）

大元帅令

　　任命狄侃为大本营秘书。此令。

　　　　　　　　　　　　　　（中华民国陆海军大元帅之印）

　　　　　　　　　　　　　　中华民国十二年十月十四日

　　　　　　据大本营秘书处编《陆海军大元帅大本营公报》第三十四号（广州一九二三年十月二十六日）

任命邝公耀王度职务令

（一九二三年十月十四日）

大元帅令

　　任命邝公耀、王度为大本营谘议。此令。

　　　　　　　　　　　　　　（中华民国陆海军大元帅之印）

　　　　　　　　　　　　　　中华民国十二年十月十四日

　　　　　　据大本营秘书处编《陆海军大元帅大本营公报》第三十四号（广州一九二三年十月二十六日）

委派吴公干职务令

（一九二三年十月十四日）

大元帅令
　　派吴公干为大本营宣传员。此令。

（中华民国陆海军大元帅之印）

中华民国十二年十月十四日

据大本营秘书处编《陆海军大元帅大本营公报》第三十四号（广州一九二三年十月二十六日）

任命吴公干等职务手谕

（一九二三年十月十四日）

吴公干为宣传员、邝公燿委为谘议，皆不支薪。

孙　文

中华民国十二年十月十四日

据谭延闿编《总理遗墨》第三辑（印行时间不详，广东省社会科学院藏）

任命刘冠群职务令

（一九二三年十月十八日）

大元帅令
　　任命刘冠群为大本营谘议。此令。

（中华民国陆海军大元帅之印）

中华民国十二年十月十八日

据大本营秘书处编《陆海军大元帅大本营公报》第三十四号（广州一九二三年十月二十六日）

给鲍罗庭①委任状

（一九二三年十月十八日）

委任鲍罗庭为国民党组织教练员。此状。

孙　文

民国十二年十月十八日

据中山大学孙中山纪念馆藏原件影印

---

① 鲍罗庭，今多译作"鲍罗廷"，全集依据原始档案记载作"鲍罗庭"。

准任胡名扬职务令

（一九二三年十月二十二日）

大元帅令

大本营参军长朱培德呈请调任大本营军政部少校副官胡名扬为大本营参军处少校副官。应照准。此令。

（中华民国陆海军大元帅之印）

中华民国十二年十月廿二日

据大本营秘书处编《陆海军大元帅大本营公报》第三十五号（广州一九二三年十一月二日）

任命万咸一万世勋职务令

（一九二三年十月二十四日）

大元帅令

任命万咸一、万世勋为大本营谘议。此令。

（中华民国陆海军大元帅之印）

中华民国十二年十月廿四日

据大本营秘书处编《陆海军大元帅大本营公报》第三十五号（广州一九二三年十一月二日）

委派梁鸿楷职务令

（一九二三年十月二十四日）

大元帅令

特派梁鸿楷兼高雷钦廉各军总指挥。此令。

（中华民国陆海军大元帅之印）

中华民国十二年十月廿四日

据大本营秘书处编《陆海军大元帅大本营公报》第三十五号（广州一九二三年十一月二日）

准任刘通职务令

（一九二三年十月二十五日）

大元帅令

大本营建设部长林森呈请任命刘通为建设部秘书。应照准。此令。

（中华民国陆海军大元帅之印）

中华民国十二年十月廿五日

据大本营秘书处编《陆海军大元帅大本营公报》第三十五号（广州一九二三年十一月二日）

委派马晓军职务令

（一九二三年十月二十五日）

大元帅令

  派马晓军为抚河招抚使。此令。

           （中华民国陆海军大元帅之印）

           中华民国十二年十月廿五日

    据大本营秘书处编《陆海军大元帅大本营公报》第三十五号(广州一九二三年十一月二日)

任命宋子文职务令

（一九二三年十月二十七日）

大元帅令

  任命宋子文为两广盐务稽核所经理。此令。

           （中华民国陆海军大元帅之印）

           中华民国十二年十月廿七日

    据大本营秘书处编《陆海军大元帅大本营公报》第三十五号(广州一九二三年十一月二日)

委派廖仲恺兼职令

（一九二三年十月二十七日）

大元帅令

特派廖仲恺兼大本营筹饷总局总办。此令。

（中华民国陆海军大元帅之印）

中华民国十二年十月廿七日

据大本营秘书处编《陆海军大元帅大本营公报》第三十五号(广州一九二三年十一月二日)

委派邹鲁兼职令

（一九二三年十月二十七日）

大元帅令

派邹鲁兼大本营筹饷总局会办。此令。

（中华民国陆海军大元帅之印）

中华民国十二年十月廿七日

据大本营秘书处编《陆海军大元帅大本营公报》第三十五号(广州一九二三年十一月二日)

免伍汝康职务令

（一九二三年十月二十七日）

大元帅令

广东盐务稽核分所经理伍汝康另有任用，应免本职。此令。

（中华民国陆海军大元帅之印）

中华民国十二年十月廿七日

据大本营秘书处编《陆海军大元帅大本营公报》第三十五号（广州一九二三年十一月二日）

准邓泽如辞职令

（一九二三年十月二十七日）

大元帅令

两广盐运使邓泽如呈请辞去本职，俾得专心办理党务，情辞恳切，热心党务，深堪嘉尚。邓泽如准免本职，嗣后发扬党义，力促进行，本大元帅有厚望焉。此令。

（中华民国陆海军大元帅之印）

中华民国十二年十月廿七日

据大本营秘书处编《陆海军大元帅大本营公报》第三十五号（广州一九二三年十一月二日）

任命伍汝康职务令

（一九二三年十月二十七日）

大元帅令

  任命伍汝康为两广盐运使。此令。

（中华民国陆海军大元帅之印）
中华民国十二年十月廿七日

据大本营秘书处编《陆海军大元帅大本营公报》第三十五号（广州一九二三年十一月二日）

免李烈钧职务令

（一九二三年十月二十八日）

大元帅令

  闽赣边防督办李烈钧另有任用，应免本职。此令。

（中华民国陆海军大元帅之印）
中华民国十二年十月廿八日

据大本营秘书处编《陆海军大元帅大本营公报》第三十六号（广州一九二三年十一月九日）

任命李烈钧职务令

（一九二三年十月二十八日）

大元帅令

　　特任李烈钧为大本营参谋长。此令。

（中华民国陆海军大元帅之印）

中华民国十二年十月廿八日

据大本营秘书处编《陆海军大元帅大本营公报》第三十六号（广州一九二三年十一月九日）

免张开儒职务令

（一九二三年十月二十八日）

大元帅令

　　大本营参谋长张开儒另有任用，应免本职。此令。

（中华民国陆海军大元帅之印）

中华民国十二年十月廿八日

据大本营秘书处编《陆海军大元帅大本营公报》第三十六号（广州一九二三年十一月九日）

免朱培德职务令

（一九二三年十月二十八日）

大元帅令

　　大本营参军长朱培德现在出发东江，所有参军长职务势难兼顾，应免去本职，俾专任中央直辖第一军军长，督战前敌，以利戎机。此令。

（中华民国陆海军大元帅之印）

中华民国十二年十月廿八日

据大本营秘书处编《陆海军大元帅大本营公报》第三十六号（广州一九二三年十一月九日）

任命张开儒职务令

（一九二三年十月二十八日）

大元帅令

　　特任张开儒为大本营参军长。此令。

（中华民国陆海军大元帅之印）

中华民国十二年十月廿八日

据大本营秘书处编《陆海军大元帅大本营公报》第三十六号（广州一九二三年十一月九日）

任命戴恩赛职务令

（一九二三年十月二十八日）

大元帅令

　　任命戴恩赛为梧州关监督兼外交部特派广西交涉员。此令。

　　　　　　　　　　　　　　　　　　（中华民国陆海军大元帅之印）

　　　　　　　　　　　　　　　　　　中华民国十二年十月廿八日

　　　　　　　据大本营秘书处编《陆海军大元帅大本营公报》第三十六号（广州一九二三年十一月九日）

免黄建勋职务令

（一九二三年十月二十八日）

大元帅令

　　梧州关监督兼外交部特派广西交涉员黄建勋，应即免去本兼各职，另候任用。此令。

　　　　　　　　　　　　　　　　　　（中华民国陆海军大元帅之印）

　　　　　　　　　　　　　　　　　　中华民国十二年十月廿八日

　　　　　　　据大本营秘书处编《陆海军大元帅大本营公报》第三十六号（广州一九二三年十一月九日）

给孙祥夫李元著的命令

（一九二三年十月二十八日）

　　兹派孙祥夫、李元著为飞鹰、福安等舰宣慰员。此令。

令孙祥夫、李元著

据孙修福、喻春生《新发现的孙中山大元帅手令（二）》，载《民国档案》二○○一年第二期

准任谭长年等职务令

（一九二三年十月三十日）

大元帅令

　　大本营粮食管理处督办赵士觐呈请任命谭长年为总务科科长，谭平为公卖科科长，陈煊为运输科科长。均照准。此令。

（中华民国陆海军大元帅之印）

中华民国十二年十月三十日

据大本营秘书处编《陆海军大元帅大本营公报》第三十六号（广州一九二三年十一月九日）

调任李宗黄职务令

（一九二三年十月三十日）

大元帅令

　　调任大本营参议李宗黄为大本营高级参谋。此令。

（中华民国陆海军大元帅之印）

中华民国十二年十月三十日

据大本营秘书处编《陆海军大元帅大本营公报》第三十六号（广州一九二三年十一月九日）

特派临时中央执行委员候补委员令

（一九二三年十月）

特派临时执行委员：胡汉民、林森、廖仲恺、邓泽如、杨庶堪、陈树人、孙科、吴铁城、谭平山。候补委员：汪精卫、李大钊、谢英伯、古应芬、许崇清。

国民党总理　孙　文

据《国民党周刊》第一期（广州一九二三年十一月二十五日）

任命邓泽如职务令

（一九二三年十一月一日）①

任邓泽如为大本营参议。此令。（月俸五百元，并致函请列席政务会议）

孙　文

据谭延闿编《总理遗墨》第三辑（印行时间不详，广东省社会科学院藏）

---

① 原件无日期，据《陆海军大元帅大本营公报》第三十六号大元帅令，正式任命系于中华民国十二年十一月一日发布。

任命王国辅职务令

（一九二三年十一月一日）

大元帅令

  任命王国辅为大本营咨议。此令。

（中华民国陆海军大元帅之印）

中华民国十二年十一月一日

据大本营秘书处编《陆海军大元帅大本营公报》第三十六号（广州一九二三年十一月九日）

准王任化辞职令

（一九二三年十一月一日）

大元帅令

  大本营建设部长林森呈称：科长王任化恳请辞职。应照准。此令。

（中华民国陆海军大元帅之印）

中华民国十二年十一月一日

据大本营秘书处编《陆海军大元帅大本营公报》第三十六号（广州一九二三年十一月九日）

委派余维谦等职务令

（一九二三年十一月二日）

大元帅令

　　派余维谦为虎门要塞临时正指挥,陈学顺为副指挥;苏世安为长洲要塞临时正指挥,朱兆熊为副指挥。此令。

（中华民国陆海军大元帅之印）
中华民国十二年十一月二日

据大本营秘书处编《陆海军大元帅大本营公报》第三十六号(广州一九二三年十一月九日)

任命黄绍雄职务令

（一九二三年十一月二日）

　　任黄绍雄广西讨贼军第一军长。此令。

孙　文
中华民国十二年十一月二日

据谭延闿编《总理遗墨》第一辑(一九二八年印行,广东省社会科学院藏)

免宋渊源职务令

（一九二三年十一月二日）

大元帅令

　　闽南宣慰使宋渊源另有任用，应免本职。此令。

（中华民国陆海军大元帅之印）
中华民国十二年十一月二日

据大本营秘书处编《陆海军大元帅大本营公报》第三十六号（广州一九二三年十一月九日）

任命刘殿臣职务令

（一九二三年十一月三日）

大元帅令

　　任命刘殿臣为永丰军舰枪炮教练官。此令。

（中华民国陆海军大元帅之印）
中华民国十二年十一月三日

据大本营秘书处编《陆海军大元帅大本营公报》第三十六号（广州一九二三年十一月九日）

任命江屏藩职务令

（一九二三年十一月三日）

大元帅令

  任命江屏藩为大本营建设部交通局局长。此令。

         （中华民国陆海军大元帅之印）

         中华民国十二年十一月三日

据大本营秘书处编《陆海军大元帅大本营公报》第三十六号（广州一九二三年十一月九日）

任命罗翼群兼职令

（一九二三年十一月三日）

大元帅令

  任命罗翼群兼大本营参议。此令。

         （中华民国陆海军大元帅之印）

         中华民国十二年十一月三日

据大本营秘书处编《陆海军大元帅大本营公报》第三十六号（广州一九二三年十一月九日）

任命黄梦麟职务令

（一九二三年十一月三日）

大元帅令

　　任命黄梦麟为大本营咨议。此令。

　　　　　　　　　　　　　　　（中华民国陆海军大元帅之印）
　　　　　　　　　　　　　　　中华民国十二年十一月三日

据大本营秘书处编《陆海军大元帅大本营公报》第三十六号（广州一九二三年十一月九日）

任命廖百芳职务令

（一九二三年十一月三日）

大元帅令

　　任命廖百芳为大本营谘议。此令。

　　　　　　　　　　　　　　　（中华民国陆海军大元帅之印）
　　　　　　　　　　　　　　　中华民国十二年十一月三日

据大本营秘书处编《陆海军大元帅大本营公报》第三十六号（广州一九二三年十一月九日）

任命曾稚南等职务令

（一九二三年十一月三日）

大元帅令

　　任命曾稚南、曾办、李建中为大本营咨议。此令。

（中华民国陆海军大元帅之印）

中华民国十二年十一月三日

据大本营秘书处编《陆海军大元帅大本营公报》第三十六号（广州一九二三年十一月九日）

准调任侬鼎和等职务令

（一九二三年十一月五日）

大元帅令

　　大本营参军长张开儒呈请调任大本营参谋处上校参谋侬鼎和为大本营参军处上校副官，大本营参谋处中校副官黄伯度为大本营参军处中校副官，大本营参谋处少校副官苏俊五为大本营参军处少校副官。均照准。此令。

（中华民国陆海军大元帅之印）

中华民国十二年十一月五日

据大本营秘书处编《陆海军大元帅大本营公报》第三十六号（广州一九二三年十一月九日）

任命韦荣熙职务令

(一九二三年十一月六日)

大元帅令

任命韦荣熙为北江商运局局长。此令。

(中华民国陆海军大元帅之印)

中华民国十二年十一月六日

据大本营秘书处编《陆海军大元帅大本营公报》第三十六号(广州一九二三年十一月九日)

委派石青阳兼职令

(一九二三年十一月七日)

大元帅令

派石青阳兼理中央银行四川分行行长。此令。

(中华民国陆海军大元帅之印)

中华民国十二年十一月七日

据大本营秘书处编《陆海军大元帅大本营公报》第三十七号(广州一九二三年十一月十六日)

准免黄白职务令

（一九二三年十一月七日）

大元帅令

大本营参军长张开儒呈请免去大本营参军处上校副官黄白本职。应照准。此令。

（中华民国陆海军大元帅之印）

中华民国十二年十一月七日

据大本营秘书处编《陆海军大元帅大本营公报》第三十七号（广州一九二三年十一月十六日）

委派陈其瑗等职务令

（一九二三年十一月八日）

特派陈其瑗、黎泽闿、雷荫孙、梁培基、黄汝刚、陈树人为广东地方善后委员。此令。

孙　文

据谭延闿编《总理遗墨》第三辑（印行时间不详，广东省社会科学院藏）

任命巢寒青职务令

（一九二三年十一月八日）

任命巢寒青为讨贼军赣西游击司令。此令。

据中国第二历史档案馆《新发现的孙中山大元帅手令》，载《民国档案》二〇〇一年第一期

任命杨廷培代职令

（一九二三年十一月九日）

大元帅令

特任杨廷培暂行代理广州卫戍总司令。此令。

（中华民国陆海军大元帅之印）

中华民国十二年十一月九日

据大本营秘书处编《陆海军大元帅大本营公报》第三十七号（广州一九二三年十一月十六日）

准任章烈职务令

（一九二三年十一月十日）

大元帅令

大本营参军长张开儒呈请任命章烈为大本营参军处中校副官。应照准。此令。

（中华民国陆海军大元帅之印）

中华民国十二年十一月十日

据大本营秘书处编《陆海军大元帅大本营公报》第三十七号（广州一九二三年十一月十六日）

免冯启民职务令

（一九二三年十一月十三日）

冯启民另有任用，免去军车管理处长职。此令。

据中国第二历史档案馆《新发现的孙中山大元帅手令》，载《民国档案》二〇〇一年第一期

任命杨希闵职务令

（一九二三年十一月十四日）

大元帅令

特派杨希闵兼滇粤桂联军前敌总指挥。此令。

（中华民国陆海军大元帅之印）

中华民国十二年十一月十四日

据大本营秘书处编《陆海军大元帅大本营公报》第三十七号（广州一九二三年十一月十六日）

准任罗为雄职务令

（一九二三年十一月十四日）

大元帅令

大本营参谋长李烈钧呈请任命罗为雄为大本营中校参谋。应照准。此令。

（中华民国陆海军大元帅之印）

中华民国十二年十一月十四日

据大本营秘书处编《陆海军大元帅大本营公报》第三十七号（广州一九二三年十一月十六日）

任命寸性奇代职令

（一九二三年十一月十四日）

大元帅令

　　广东江防司令杨廷培现往前敌督战,着寸性奇暂行代理广东江防司令事宜。此令。

（中华民国陆海军大元帅之印）

中华民国十二年十一月十四日

据大本营秘书处编《陆海军大元帅大本营公报》第三十七号（广州一九二三年十一月十六日）

任命杨希闵兼职令

（一九二三年十一月十四日）

　　中央直辖滇军总司令杨希闵着兼滇粤桂联军前敌总指挥,所有各部军队前敌作战事宜,均归指挥调遣。此令。

据中国第二历史档案馆《新发现的孙中山大元帅手令》,载《民国档案》二〇〇一年第一期

给邹鲁的指令

（一九二三年十一月十六日）

大元帅指令第六二〇号

　　令广东财政厅长邹鲁

　　呈报令委邹琳为广东全省田土业佃保证局局长,乞备案由

呈悉。准予备案。此令。

（中华民国陆海军大元帅之印）

中华民国十二年十一月十六日

据大本营秘书处编《陆海军大元帅大本营公报》第三十八号（广州一九二三年十一月二十三日）

命寸性奇毋庸兼职令

（一九二三年十一月十九日）

大元帅令

宪兵事宜重要，寸性奇着毋庸兼代广东江防司令，以专责成。此令。

（中华民国陆海军大元帅之印）

中华民国十二年十一月十九日

据大本营秘书处编《陆海军大元帅大本营公报》第三十八号（广州一九二三年十一月二十三日）

命杨廷培兼任令

（一九二三年十一月十九日）

大元帅令

杨廷培着回广东江防司令兼任。此令。

（中华民国陆海军大元帅之印）

中华民国十二年十一月十九日

据大本营秘书处编《陆海军大元帅大本营公报》第三十八号（广州一九二三年十一月二十三日）

委派伍学熀兼职令

（一九二三年十一月二十日）

大元帅令

　　派伍学熀兼广东全省船民自治联防督办。此令。

（中华民国陆海军大元帅之印）
中华民国十二年十一月二十日

据大本营秘书处编《陆海军大元帅大本营公报》第三十八号(广州一九二三年十一月二十三日)

准任谷春芳职务令

（一九二三年十一月二十日）

大元帅令

　　大本营参军长张开儒呈请调任大本营参谋处中校副官谷春芳为大本营参军处中校副官。应照准。此令。

（中华民国陆海军大元帅之印）
中华民国十二年十一月二十日

据大本营秘书处编《陆海军大元帅大本营公报》第三十八号(广州一九二三年十一月二十三日)

任命许崇智职务令

（一九二三年十一月二十一日）

大元帅令

特任许崇智为粤军总司令。此令。

（中华民国陆海军大元帅之印）

中华民国十二年十一月廿一日

据大本营秘书处编《陆海军大元帅大本营公报》第三十八号（广州一九二三年十一月二十三日）

任命刘震寰职务令

（一九二三年十一月二十一日）

大元帅令

特任刘震寰为桂军总司令。此令。

（中华民国陆海军大元帅之印）

中华民国十二年十一月二十一日

据大本营秘书处编《陆海军大元帅大本营公报》第三十八号（广州一九二三年十一月二十三日）

任命鲁涤平职务令

（一九二三年十一月二十一日）

大元帅令

　　任命鲁涤平为湘军总指挥。此令。

（中华民国陆海军大元帅之印）

中华民国十二年十一月廿一日

据大本营秘书处编《陆海军大元帅大本营公报》第三十八号(广州一九二三年十一月二十三日)

任命宋鹤庚等职务令

（一九二三年十一月二十一日）

大元帅令

　　任命宋鹤庚为湘军第一军军长，鲁涤平为湘军第二军军长，谢国光为湘军第三军军长，吴剑学为湘军第四军军长，蔡钜猷为湘军第五军军长，陈嘉祐为湘军第六军军长。此令。

（中华民国陆海军大元帅之印）

中华民国十二年十一月廿一日

据大本营秘书处编《陆海军大元帅大本营公报》第三十八号(广州一九二三年十一月二十三日)

任命方鼎英代职令

（一九二三年十一月二十一日）

大元帅令

宋鹤庚未到任以前，湘军第一军军长着方鼎英代理。此令。

（中华民国陆海军大元帅之印）

中华民国十二年十一月二十一日

据大本营秘书处编《陆海军大元帅大本营公报》第三十八号（广州一九二三年十一月二十三日）

任命蒋尊簋职务令

（一九二三年十一月二十三日）

大元帅令

任命蒋尊簋为大本营参谋处主任。此令。

（中华民国陆海军大元帅之印）

中华民国十二年十一月廿三日

据大本营秘书处编《陆海军大元帅大本营公报》第三十八号（广州一九二三年十一月二十三日）

任命吴介璋等职务令

（一九二三年十一月二十三日）

大元帅令

　　任命吴介璋、彭程万、俞应麓、耿毅、葛光庭、辛丕斋为大本营高级参谋。此令。

（中华民国陆海军大元帅之印）

中华民国十二年十一月廿三日

据大本营秘书处编《陆海军大元帅大本营公报》第三十八号（广州一九二三年十一月二十三日）

准任曾勇甫等职务令

（一九二三年十一月二十三日）

大元帅令

　　大本营参谋长李烈钧呈请任命曾勇甫、蔡公时为大本营参谋处秘书；李有枢为大本营参谋处上校参谋，徐卫璜为大本营参谋处上校副官，吴应镗、童天铎为大本营参谋处中校副官。均照准。此令。

（中华民国陆海军大元帅之印）

中华民国十二年十一月廿三日

据大本营秘书处编《陆海军大元帅大本营公报》第三十八号（广州一九二三年十一月二十三日）

委派许崇智兼职令

（一九二三年十一月二十四日）

大元帅令

　　特派许崇智兼滇粤桂联军前敌副指挥。此令。

（中华民国陆海军大元帅之印）

中华民国十二年十一月廿四日

据大本营秘书处编《陆海军大元帅大本营公报》第三十八号（广州一九二三年十一月二十三日）

任命李怀霜等职务令

（一九二三年十一月二十四日）

大元帅令

　　任命李怀霜、杨赓笙、熊群青、周东屏为大本营参谋处军事参议；井上谦吉、朱润德为大本营参谋处军事顾问。此令。

（中华民国陆海军大元帅之印）

中华民国十二年十一月廿四日

据大本营秘书处编《陆海军大元帅大本营公报》第三十九号（广州一九二三年十一月三十日）

给井上谦吉任命状

（一九二三年十一月二十四日）

任命状

　　任命井上谦吉为大本营参谋处军事顾问。此状。

孙　文

中华民国十二年十一月二十四日

据有邻堂株式会社、北京大学图书馆编《〈孙文与横滨〉
展》（一九八九年日文版）影印件

任命吕超石青阳职务令

（一九二三年十一月二十五日）

大元帅令

　　任命吕超为四川讨贼军第一军总司令，石青阳为四川讨贼军第三军总司令。此令。

（中华民国陆海军大元帅之印）

中华民国十二年十一月廿五日

据大本营秘书处编《陆海军大元帅大本营公报》第三十九
号（广州一九二三年十一月三十日）

任命汤子模等职务令

（一九二三年十一月二十五日）

大元帅令

　　任命汤子模为四川讨贼军第一师师长，郑启和为四川讨贼军第二师师长，周西成为四川讨贼军第三师师长。此令。

（中华民国陆海军大元帅之印）

中华民国十二年十一月廿五日

据大本营秘书处编《陆海军大元帅大本营公报》第三十九号（广州一九二三年十一月三十日）

任命李昌权等职务令

（一九二三年十一月二十五日）

大元帅令

　　任命李昌权为四川讨贼军补充第一旅旅长，朱华经为四川讨贼军补充第二旅旅长，邹畏之为四川讨贼军补充第三旅旅长，王纲为四川讨贼军补充第四旅旅长。此令。

（中华民国陆海军大元帅之印）

中华民国十二年十一月廿五日

据大本营秘书处编《陆海军大元帅大本营公报》第三十九号（广州一九二三年十一月三十日）

任命贺龙职务令

（一九二三年十一月二十五日）

大元帅令

　　任命贺龙为四川讨贼军第一混成旅旅长。此令。

（中华民国陆海军大元帅之印）

中华民国十二年十一月廿五日

据大本营秘书处编《陆海军大元帅大本营公报》第三十九号（广州一九二三年十一月三十日）

任命王度职务令

（一九二三年十一月二十六日）

大元帅令

　　任命王度为大本营参军。此令。

（中华民国陆海军大元帅之印）

中华民国十二年十一月廿六日

据大本营秘书处编《陆海军大元帅大本营公报》第三十九号（广州一九二三年十一月三十日）

准任马超俊等职务令

（一九二三年十一月二十六日）

大元帅令

　　大本营军政部长程潜呈请任命马超俊为广东兵工厂总务处长，韦增复为广东兵工厂工务处长，刘东骓为广东兵工厂审验处长，雷大同为广东兵工厂审计处长。均照准。此令。

（中华民国陆海军大元帅之印）

中华民国十二年十一月廿六日

据大本营秘书处编《陆海军大元帅大本营公报》第三十九号（广州一九二三年十一月三十日）

准林云陔辞职令

（一九二三年十一月二十七日）

大元帅令

　　代理广东高等审判厅厅长林云陔呈请辞去本职，应予照准。此令。

（中华民国陆海军大元帅之印）

中华民国十二年十一月廿七日

据大本营秘书处编《陆海军大元帅大本营公报》第三十九号（广州一九二三年十一月三十日）

命陈融回原任令

（一九二三年十一月二十七日）

大元帅令

广东高等审判厅厅长陈融着即回复原任。此令。

（中华民国陆海军大元帅之印）

中华民国十二年十一月廿七日

据大本营秘书处编《陆海军大元帅大本营公报》第三十九号(广州一九二三年十一月三十日)

任命田桐职务令

（一九二三年十一月二十七日）

大元帅令

任命田桐为大本营参议。此令。

（中华民国陆海军大元帅之印）

中华民国十二年十一月廿七日

据大本营秘书处编《陆海军大元帅大本营公报》第三十九号(广州一九二三年十一月三十日)

附录　同题异文

（一九二三年十一月二十七日）

任命田桐为参议。此令。（月薪三百元）

孙　文

据谭延闿编《总理遗墨》第三辑（印行时间不详，广东省社会科学院藏）

任命方震职务令

（一九二三年十一月二十七日）

大元帅令

　　任命方震为大本营咨议。此令。

（中华民国陆海军大元帅之印）
中华民国十二年十一月廿七日

据大本营秘书处编《陆海军大元帅大本营公报》第三十九号（广州一九二三年十一月三十日）

任命程鸿轩职务令

（一九二三年十一月二十七日）

大元帅令

　　任命程鸿轩为大本营咨议。此令。

（中华民国陆海军大元帅之印）
中华民国十二年十一月廿七日

据大本营秘书处编《陆海军大元帅大本营公报》第三十九号（广州一九二三年十一月三十日）

免赵士觐职务令

（一九二三年十一月二十七日）

大元帅令

　　大本营粮食管理处督办赵士觐另有任用，应免本职。此令。

（中华民国陆海军大元帅之印）

中华民国十二年十一月廿七日

据大本营秘书处编《陆海军大元帅大本营公报》第三十九号(广州一九二三年十一月三十日)

任命邹鲁兼职令

（一九二三年十一月二十七日）

大元帅令

　　任命邹鲁兼国立高等师范学校校长。此令。

（中华民国陆海军大元帅之印）

中华民国十二年十一月廿七日

据大本营秘书处编《陆海军大元帅大本营公报》第三十九号(广州一九二三年十一月三十日)

准任刘景新等职务令

（一九二三年十一月二十九日）

大元帅令

　　大本营内政部长徐绍桢呈请任命刘景新、谭鸿任、刘宏道为大本营内政部科长，应照准。此令。

（中华民国陆海军大元帅之印）

中华民国十二年十一月廿九日

据大本营秘书处编《陆海军大元帅大本营公报》第三十九号（广州一九二三年十一月三十日）

任命陈树人代职令

（一九二三年十一月二十九日）

大元帅令

　　广东政务厅厅长古应芬未到任以前，着陈树人暂行代理。此令。

（中华民国陆海军大元帅之印）

中华民国十二年十一月廿九日

据大本营秘书处编《陆海军大元帅大本营公报》第三十九号（广州一九二三年十一月三十日）

准姚褆昌辞职令

（一九二三年十一月二十九日）

大元帅令

大本营秘书姚褆昌呈请辞职。姚褆昌准免本职。此令。

（中华民国陆海军大元帅之印）

中华民国十二年十一月廿九日

据大本营秘书处编《陆海军大元帅大本营公报》第三十九号（广州一九二三年十一月三十日）

任命张九维职务令

（一九二三年十一月三十日）

大元帅令

任命张九维为大本营高级参谋。此令。

（中华民国陆海军大元帅之印）

中华民国十二年十一月三十日

据大本营秘书处编《陆海军大元帅大本营公报》第三十九号（广州一九二三年十一月三十日）

任命梅光培职务令

（一九二三年十一月三十日）

大元帅令

　　任命梅光培为广东财政厅长。此令。

　　　　　　　　　　　　　（中华民国陆海军大元帅之印）

　　　　　　　　　　　　　中华民国十二年十一月三十日

据大本营秘书处编《陆海军大元帅大本营公报》第三十九号（广州一九二三年十一月三十日）

准范其务辞职令

（一九二三年十一月三十日）

大元帅令

　　广东电政监督兼广州电报局局长范其务呈请辞职。范其务应准免去本兼各职。此令。

　　　　　　　　　　　　　（中华民国陆海军大元帅之印）

　　　　　　　　　　　　　中华民国十二年十一月卅日

据大本营秘书处编《陆海军大元帅大本营公报》第三十九号（广州一九二三年十一月三十日）

任命萧冠英职务令

（一九二三年十一月三十日）

任萧冠英为广东电政监督兼广州电报局局长。此令。

孙　文
中华民国十二年十一月三十日

据谭延闿编《总理遗墨》第三辑（印行时间不详，广东省社会科学院藏）

委派王仁熙职务令

（一九二三年十二月一日）

大元帅令

派王仁熙为大本营出勤委员。此令。

（中华民国陆海军大元帅之印）
中华民国十二年十二月一日

据大本营秘书处编《陆海军大元帅大本营公报》第四十号（广州一九二三年十二月七日）

委派姚褆昌职务令

（一九二三年十二月一日）

大元帅令

　　派姚褆昌为大本营宣传委员。此令。

　　　　　　　　　　　　　　（中华民国陆海军大元帅之印）

　　　　　　　　　　　　　　中华民国十二年十二月一日

　　　　　　　据大本营秘书处编《陆海军大元帅大本营公报》第三十九号（广州一九二三年十一月三十日）

任命何家猷职务令

（一九二三年十二月一日）

大元帅令

　　任命何家猷为广东电政监督兼广州电报局局长。此令。

　　　　　　　　　　　　　　（中华民国陆海军大元帅之印）

　　　　　　　　　　　　　　中华民国十二年十二月一日

　　　　　　　据大本营秘书处编《陆海军大元帅大本营公报》第四十号（广州一九二三年十二月七日）

任命冯自由职务令

（一九二三年十二月一日）

大元帅令

　　任命冯自由为广东宣传局局长。此令。

（中华民国陆海军大元帅之印）

中华民国十二年十二月一日

据大本营秘书处编《陆海军大元帅大本营公报》第四十号

（广州一九二三年十二月七日）

任命马超俊职务令

（一九二三年十二月一日）

大元帅令

　　任命马超俊为广东兵工厂厂长。此令。

（中华民国陆海军大元帅之印）

中华民国十二年十二月一日

据大本营秘书处编《陆海军大元帅大本营公报》第四十号

（广州一九二三年十二月七日）

准任罗继善张麟职务令

（一九二三年十二月一日）

大元帅令

　　大本营财政部长叶恭绰呈请任命罗继善、张麟为大本营财政部科长。应照准。此令。

　　　　　　　　　　　　　　　　（中华民国陆海军大元帅之印）
　　　　　　　　　　　　　　　　中华民国十二年十二月一日

据大本营秘书处编《陆海军大元帅大本营公报》第四十号
（广州一九二三年十二月七日）

任命李承翼职务令

（一九二三年十二月一日）

大元帅令

　　任命李承翼为大本营财政部第二局局长。此令。

　　　　　　　　　　　　　　　　（中华民国陆海军大元帅之印）
　　　　　　　　　　　　　　　　中华民国十二年十二月一日

据大本营秘书处编《陆海军大元帅大本营公报》第四十号
（广州一九二三年十二月七日）

免邓慕韩职务令

（一九二三年十二月一日）

大元帅令

广东宣传局局长邓慕韩另有任用，应免本职。此令。

（中华民国陆海军大元帅之印）

中华民国十二年十二月一日

据大本营秘书处编《陆海军大元帅大本营公报》第四十号
（广州一九二三年十二月七日）

免卢谔生职务令

（一九二三年十二月一日）

大元帅令

署理大本营财政部第二局局长卢谔生另有任用，应免本职。此令。

（中华民国陆海军大元帅之印）

中华民国十二年十二月一日

据大本营秘书处编《陆海军大元帅大本营公报》第四十号
（广州一九二三年十二月七日）

准朱和中辞职令

（一九二三年十二月一日）

大元帅令

广东兵工厂厂长朱和中呈请辞职，朱和中准免本职。此令。

（中华民国陆海军大元帅之印）

中华民国十二年十二月一日

据大本营秘书处编《陆海军大元帅大本营公报》第四十号
（广州一九二三年十二月七日）

准免陈煊黄民生职务令

（一九二三年十二月一日）

大元帅令

大本营参军长张开儒呈：上校副官陈煊、少校副官黄民生另有任用，请免本职。均照准。此令。

（中华民国陆海军大元帅之印）

中华民国十二年十二月一日

据大本营秘书处编《陆海军大元帅大本营公报》第四十号
（广州一九二三年十二月七日）

命朱和中查办兵工厂员司事宜令

(一九二三年十二月二日)

大元帅令

　　派朱和中查办广东兵工厂员司事宜。此令。

　　　　　　　　　　　　　　　（中华民国陆海军大元帅之印）

　　　　　　　　　　　　　　　中华民国十二年十二月二日

据大本营秘书处编《陆海军大元帅大本营公报》第四十号（广州一九二三年十二月七日）

附录　手谕

　　兵工厂长令如未发表，可从缓；如已发表，即立发如下之令：派朱和中查办兵工厂员司事宜。此令。

　　　　　　　　　　　　　　　　　　　　　　　　　　　文

据秦孝仪主编《国父全集》第八册（台北近代中国出版社一九八九年版）

任命孔庚职务令

(一九二三年十二月二日)

大元帅令

　　特任孔庚为湖北讨贼军总司令。此令。

　　　　　　　　　　　　　　　（中华民国陆海军大元帅之印）

　　　　　　　　　　　　　　　中华民国十二年十二月二日

据大本营秘书处编《陆海军大元帅大本营公报》第四十号（广州一九二三年十二月七日）

任命刘鸿逵职务令

（一九二三年十二月二日）

大元帅令

　　任命刘鸿逵为湖北讨贼军第一路司令。此令。

　　　　　　　　　　　　　　（中华民国陆海军大元帅之印）

　　　　　　　　　　　　　　中华民国十二年十二月二日

　　　　　据大本营秘书处编《陆海军大元帅大本营公报》第四十号
　　　　（广州一九二三年十二月七日）

任命李化民职务令

（一九二三年十二月三日）

大元帅令

　　任命李化民为大本营谘议。此令。

　　　　　　　　　　　　　　（中华民国陆海军大元帅之印）

　　　　　　　　　　　　　　中华民国十二年十二月三日

　　　　　据大本营秘书处编《陆海军大元帅大本营公报》第四十号
　　　　（广州一九二三年十二月七日）

任命胡谦职务令

（一九二三年十二月三日）

大元帅令

　　任命胡谦为大本营军政部军务局局长。此令。

（中华民国陆海军大元帅之印）

中华民国十二年十二月三日

据大本营秘书处编《陆海军大元帅大本营公报》第四十号
（广州一九二三年十二月七日）

任命胡谦代职令

（一九二三年十二月三日）

大元帅令

　　邓泰中现在出差，军政部次长着该部军务局局长胡谦代理。此令。

（中华民国陆海军大元帅之印）

中华民国十二年十二月三日

据大本营秘书处编《陆海军大元帅大本营公报》第四十号
（广州一九二三年十二月七日）

任命李宗黄职务令

（一九二三年十二月三日）

大元帅令

　　调任大本营高级参谋李宗黄为大本营参议。此令。

　　　　　　　　　　　　　　　　（中华民国陆海军大元帅之印）

　　　　　　　　　　　　　　　　中华民国十二年十二月三日

　　　　　　　据大本营秘书处编《陆海军大元帅大本营公报》第四十号
　　　　　　　（广州一九二三年十二月七日）

任命杨子毅李景纲职务令

（一九二三年十二月三日）

大元帅令

　　任命杨子毅署理大本营财政部总务厅长，李景纲署理大本营财政部第一局局长。此令。

　　　　　　　　　　　　　　　　（中华民国陆海军大元帅之印）

　　　　　　　　　　　　　　　　中华民国十二年十二月三日

　　　　　　　据大本营秘书处编《陆海军大元帅大本营公报》第四十号
　　　　　　　（广州一九二三年十二月七日）

准任李炳垣职务令

(一九二三年十二月三日)

大元帅令

大本营财政部长叶恭绰呈请任命李炳垣署理大本营财政部科长。应照准。此令。

(中华民国陆海军大元帅之印)

中华民国十二年十二月三日

据大本营秘书处编《陆海军大元帅大本营公报》第四十号
(广州一九二三年十二月七日)

准冯祝万辞职令

(一九二三年十二月三日)

大元帅令

大本营军政部长程潜呈称:军务局长冯祝万恳请辞职。冯祝万准免本职。此令。

(中华民国陆海军大元帅之印)

中华民国十二年十二月三日

据大本营秘书处编《陆海军大元帅大本营公报》第四十号
(广州一九二三年十二月七日)

准免胡家弼余壮鸣职务令

（一九二三年十二月三日）

大元帅令

　　大本营参军长张开儒呈：上校副官胡家弼、余壮鸣久旷职守，请免本职。均照准。此令。

　　　　　　　　　　　　　　　　　　（中华民国陆海军大元帅之印）

　　　　　　　　　　　　　　　　　　中华民国十二年十二月三日

　　　　　　　据大本营秘书处编《陆海军大元帅大本营公报》第四十号

　　　　　（广州一九二三年十二月七日）

任命吕苾筹职务令

（一九二三年十二月三日）

大元帅令

　　任命吕苾筹为大本营秘书。此令。

　　　　　　　　　　　　　　　　　　（中华民国陆海军大元帅之印）

　　　　　　　　　　　　　　　　　　中华民国十二年十二月三日

　　　　　　　据大本营秘书处编《陆海军大元帅大本营公报》第四十号

　　　　　（广州一九二三年十二月七日）

给邹鲁的指令

（一九二三年十二月三日）

大元帅指令第六七四号

　　令广东财政厅厅长兼大本营筹饷总局会办邹鲁

　　呈奉命办学,恳请开去厅局各职,俾得专心教育事由

　　呈悉。前据该厅长一再呈请辞职,当以军事未竣,财政亟需整理,迭经慰留在案。兹复据呈以奉命办学,未便再任厅局他职,请开去本兼各职等情,热心教育,至足嘉尚,应予照准。此令。

（中华民国陆海军大元帅之印）

中华民国十二年十二月三日

据大本营秘书处编《陆海军大元帅大本营公报》第四十号

（一九二三年十二月七日）

委派雷大同职务令

（一九二三年十二月五日）

大元帅令

　　派雷大同为大本营宣传委员。此令。

（中华民国陆海军大元帅之印）

中华民国十二年十二月五日

据大本营秘书处编《陆海军大元帅大本营公报》第四十号

（广州一九二三年十二月七日）

委派李宗唐等职务令

（一九二三年十二月五日）

大元帅令

　　派李宗唐、喻世钧、汪福魁、王宝贤为大本营特务委员。此令。

（中华民国陆海军大元帅之印）

中华民国十二年十二月五日

据大本营秘书处编《陆海军大元帅大本营公报》第四十号（广州一九二三年十二月七日）

任命朱霁青职务令

（一九二三年十二月六日）

　　朱霁青委谘议，月薪二百元。

孙　文

中华民国十二年十二月六日

据谭延闿编《总理遗墨》第三辑（印行时间不详，广东省社会科学院藏）

委派杨西岩职务令

（一九二三年十二月七日）

大元帅令

特派杨西岩为禁烟督办。此令。

（中华民国陆海军大元帅之印）

中华民国十二年十二月七日

据大本营秘书处编《陆海军大元帅大本营公报》第四十号
（广州一九二三年十二月七日）

委派宋以梅职务令

（一九二三年十二月七日）

大元帅令

派宋以梅为钦廉安抚委员。此令。

（中华民国陆海军大元帅之印）

中华民国十二年十二月七日

据大本营秘书处编《陆海军大元帅大本营公报》第四十号
（广州一九二三年十二月七日）

任命范熙绩职务令

（一九二三年十二月七日）

大元帅令

任命范熙绩为大本营高级参谋。此令。

（中华民国陆海军大元帅之印）

中华民国十二年十二月七日

据大本营秘书处编《陆海军大元帅大本营公报》第四十号（广州一九二三年十二月七日）

附录　手谕

范熙绩为高级参谋，即派驻厦门办事。此令。

孙　文

中华民国十二年十二月六日

据谭延闿编《总理遗墨》第三辑（印行时间不详，广东省社会科学院藏）

免刘泳闾职务令

（一九二三年十二月七日）

大元帅令

内政部第二局局长刘泳闾另有任用，应免本职。此令。

（中华民国陆海军大元帅之印）

中华民国十二年十二月七日

据大本营秘书处编《陆海军大元帅大本营公报》第四十号（广州一九二三年十二月七日）

任命刘泳闿职务令

（一九二三年十二月七日）

大元帅令

　　任命刘泳闿为大本营秘书。此令。

（中华民国陆海军大元帅之印）

中华民国十二年十二月七日

据大本营秘书处编《陆海军大元帅大本营公报》第四十号
（广州一九二三年十二月七日）

任命徐希元职务令

（一九二三年十二月八日）

大元帅令

　　任命徐希元为大本营内政部第二局局长。此令。

（中华民国陆海军大元帅之印）

中华民国十二年十二月八日

据大本营秘书处编《陆海军大元帅大本营公报》第四十号
（广州一九二三年十二月七日）

准任陈新燮职务令

（一九二三年十二月十日）

大元帅令

　　大本营内政部长徐绍桢呈请任命陈新燮为大本营内政部秘书。应照准。此令。

（中华民国陆海军大元帅之印）

中华民国十二年十二月十日

据大本营秘书处编《陆海军大元帅大本营公报》第四十号
（广州一九二三年十二月七日）

给赵汉一委任状

（一九二三年十二月十一日）

委任状

　　委任赵汉一为本党台山分部长。此状。

总理　孙　文

支部长　邓泽如

中华民国十二年十二月十一日

据中国国民党中央文化传播委员会党史馆藏一般档案 051/164

任命刘毅职务令

（一九二三年十二月十一日）

大元帅令

  任命刘毅为大本营高级参谋。此令。

              （中华民国陆海军大元帅之印）

              中华民国十二年十二月十一日

据大本营秘书处编《陆海军大元帅大本营公报》第四十号（广州一九二三年十二月七日）

委派梅光培职务令

（一九二三年十二月十三日）

大元帅令

  派梅光培兼大本营筹饷总局会办。此令。

              （中华民国陆海军大元帅之印）

              中华民国十二年十二月十三日

据大本营秘书处编《陆海军大元帅大本营公报》第四十一号(广州一九二三年十二月十四日)

委派陈箇民职务令

（一九二三年十二月十四日）

派陈箇民为潮汕安抚委员。此令。

孙　文

中华民国十二年十二月十四日

据谭延闿编《总理遗墨》第三辑（印行时间不详，广东省社会科学院藏）

委派关汉光职务令

（一九二三年十二月十五日）

派关汉光为东江招抚委员。此令。

孙　文

中华民国十二年十二月十五日

据谭延闿编《总理遗墨》第三辑（印行时间不详，广东省社会科学院藏）

任命高凤桂职务令

（一九二三年十二月十五日）

大元帅令

任命高凤桂为中央直辖第一师师长。此令。

（中华民国陆海军大元帅之印）

中华民国十二年十二月十五日

据大本营秘书处编《陆海军大元帅大本营公报》第四十一号（广州一九二三年十二月十四日）

准任葛昆山席楚霖职务令

（一九二三年十二月十八日）

大元帅令

　　大本营参军长张开儒呈请任命葛昆山、席楚霖为大本营参军处少校副官，应照准。此令。

（中华民国陆海军大元帅之印）

中华民国十二年十二月十八日

据大本营秘书处编《陆海军大元帅大本营公报》第四十一号（广州一九二三年十二月十四日）

准任陈煊等职务令

（一九二三年十二月十八日）

大元帅令

　　大本营军政部长程潜呈请任命陈煊为广东兵工厂总务处处长，朱之安为广东兵工厂审计处处长，江天柱为广东兵工厂副官长，杜璞珍为广东兵工厂料械处处长。均照准。此令。

（中华民国陆海军大元帅之印）

中华民国十二年十二月十八日

据大本营秘书处编《陆海军大元帅大本营公报》第四十一号（广州一九二三年十二月十四日）

准免何蔚职务令

（一九二三年十二月十八日）

大元帅令

　　大理院长兼管司法行政事务赵士北呈请将代理广东高等检察厅检察长何蔚免去本职，何蔚准免本职。此令。

　　　　　　　　　　　　　　　（中华民国陆海军大元帅之印）

　　　　　　　　　　　　　　　中华民国十二年十二月十八日

据大本营秘书处编《陆海军大元帅大本营公报》第四十一号（广州一九二三年十二月十四日）

任命林云陔职务令

（一九二三年十二月十八日）

大元帅令

　　任命林云陔为广东高等检察厅检察长。此令。

　　　　　　　　　　　　　　　（中华民国陆海军大元帅之印）

　　　　　　　　　　　　　　　中华民国十二年十二月十八日

据大本营秘书处编《陆海军大元帅大本营公报》第四十一号（广州一九二三年十二月十四日）

准免路孝忱兼职令

（一九二三年十二月十八日）

大元帅令

　　中央直辖山陕讨贼军司令兼大本营参军路孝忱呈请免去参军兼职，路孝忱准免大本营参军兼职。此令。

（中华民国陆海军大元帅之印）

中华民国十二年十二月十八日

据大本营秘书处编《陆海军大元帅大本营公报》第四十一号（广州一九二三年十二月十四日）

准免胡思清兼职令

（一九二三年十二月十八日）

大元帅令

　　中央直辖滇军第六师师长兼大本营参军胡思清呈请辞去参军兼职，胡思清准免大本营参军兼职。此令。

（中华民国陆海军大元帅之印）

中华民国十二年十二月十八日

据大本营秘书处编《陆海军大元帅大本营公报》第四十一号（广州一九二三年十二月十四日）

委派赵杰职务令

（一九二三年十二月十九日）

大元帅令

　　特派赵杰为豫鲁招抚使。此令。

（中华民国陆海军大元帅之印）

中华民国十二年十二月十九日

据大本营秘书处编《陆海军大元帅大本营公报》第四十一号（广州一九二三年十二月十四日）

任命徐方济职务令

（一九二三年十二月二十二日）

大元帅令

　　任命徐方济为大本营参军。此令。

（中华民国陆海军大元帅之印）

中华民国十二年十二月廿二日

据大本营秘书处编《陆海军大元帅大本营公报》第四十二号（广州一九二三年十二月二十一日）

任命陈可钰职务令

（一九二三年十二月二十二日）

大元帅令

  任命陈可钰为大本营参军。此令。

         （中华民国陆海军大元帅之印）

         中华民国十二年十二月廿二日

据大本营秘书处编《陆海军大元帅大本营公报》第四十二号（广州一九二三年十二月二十一日）

任命萧湘职务令

（一九二三年十二月二十二日）

大元帅令

  任命萧湘为大本营谘议。此令。

         （中华民国陆海军大元帅之印）

         中华民国十二年十二月廿二日

据大本营秘书处编《陆海军大元帅大本营公报》第四十二号（广州一九二三年十二月二十一日）

任命赵士养罗磊生职务令

（一九二三年十二月二十二日）①

大元帅命令

　　代理大本营会计司长黄昌谷呈请任命赵士养为大本营会计司统计课主任，罗磊生为大本营会计司支出课主任。均照准。此令。

据《广州民国日报》一九二三年十二月二十二日《大元帅命令》

准任崔炽黄职务令

（一九二三年十二月二十二日）②

大元帅命令

　　大本营参军长张开儒呈请任命崔炽黄为大本营参军处三等军医正，应照准。此令。

据《广州民国日报》一九二三年十二月二十二日《大元帅命令》

---

① 时间为《广州民国日报》刊出日期。
② 时间为《广州民国日报》刊出日期。

委派张苇村职务令

（一九二三年十二月二十三日）

派张苇村为山东军事委员。此令。

孙　文

据秦孝仪主编《国父全集》第八册（台北近代中国出版社一九八九年版）

任命黄明堂职务令

（一九二三年十二月二十四日）

大元帅令

　　任命黄明堂为中央直辖第二军军长。此令。

（中华民国陆海军大元帅之印）
中华民国十二年十二月廿四日

据大本营秘书处编《陆海军大元帅大本营公报》第四十二号（广州一九二三年十二月二十一日）

任命陈树人职务令

（一九二三年十二月二十四日）

大元帅令

　　任命大本营内政部总务厅厅长陈树人兼大本营内政部侨务局局长。此令。

（中华民国陆海军大元帅之印）
中华民国十二年十二月廿四日

据大本营秘书处编《陆海军大元帅大本营公报》第四十二号（广州一九二三年十二月二十一日）

准免鲁涤平兼职令

（一九二三年十二月二十五日）

大元帅令

　　湘军总指挥第二军军长鲁涤平迭据呈请辞去湘军总指挥兼职，鲁涤平准免兼职。此令。

（中华民国陆海军大元帅之印）

中华民国十二年十二月廿五日

据大本营秘书处编《陆海军大元帅大本营公报》第四十二号（广州一九二三年十二月二十一日）

任命宋鹤庚兼职令

（一九二三年十二月二十五日）

大元帅令

　　任命湘军第一军军长宋鹤庚兼湘军总指挥。此令。

（中华民国陆海军大元帅之印）

中华民国十二年十二月廿五日

据大本营秘书处编《陆海军大元帅大本营公报》第四十二号（广州一九二三年十二月二十一日）

准韦增复辞职令

（一九二三年十二月二十七日）

大元帅令

　　大本营军政部长程潜呈：广东兵工厂工务处长韦增复辞职，应照准。此令。

（中华民国陆海军大元帅之印）
中华民国十二年十二月廿七日

据大本营秘书处编《陆海军大元帅大本营公报》第四十二号（广州一九二三年十二月二十一日）

准任汤熙职务令

（一九二三年十二月二十七日）

大元帅令

　　大本营军政部长程潜呈请任命汤熙为广东兵工厂工务处长。应照准。此令。

（中华民国陆海军大元帅之印）
中华民国十二年十二月廿七日

据大本营秘书处编《陆海军大元帅大本营公报》第四十二号（广州一九二三年十二月二十一日）

免伍汝康职务令

（一九二三年十二月二十七日）

大元帅令

　　两广盐运使伍汝康另有任用，应免本职。此令。

　　　　　　　　　　　　（中华民国陆海军大元帅之印）
　　　　　　　　　　中华民国十二年十二月廿七日

据大本营秘书处编《陆海军大元帅大本营公报》第四十二号（广州一九二三年十二月二十一日）

任命岳森卢师撰为大本营谘议令[①]

（一九二三年十二月二十七日）

大元帅命令

　　任命岳森、卢师撰为大本营谘议。此令。

据《广州民国日报》一九二三年十二月二十七日

---

① 时间系《广州民国日报》刊出之日期。

任命赵士觐职务令

（一九二三年十二月二十八日）

大元帅令

　　任命赵士觐为两广盐运使。此令。

（中华民国陆海军大元帅之印）

中华民国十二年十二月廿八日

据大本营秘书处编《陆海军大元帅大本营公报》第四十二号（广州一九二三年十二月二十一日）

任命张士仁陶礼燊职务令

（一九二三年十二月二十八日）

大元帅令

　　任命张士仁、陶礼燊为大本营咨议。此令。

（中华民国陆海军大元帅之印）

中华民国十二年十二月廿八日

据大本营秘书处编《陆海军大元帅大本营公报》第四十二号（广州一九二三年十二月二十一日）

任命李衡职务令

（一九二三年十二月二十八日）

大元帅令

　　任命李衡为大本营咨议。此令。

（中华民国陆海军大元帅之印）

中华民国十二年十二月廿八日

据大本营秘书处编《陆海军大元帅大本营公报》第四十二号(广州一九二三年十二月二十一日)

任命田桓职务令

（一九二三年十二月二十八日）

大元帅令

　　任命田桓为大本营咨议。此令。

（中华民国陆海军大元帅之印）

中华民国十二年十二月廿八日

据大本营秘书处编《陆海军大元帅大本营公报》第四十二号(广州一九二三年十二月二十一日)

委派叶恭绰等职务令

（一九二三年十二月三十一日）

大元帅令

　　派叶恭绰、郑洪年、廖仲恺、杨西岩、伍学熀、赵士觐、孙科、梅光培、吴铁城为财政委员会委员。此令。

（中华民国陆海军大元帅之印）

中华民国十二年十二月卅一日

据大本营秘书处编《陆海军大元帅大本营公报》第四十二号（广州一九二三年十二月二十一日）

任命陈群李文彬职务令

（一九二三年）

委陈群、李文彬为大本营党务筹备委员。此令。

孙　文

中华民国十二年

据谭延闿编《总理遗墨》第三辑（印行时间不详，广东省社会科学院藏）

任命陈中孚职务令

（一九二三年）

派陈中孚为广东造币监督。此令。

孙　文

中华民国十二年

据谭延闿编《总理遗墨》第三辑（印行时间不详，广东省社会科学院藏）

任命戴任职务令

（一九二三年）

戴任为参军，取消高级参谋。

孙　文

据谭延闿编《总理遗墨》第一辑（一九二八年印行，广东省社会科学院藏）

任命格德林职务令

（一九二三年）

任命格德林为公路建筑兼公路运输顾问。此令。

孙　文

据谭延闿编《总理遗墨》第一辑（一九二八年印行，广东省社会科学院藏）

任命蒲素日兼职令

（一九二三年）

任蒲素日兼理军车管理。

据中国第二历史档案馆《新发现的孙中山大元帅手令》，载《民国档案》二〇〇一年第一期

批程璧金名片

（一九二三年）①

着财厅加委航政局长。

据谭延闿编《总理遗墨》第三辑（印行时间不详，广东省社会科学院藏）

给林国英派状

（一九二四年一月二日）

派状

派林国英为潮州善后委员会委员。此状。

孙　文
中华民国十三年一月二日
据中国国民党中央文化传播委员会党史馆藏一般档案051/245

---

① 原件无日期，经考订当在1923年。

任命林凤游职务令

（一九二四年一月三日）

大元帅令

　　任命林凤游为大本营参谋处军事参议。此令。

　　　　　　　　　　　　　　　　　　（中华民国陆海军大元帅之印）

　　　　　　　　　　　　　　　　　　中华民国十三年一月三日

　　　　　　　据大本营秘书处编《陆海军大元帅大本营公报》第一号（广州一九二四年一月十日）

任命高家祺胡盈川职务令

（一九二四年一月三日）

大元帅令

　　任命高家祺、胡盈川为大本营参谋处军事谘议。此令。

　　　　　　　　　　　　　　　　　　（中华民国陆海军大元帅之印）

　　　　　　　　　　　　　　　　　　中华民国十三年一月三日

　　　　　　　据大本营秘书处编《陆海军大元帅大本营公报》第一号（广州一九二四年一月十日）

准免郑文轩职务令

(一九二四年一月三日)

大元帅令

　　大本营财政部长叶恭绰呈请免去秘书郑文轩本职,应照准。此令。

　　　　　　　　　　　　　　　　　　(中华民国陆海军大元帅之印)

　　　　　　　　　　　　　　　　　中华民国十三年一月三日

　　　　　　　据大本营秘书处编《陆海军大元帅大本营公报》第一号

　　　　　(广州一九二四年一月十日)

任命钟明阶职务令

(一九二四年一月三日)

大元帅令

　　任命钟明阶为桂军第四军军长。此令。

　　　　　　　　　　　　　　　　　　(中华民国陆海军大元帅之印)

　　　　　　　　　　　　　　　　　中华民国十三年一月三日

　　　　　　　据大本营秘书处编《陆海军大元帅大本营公报》第一号

　　　　　(广州一九二四年一月十日)

免王秉均职务令

(一九二四年一月三日)

大元帅令

　　查中央直辖滇军第四师师长王秉均有私通北敌情事。王秉均应免去本兼各职,听候查办。此令。

(中华民国陆海军大元帅之印)

中华民国十三年一月三日

据大本营秘书处编《陆海军大元帅大本营公报》第一号

(广州一九二四年一月十日)

免禄国藩吴震东职务令

(一九二四年一月三日)

大元帅令

　　查中央直辖滇军第三军总参谋长禄国藩、第四师参谋长吴震东均有私通北敌情事。禄国藩、吴震东均应免去本兼各职,听候查办。此令。

(中华民国陆海军大元帅之印)

中华民国十三年一月三日

据大本营秘书处编《陆海军大元帅大本营公报》第一号

(广州一九二四年一月十日)

任命王汝为职务令

(一九二四年一月三日)

大元帅令

　　任命王汝为为中央直辖滇军第四师师长。此令。

(中华民国陆海军大元帅之印)

中华民国十三年一月三日

据大本营秘书处编《陆海军大元帅大本营公报》第一号

(广州一九二四年一月十日)

给高凤桂的指令

（一九二四年一月三日）

大元帅指令第四号

　　令中央直辖第一师师长高凤桂

　　呈为该师旅长、团长各缺，拟请遴员升补，以符建制而专责成由

　　呈悉。所请委任该师各旅、团长，应即照准。仰候颁令给状可也。此令。

（中华民国陆海军大元帅之印）

中华民国十三年一月三日

据大本营秘书处编《陆海军大元帅大本营公报》第一号

（广州一九二四年一月十日）

给叶恭绰的指令

（一九二四年一月三日）

大元帅指令第五号

　　令大本营财政部长叶恭绰

　　呈秘书郑文轩久旷职守请免本职由

　　呈悉。照准。此令。

（中华民国陆海军大元帅之印）

中华民国十三年一月三日

据大本营秘书处编《陆海军大元帅大本营公报》第一号

（广州一九二四年一月十日）

免汤廷光职务令

（一九二四年一月五日）

大元帅令

广东治河督办汤廷光另有任用，应免本职。此令。

（中华民国陆海军大元帅之印）

中华民国十三年一月五日

据大本营秘书处编《陆海军大元帅大本营公报》第一号（广州一九二四年一月十日）

委派姚雨平职务令

（一九二四年一月五日）

大元帅令

派姚雨平为广东治河督办。此令。

（中华民国陆海军大元帅之印）

中华民国十三年一月五日

据大本营秘书处编《陆海军大元帅大本营公报》第一号（广州一九二四年一月十日）

委派陈其瑗职务令

（一九二四年一月五日）

大元帅令

　　派陈其瑗为财政委员会委员。此令。

（中华民国陆海军大元帅之印）

中华民国十三年一月五日

据大本营秘书处编《陆海军大元帅大本营公报》第一号
（广州一九二四年一月十日）

任命高培臣廖刚职务令

（一九二四年一月七日）

大元帅令

　　任命高培臣为中央直辖第一师第一旅旅长，廖刚为第二旅旅长。此令。

（中华民国陆海军大元帅之印）

中华民国十三年一月七日

据大本营秘书处编《陆海军大元帅大本营公报》第一号
（广州一九二四年一月十日）

任命薛履新等职务令

（一九二四年一月七日）

大元帅令

　　任命薛履新为中央直辖第一师第一旅第一团团长；赵世杰为第二团团

长;王竹山为第二旅第三团团长;张忠义为第四团团长。此令。

（中华民国陆海军大元帅之印）
中华民国十三年一月七日

据大本营秘书处编《陆海军大元帅大本营公报》第一号（广州一九二四年一月十日）

着任李蟠职务令

（一九二四年一月七日）

着省长委李蟠为香山县长。此令。

孙　文
中华民国十三年一月七日

据中国国家博物馆藏原件

任命曲同丰职务令

（一九二四年一月八日）

大元帅令

　　特任曲同丰为北洋招讨使。此令。

（中华民国陆海军大元帅之印）
中华民国十三年一月八日

据大本营秘书处编《陆海军大元帅大本营公报》第一号（广州一九二四年一月十日）

任命柏文蔚职务令

（一九二四年一月八日）

大元帅令

　　任命柏文蔚为北伐讨贼军第二军军长。此令。

（中华民国陆海军大元帅之印）

中华民国十三年一月八日

据大本营秘书处编《陆海军大元帅大本营公报》第一号
（广州一九二四年一月十日）

委派范石生等职务令

（一九二四年一月八日）

大元帅令

　　派范石生、朱培德、李福林、张国桢为禁烟会办。此令。

（中华民国陆海军大元帅之印）

中华民国十三年一月八日

据大本营秘书处编《陆海军大元帅大本营公报》第一号
（广州一九二四年一月十日）

委派廖行超等职务令

（一九二四年一月八日）

大元帅令

　　派廖行超、夏声、王南微、周鳌山、罗桂芳为禁烟帮办。此令。

（中华民国陆海军大元帅之印）

中华民国十三年一月八日

据大本营秘书处编《陆海军大元帅大本营公报》第一号
（广州一九二四年一月十日）

准免宾镇远等职务令

（一九二四年一月九日）

大元帅令

　　大本营参军长张开儒呈请将参军处上校副官宾镇远、吴文龙、曾鲁，少校副官刘沛免去本职。应照准。此令。

（中华民国陆海军大元帅之印）

中华民国十三年一月九日

据大本营秘书处编《陆海军大元帅大本营公报》第一号
（广州一九二四年一月十日）

准免吴靖等职务令

（一九二四年一月九日）

大元帅令

　　大本营参军长张开儒呈请将上校副官吴靖、吴崵、刘殿臣，少校副官张国森、高中禹、王应潮、石汝霖、钱针、胡名扬、王吉壬、宋韬等免去本职。均照准。此令。

（中华民国陆海军大元帅之印）
中华民国十三年一月九日
据大本营秘书处编《陆海军大元帅大本营公报》第一号
（广州一九二四年一月十日）

委派廖朗如职务令

（一九二四年一月十日）

大元帅令

　　财政委员会主席委员叶恭绰、廖仲恺呈请派廖朗如为财政委员会秘书长。应照准。此令。

（中华民国陆海军大元帅之印）
中华民国十三年一月十日
据大本营秘书处编《陆海军大元帅大本营公报》第二号
（广州一九二四年一月二十日）

给杨西岩的指令

（一九二四年一月十二日）

大元帅指令第四一号

　　令禁烟督办杨西岩

　　呈为委任陈鸢谞为戒烟总所所长，郑文华为制药总所所长，乞照准指令祗遵由呈悉。此令。

(中华民国陆海军大元帅之印)

中华民国十三年一月十二日

据大本营秘书处编《陆海军大元帅大本营公报》第二号
(广州一九二四年一月二十日)

委派黄仕强等职务令

(一九二四年一月十三日)

大元帅令

　　派黄仕强兼禁烟督办署总务厅厅长,郑述龄为禁烟督办署查验处处长,高燕如为禁烟督办署督察处处长。此令。

(中华民国陆海军大元帅之印)

中华民国十三年一月十三日

据大本营秘书处编《陆海军大元帅大本营公报》第二号
(广州一九二四年一月二十日)

委派杨宜生等职务令

(一九二四年一月十三日)

大元帅令

　　禁烟督办杨西岩呈请派杨宜生、俞智盦、吴季佑、刘薇卿、余浩廷、张世昌、郑以濂、高少琴、温竞生为科长,郑廷选、梁桂邻、郑鸿铸、谢盛之、马武颂、张伯雨为秘书,均照准。此令。

(中华民国陆海军大元帅之印)

中华民国十三年一月十三日

据大本营秘书处编《陆海军大元帅大本营公报》第二号
(广州一九二四年一月二十日)

准任郑德铭职务令

（一九二四年一月十五日）

大元帅令

　　大本营内政部长徐绍桢呈请任命郑德铭为大本营内政部科长,应照准。此令。

（中华民国陆海军大元帅之印）

中华民国十三年一月十五日

据大本营秘书处编《陆海军大元帅大本营公报》第二号
（广州一九二四年一月二十日）

免陈策职务令

（一九二四年一月十六日）

大元帅令

　　广东海防司令陈策应免本职。此令。

（中华民国陆海军大元帅之印）

中华民国十三年一月十六日

据大本营秘书处编《陆海军大元帅大本营公报》第二号
（广州一九二四年一月二十日）

任命冯肇铭职务令

（一九二四年一月十六日）

大元帅令

　　任命冯肇铭代理广东海防司令。此令。

（中华民国陆海军大元帅之印）
中华民国十三年一月十六日

据大本营秘书处编《陆海军大元帅大本营公报》第二号
（广州一九二四年一月二十日）

任命洪慈职务令

（一九二四年一月十六日）

大元帅令

　　任命洪慈为大本营谘议。此令。

（中华民国陆海军大元帅之印）
中华民国十三年一月十六日

据大本营秘书处编《陆海军大元帅大本营公报》第二号
（广州一九二四年一月二十日）

委派许崇灏职务令

（一九二四年一月十六日）

大元帅令

　　派许崇灏为财政委员会委员。此令。

（中华民国陆海军大元帅之印）

中华民国十三年一月十六日

据大本营秘书处编《陆海军大元帅大本营公报》第二号
（广州一九二四年一月二十日）

委派张福堂职务令

（一九二四年一月十六日）

大元帅令

　　派张福堂为禁烟帮办。此令。

（中华民国陆海军大元帅之印）

中华民国十三年一月十六日

据大本营秘书处编《陆海军大元帅大本营公报》第二号
（广州一九二四年一月二十日）

任命朱世贵职务令

（一九二四年一月十八日）

大元帅令
  任命朱世贵为中央直辖滇军第四师师长。此令。

（中华民国陆海军大元帅之印）
中华民国十三年一月十八日

据大本营秘书处编《陆海军大元帅大本营公报》第三号
（广州一九二四年一月三十日）

任命覃超曾彦职务令

（一九二四年一月十八日）

大元帅令
  任命覃超、曾彦为大本营谘议。此令。

（中华民国陆海军大元帅之印）
中华民国十三年一月十八日

据大本营秘书处编《陆海军大元帅大本营公报》第三号
（广州一九二四年一月三十日）

附录　手谕

（一九二四年一月十八日）

覃超、曾彦委为谘议，不支薪。

孙　文

任状交刘总司令转

据谭延闿编《总理遗墨》第三辑（印行时间不详，广东省社会科学院藏）

准任徐经训职务令

（一九二四年一月十八日）

大元帅令

　　大本营参军长张开儒呈请任命徐经训为大本营参军处上校副官。应照准。此令。

（中华民国陆海军大元帅之印）

中华民国十三年一月十八日

据大本营秘书处编《陆海军大元帅大本营公报》第三号（广州一九二四年一月三十日）

任命陈兴汉职务令

（一九二四年一月十九日）

大元帅令

　　任命陈兴汉兼理广三铁路管理局局长。此令。

（中华民国陆海军大元帅之印）

中华民国十三年一月十九日

据大本营秘书处编《陆海军大元帅大本营公报》第三号（广州一九二四年一月三十日）

给林伯岐特派状

（一九二四年一月中旬）

特派林伯岐同志为出席中国国民党第一次全国代表大会特别代表。

孙　文

据陈从之《追忆孙中山先生掌故两则》，载《重庆日报》一九五六年十一月十二日

准任杨述凝职务令

（一九二四年一月二十一日）

大元帅令

　　大本营参谋长李烈钧呈请任命杨述凝为大本营参谋处秘书。应照准。此令。

（中华民国陆海军大元帅之印）

中华民国十三年一月廿一日

据大本营秘书处编《陆海军大元帅大本营公报》第三号（广州一九二四年一月三十日）

委派陈兴汉职务令

（一九二四年一月二十四日）

大元帅令

　　派陈兴汉为财政委员会委员。此令。

（中华民国陆海军大元帅之印）

中华民国十三年一月廿四日

据大本营秘书处编《陆海军大元帅大本营公报》第三号
（广州一九二四年一月三十日）

委派卢师谛职务令

（一九二四年一月二十四日）

大元帅令

　　派卢师谛为禁烟会办。此令。

（中华民国陆海军大元帅之印）

中华民国十三年一月廿四日

据大本营秘书处编《陆海军大元帅大本营公报》第三号
（广州一九二四年一月三十日）

委派黄范一等职务令

（一九二四年一月二十四日）

大元帅令

　　派黄范一、阎凤冈、王心耕为禁烟帮办。此令。

（中华民国陆海军大元帅之印）

中华民国十三年一月廿四日

据大本营秘书处编《陆海军大元帅大本营公报》第三号
（广州一九二四年一月三十日）

准派陈伯任职务令

（一九二四年一月二十四日）

大元帅令

　　禁烟督办杨西岩呈请派陈伯任为秘书。应照准。此令。

（中华民国陆海军大元帅之印）

中华民国十三年一月廿四日

据大本营秘书处编《陆海军大元帅大本营公报》第三号（广州一九二四年一月三十日）

委派刘毅职务令

（一九二四年一月二十四日）

大元帅令

　　派刘毅为粤闽湘军招抚使。此令。

（中华民国陆海军大元帅之印）

中华民国十三年一月廿四日

据大本营秘书处编《陆海军大元帅大本营公报》第四号（广州一九二四年二月十日）

委派潘鸿图李维珩职务令

（一九二四年一月二十四日）

大元帅令

派潘鸿图、李维珩为禁烟帮办。此令。

（中华民国陆海军大元帅之印）

中华民国十三年一月廿四日

据大本营秘书处编《陆海军大元帅大本营公报》第四号
（广州一九二四年二月十日）

免杨庶堪职务令

（一九二四年一月二十九日）

大元帅令

大本营秘书长杨庶堪另有任用，应免本职。此令。

（中华民国陆海军大元帅之印）

中华民国十三年一月廿九日

据大本营秘书处编《陆海军大元帅大本营公报》第四号
（广州一九二四年二月十日）

免廖仲恺职务令

（一九二四年一月二十九日）

大元帅令

　　广东省长廖仲恺另有任用，应免本职。此令。

　　　　　　　　　　　　　　　（中华民国陆海军大元帅之印）

　　　　　　　　　　　　　　中华民国十三年一月廿九日

　　　　　　　据大本营秘书处编《陆海军大元帅大本营公报》第四号
　　　　　　（广州一九二四年二月十日）

特任杨庶堪职务令

（一九二四年一月二十九日）

大元帅令

　　特任杨庶堪为广东省长。此令。

　　　　　　　　　　　　　　　（中华民国陆海军大元帅之印）

　　　　　　　　　　　　　　中华民国十三年一月廿九日

　　　　　　　据大本营秘书处编《陆海军大元帅大本营公报》第四号
　　　　　　（广州一九二四年二月十日）

特任廖仲恺职务令

（一九二四年一月二十九日）

大元帅令

特任廖仲恺为大本营秘书长。此令。

（中华民国陆海军大元帅之印）

中华民国十三年一月廿九日

据大本营秘书处编《陆海军大元帅大本营公报》第四号
（广州一九二四年二月十日）

中国国民党第一届中央执行委员名单

（一九二四年一月三十日）

中央执行委员廿四人

胡汉民	汪精卫	张静江	廖仲恺	李烈钧	居　正	戴季陶
林　森	柏文蔚	丁惟汾	石　瑛	邹　鲁	谭延闿	覃　振
谭平山	石青阳	熊克武	李守常	恩克巴图	王法勤	于右任
杨希闵	叶楚伧	于树德

中央执行委员候补十七人

邵元冲	邓家彦	沈定一	林祖涵	茅祖权	李宗黄	白云梯
张知本	彭素民	毛泽东	傅汝霖	于方舟	张苇村	瞿秋白
张秋白	韩麟符	张国焘

据广东省社会科学院藏原件照片

中国国民党第一届中央监察委员名单[①]

（一九二四年一月三十日）

监察委员五人

邓泽如　吴稚晖　李石曾　张　继　谢　持

监察委员候补五人

蔡元培　许崇智　刘震寰　樊钟秀　杨庶堪

据陈旭麓、郝盛潮主编，王耿雄等编《孙中山集外集》（上海人民出版社一九九○年版）

给周潜任命状

（一九二四年一月三十一日）

任命状

任命周潜为潮梅守备司令。此状。

孙　文

中华民国十三年一月三十一日

据中国国民党中央文化传播委员会党史馆藏一般档案 051/221

[①] 此件系孙中山亲笔手书名单。

手批预算委员会名单

（一九二四年一月）①

李守常　居觉生　廖仲恺　汪精卫　谢　持　邓泽如　石　瑛
以上七人为预算委员会

文

据全国政协文史资料研究委员会、中国革命博物馆联合编辑《孙中山先生画册》（中国文史出版社一九八六年版）影印原件

任命刘光烈等职务令

（一九二四年二月一日）

大元帅令

　　任命刘光烈、周炯伯、吴景英、费行简、吴景熙、曾道、丁毅音为大本营咨议。此令。

（中华民国陆海军大元帅之印）
中华民国十三年二月一日

据大本营秘书处编《陆海军大元帅大本营公报》第四号（广州一九二四年二月十日）

---

① 原件未署时间，据1924年1月31日中国国民党一届一中全会决定各地成立国民党执行部的名单，为同时的文件，故标为1924年1月。

任命周亚南刘伯英职务令

（一九二四年二月二日）

周亚南、刘伯英二人为谘议。

孙　文

据中国国民党中央文化传播委员会党史馆藏一般档案051/152

准梅光培辞职令

（一九二四年二月三日）

大元帅令

广东财政厅厅长兼大本营筹饷总局会办梅光培呈请辞职。梅光培准免本兼各职。此令。

（中华民国陆海军大元帅之印）
中华民国十三年二月三日

据大本营秘书处编《陆海军大元帅大本营公报》第四号（广州一九二四年二月十日）

任命郑洪年职务令

（一九二四年二月三日）

大元帅令

任命大本营财政部次长郑洪年兼代广东财政厅厅长。此令。

　　　　　　　　　　　　　（中华民国陆海军大元帅之印）

　　　　　　　　　　　　中华民国十三年二月三日

　　　　　据大本营秘书处编《陆海军大元帅大本营公报》第四号

　　（广州一九二四年二月十日）

委派郑洪年职务令

（一九二四年二月三日）

大元帅令

　　派郑洪年兼大本营筹饷总局会办。此令。

　　　　　　　　　　　　　（中华民国陆海军大元帅之印）

　　　　　　　　　　　　中华民国十三年二月三日

　　　　　据大本营秘书处编《陆海军大元帅大本营公报》第四号

　　（广州一九二四年二月十日）

委派张启荣职务令

（一九二四年二月三日）

大元帅令

　　派张启荣为钦廉高雷①招抚使。此令。

　　　　　　　　　　　　　（中华民国陆海军大元帅之印）

　　　　　　　　　　　　中华民国十三年二月三日

　　　　　据大本营秘书处编《陆海军大元帅大本营公报》第四号

　　（广州一九二四年二月十日）

---

① 钦廉高雷，指广东省西南部钦州、廉州（今均属广西）、高州、雷州。

委派雷洪基朱公彦职务令

（一九二四年二月三日）

大元帅令

    派雷洪基、朱公彦为大本营出勤委员。此令。

                                （中华民国陆海军大元帅之印）

                                      中华民国十三年二月三日

                据大本营秘书处编《陆海军大元帅大本营公报》第四号
                （广州一九二四年二月十日）

委派邹鲁职务令

（一九二四年二月四日）

大元帅令

    派邹鲁为国立广东大学筹备主任。此令。

                                  （中华民国陆海军大元帅之印）

                                      中华民国十三年二月四日

                据大本营秘书处编《陆海军大元帅大本营公报》第四号
                （广州一九二四年二月十日）

任命周亚南刘伯英职务令

（一九二四年二月六日）

大元帅令

  任命周亚南、刘伯英为大本营谘议。此令。

              （中华民国陆海军大元帅之印）

              中华民国十三年二月六日

      据大本营秘书处编《陆海军大元帅大本营公报》第四号
      （广州一九二四年二月十日）

免温德章职务令

（一九二四年二月六日）

大元帅令

  广九铁路局长温德章着即免职，听候查办。此令。

              （中华民国陆海军大元帅之印）

              中华民国十三年二月六日

      据大本营秘书处编《陆海军大元帅大本营公报》第四号
      （广州一九二四年二月十日）

着陈兴汉代职令

（一九二四年二月六日）

大元帅令

广九铁路局长着陈兴汉兼代。此令。

（中华民国陆海军大元帅之印）

中华民国十三年二月六日

据大本营秘书处编《陆海军大元帅大本营公报》第四号（广州一九二四年二月十日）

任命黄玉田职务令

（一九二四年二月十一日）

大元帅令

任命黄玉田为大本营参议。此令。（每月薪俸五百元）

孙　文

中华民国十三年二月十一日

据谭延闿编《总理遗墨》第三辑（印行时间不详，广东省社会科学院藏）

任命蒋群职务令

（一九二四年二月十一日）

大元帅令

　　任命蒋群为大本营参军。此令。

（中华民国陆海军大元帅之印）

中华民国十三年二月十一日

据大本营秘书处编《陆海军大元帅大本营公报》第五号
（广州一九二四年二月二十日）

委派陈应麟职务令

（一九二四年二月十一日）

大元帅令

　　派陈应麟为禁烟帮办。此令。

（中华民国陆海军大元帅之印）

中华民国十三年二月十一日

据大本营秘书处编《陆海军大元帅大本营公报》第五号
（广州一九二四年二月二十日）

准任钟震岳楼守光职务令

（一九二四年二月十一日）

大元帅令

　　大本营参谋长李烈钧呈请任命钟震岳、楼守光为大本营参谋处秘书。

均照准。此令。

(中华民国陆海军大元帅之印)

中华民国十三年二月十一日

据大本营秘书处编《陆海军大元帅大本营公报》第五号

(广州一九二四年二月二十日)

任命何应钦职务令

(一九二四年二月十一日)

大元帅令

　　任命何应钦为大本营参谋处军事参议。此令。

(中华民国陆海军大元帅之印)

中华民国十三年二月十一日

据大本营秘书处编《陆海军大元帅大本营公报》第五号

(广州一九二四年二月二十日)

准任黄建勋职务令

(一九二四年二月十四日)

大元帅令

　　大本营财政部长叶恭绰呈请任命黄建勋为秘书。应照准。此令。

(中华民国陆海军大元帅之印)

中华民国十三年二月十四日

据大本营秘书处编《陆海军大元帅大本营公报》第五号

(广州一九二四年二月二十日)

特任蒋尊簋职务令

（一九二四年二月十六日）

大元帅令

　　特任蒋尊簋为中央军需总监。此令。

　　　　　　　　　　　　（中华民国陆海军大元帅之印）

　　　　　　　　　　　　中华民国十三年二月十六日

　　　　　　据大本营秘书处编《陆海军大元帅大本营公报》第五号

　　　　　（广州一九二四年二月二十日）

准李雄伟辞职令

（一九二四年二月十六日）

大元帅令

　　中央直辖广东讨贼军第三师第五旅旅长李雄伟因病辞职。应照准。此令。

　　　　　　　　　　　　（中华民国陆海军大元帅之印）

　　　　　　　　　　　　中华民国十三年二月十六日

　　　　　　据大本营秘书处编《陆海军大元帅大本营公报》第五号

　　　　　（广州一九二四年二月二十日）

任命巫琦职务令

（一九二四年二月十六日）

大元帅令

　　任命巫琦为中央直辖广东讨贼军第三师第五旅旅长。此令。

　　　　　　　　　　　　　　　（中华民国陆海军大元帅之印）

　　　　　　　　　　　　　　　中华民国十三年二月十六日

　　　　　　　据大本营秘书处编《陆海军大元帅大本营公报》第五号
　　　　　　　（广州一九二四年二月二十日）

任命杨言昌职务令

（一九二四年二月十九日）

大元帅令

　　任命杨言昌为中央军需处参事。此令。

　　　　　　　　　　　　　　　（中华民国陆海军大元帅之印）

　　　　　　　　　　　　　　　中华民国十三年二月十九日

　　　　　　　据大本营秘书处编《陆海军大元帅大本营公报》第五号
　　　　　　　（广州一九二四年二月二十日）

准任平宝善等职务令

（一九二四年二月十九日）

大元帅令

　　中央军需总监蒋尊簋呈请任命平宝善、卓恺耕、余质民为中央军需处科长。均照准。此令。

(中华民国陆海军大元帅之印)

中华民国十三年二月十九日

据大本营秘书处编《陆海军大元帅大本营公报》第五号
(广州一九二四年二月二十日)

特派范石生职务令

(一九二四年二月二十日)

大元帅令

特派范石生为广东筹饷总局督办。此令。

孙　文

中华民国十三年二月廿日

据大本营秘书处编《陆海军大元帅大本营公报》第五号
(广州一九二四年二月二十日)

任命胡谦职务令

(一九二四年二月二十日)

大元帅令

任命胡谦为北伐讨贼军第三军军长。此令。

(中华民国陆海军大元帅之印)

中华民国十三年二月廿日

据大本营秘书处编《陆海军大元帅大本营公报》第五号
(广州一九二四年二月二十日)

任命李文炳职务令

（一九二四年二月二十日）

大元帅令

　　任命李文炳为大本营谘议。此令。

（中华民国陆海军大元帅之印）

中华民国十三年二月廿日

据大本营秘书处编《陆海军大元帅大本营公报》第五号
（广州一九二四年二月二十日）

委派李纪堂职务令

（一九二四年二月二十日）

大元帅令

　　派李纪堂为财政委员会委员。此令。

（中华民国陆海军大元帅之印）

中华民国十三年二月廿日

据大本营秘书处编《陆海军大元帅大本营公报》第五号
（广州一九二四年二月二十日）

免廖仲恺郑洪年兼职令

（一九二四年二月二十一日）

大元帅令

　　兼大本营筹饷总局总办廖仲恺、会办郑洪年应免兼职。此令。

（中华民国陆海军大元帅之印）

中华民国十三年二月廿一日

据大本营秘书处编《陆海军大元帅大本营公报》第五号
（广州一九二四年二月二十日）

任命乌勒吉职务令

（一九二四年二月二十一日）

大元帅令

　　任命乌勒吉为大本营谘议兼蒙文翻译官。此令。

（中华民国陆海军大元帅之印）

中华民国十三年二月廿一日

据大本营秘书处编《陆海军大元帅大本营公报》第五号
（广州一九二四年二月二十日）

准任曾省三职务令

（一九二四年二月二十一日）

大元帅令

　　兼代大本营秘书长谭延闿呈请任命曾省三为大本营秘书处科员。应照准。此令。

(中华民国陆海军大元帅之印)

中华民国十三年二月廿一日

据大本营秘书处编《陆海军大元帅大本营公报》第五号
(广州一九二四年二月二十日)

任命谢远涵职务令

(一九二四年二月二十二日)

大元帅令

　　任命谢远涵为大本营参议。此令。

(中华民国陆海军大元帅之印)

中华民国十三年二月廿二日

据大本营秘书处编《陆海军大元帅大本营公报》第五号
(广州一九二四年二月二十日)

任命林镜台职务令

(一九二四年二月二十二日)

大元帅令

　　任命林镜台为大本营谘议。此令。

(中华民国陆海军大元帅之印)

中华民国十三年二月廿二日

据大本营秘书处编《陆海军大元帅大本营公报》第五号
(广州一九二四年二月二十日)

附录　同题异文

（一九二四年二月二十二日）

林镜台为大本营谘议。此令。每月薪俸二百元。

孙　文
中华民国十三年二月廿二日

据谭延闿编《总理遗墨》第三辑（印行时间不详，广东省社会科学院藏）

准任陈似职务令

（一九二四年二月二十三日）

大元帅令

兼代大本营秘书长谭延闿呈请任命陈似为大本营秘书处科员。应照准。此令。

（中华民国陆海军大元帅之印）
中华民国十三年二月廿三日

据大本营秘书处编《陆海军大元帅大本营公报》第五号（广州一九二四年二月二十日）

委派李福林职务令

（一九二四年二月二十五日）

大元帅令

　　派李福林为广东筹饷总局会办。此令。

　　　　　　　　　　　　　　（中华民国陆海军大元帅之印）

　　　　　　　　　　　　　　中华民国十三年二月廿五日

据大本营秘书处编《陆海军大元帅大本营公报》第五号
（广州一九二四年二月二十日）

准免罗桂芳兼职令

（一九二四年二月二十六日）

大元帅令

　　禁烟督办杨西岩呈：帮办罗桂芳另有任用，请免去帮办兼职。罗桂芳准免禁烟帮办兼职。此令。

　　　　　　　　　　　　　　（中华民国陆海军大元帅之印）

　　　　　　　　　　　　　　中华民国十三年二月廿六日

据大本营秘书处编《陆海军大元帅大本营公报》第六号
（广州一九二四年二月二十九日）

委派刘觉任职务令

（一九二四年二月二十六日）

大元帅令

　　派刘觉任为禁烟帮办。此令。

（中华民国陆海军大元帅之印）

中华民国十三年二月廿六日

据大本营秘书处编《陆海军大元帅大本营公报》第六号
（广州一九二四年二月二十九日）

任命张继等职务令

（一九二四年二月二十八日）

大元帅令

　　任命张继、谢持、居正、丁惟汾、茅祖权、王法勤、张知本为大本营参议。此令。

（中华民国陆海军大元帅之印）

中华民国十三年二月廿八日

据大本营秘书处编《陆海军大元帅大本营公报》第六号
（广州一九二四年二月二十九日）

任命张翼鹏职务令

（一九二四年三月一日）

大元帅令

　　任命张翼鹏为大本营高级参谋。此令。

　　　　　　　　　　　　　　　（中华民国陆海军大元帅之印）

　　　　　　　　　　　　　　　中华民国十三年三月一日

据大本营秘书处编《陆海军大元帅大本营公报》第六号
（广州一九二四年二月二十九日）

委派杨庶堪职务令

（一九二四年三月一日）

大元帅令

　　派杨庶堪为财政委员会委员。此令。

　　　　　　　　　　　　　　　（中华民国陆海军大元帅之印）

　　　　　　　　　　　　　　　中华民国十三年三月一日

据大本营秘书处编《陆海军大元帅大本营公报》第六号
（广州一九二四年二月二十九日）

给财政委员会的指令

（一九二四年三月三日）

大元帅指令第一九二号

　　令财政委员会

呈请简派杨庶堪为该会主席委员由

呈悉。照准。此令。

（中华民国陆海军大元帅之印）
中华民国十三年三月三日

据大本营秘书处编《陆海军大元帅大本营公报》第七号
（广州一九二四年三月十日）

任命陈树人职务令

（一九二四年三月七日）

大元帅令

任命陈树人为广东政务厅厅长。此令。

（中华民国陆海军大元帅之印）
中华民国十三年三月七日

据大本营秘书处编《陆海军大元帅大本营公报》第七号
（广州一九二四年三月十日）

任命萧萱职务令

（一九二四年三月十日）

大元帅令

任命萧萱为广东省长公署秘书长。此令。

（中华民国陆海军大元帅之印）
中华民国十三年三月十日

据大本营秘书处编《陆海军大元帅大本营公报》第七号
（广州一九二四年三月十日）

任命杨虎职务令

（一九二四年三月十日）

大元帅令

　　任命杨虎为北伐讨贼军第二军第一师师长。此令。

（中华民国陆海军大元帅之印）
中华民国十三年三月十日

据大本营秘书处编《陆海军大元帅大本营公报》第七号（广州一九二四年三月十日）

准派陈鸾谔郑文华职务令

（一九二四年三月十日）

大元帅令

　　禁烟督办杨西岩呈请派陈鸾谔为戒烟总所所长，郑文华为制药总所所长。均照准。此令。

（中华民国陆海军大元帅之印）
中华民国十三年三月十日

据大本营秘书处编《陆海军大元帅大本营公报》第七号（广州一九二四年三月十日）

任命宋鹤庚兼职令

（一九二四年三月十二日）

大元帅令

　　任命宋鹤庚兼讨贼军第二路联军军政执法长。此令。

（中华民国陆海军大元帅之印）

中华民国十三年三月十二日

据大本营秘书处编《陆海军大元帅大本营公报》第八号（广州一九二四年三月二十日）

任命覃振职务令

（一九二四年三月十二日）

大元帅令

　　任命覃振为大本营参议。此令。

（中华民国陆海军大元帅之印）

中华民国十三年三月十二日

据大本营秘书处编《陆海军大元帅大本营公报》第八号（广州一九二四年三月二十日）

附录　手谕

（一九二四年三月十二日）

　　任覃振为参议。（给半薪二百五十元）

文

据谭延闿编《总理遗墨》第三辑（印行时间不详，广东省社会科学院藏）

任命林若时职务令

（一九二四年三月十三日）

大元帅令

　　任命林若时为广东海防司令。此令。

（中华民国陆海军大元帅之印）

中华民国十三年三月十三日

据大本营秘书处编《陆海军大元帅大本营公报》第八号
（广州一九二四年三月二十日）

特派邓泽如职务令

（一九二四年三月十七日）

大元帅令

　　特派邓泽如为禁烟督办。此令。

（中华民国陆海军大元帅之印）

中华民国十三年三月十七日

据大本营秘书处编《陆海军大元帅大本营公报》第八号
（广州一九二四年三月二十日）

任命谢晋等职务令

（一九二四年三月十七日）

大元帅令

　　任命谢晋、刘况、萧崇道为大本营谘议。此令。

（中华民国陆海军大元帅之印）

中华民国十三年三月十七日

据大本营秘书处编《陆海军大元帅大本营公报》第八号
（广州一九二四年三月二十日）

免杨西岩职务令

（一九二四年三月十七日）

大元帅令

　　禁烟督办杨西岩办理不善，流弊滋多，着即免职，听候查办。此令。

（中华民国陆海军大元帅之印）

中华民国十三年三月十七日

据大本营秘书处编《陆海军大元帅大本营公报》第八号
（广州一九二四年三月二十日）

任命欧阳豪职务令[①]

（一九二四年三月十八日）

大元帅令

　　任命欧阳豪为大本营谘议。此令。

（中华民国陆海军大元帅之印）

中华民国十三年三月十八日

据大本营秘书处编《陆海军大元帅大本营公报》第八号（广州一九二四年三月二十日）

附录　手谕

（一九二四年三月十八日）

欧阳豪为谘议。（每月薪俸一百元）

孙　文

中华民国十三年三月十八日

据谭延闿编《总理遗墨》第三辑（印行时间不详，广东省社会科学院藏）

准任张沛职务令

（一九二四年三月十八日）

大元帅令

　　大本营财政部长叶恭绰呈请任命张沛为广东省立银行监理官。应照

---

① 《总理遗墨》第三辑收有手谕，有"每月薪俸一百元"语。

准。此令。

(中华民国陆海军大元帅之印)

中华民国十三年三月十八日

据大本营秘书处编《陆海军大元帅大本营公报》第八号

(广州一九二四年三月二十日)

准任文任儒职务令

(一九二四年三月十八日)

大元帅令

　　代理大本营会计司长黄昌谷呈请任命文任儒为大本营会计司收入科主任。应照准。此令。

(中华民国陆海军大元帅之印)

中华民国十三年三月十八日

据大本营秘书处编《陆海军大元帅大本营公报》第八号

(广州一九二四年三月二十日)

委派张翼鹏职务令

(一九二四年三月十八日)

大元帅令

　　派张翼鹏为湘边宣慰使。此令。

(中华民国陆海军大元帅之印)

中华民国十三年三月十八日

据大本营秘书处编《陆海军大元帅大本营公报》第八号

(广州一九二四年三月二十日)

委派韦冠英职务令

（一九二四年三月十八日）

大元帅令

　　派韦冠英为广东筹饷总局会办。此令。

　　　　　　　　　　　　　　　　（中华民国陆海军大元帅之印）

　　　　　　　　　　　　　　　　中华民国十三年三月十八日

　　　　　　　　据大本营秘书处编《陆海军大元帅大本营公报》第八号
　　　　　　　（广州一九二四年三月二十日）

准杨虎辞职令

（一九二四年三月十八日）

大元帅令

　　办理海军事务杨虎呈请辞职。杨虎准免本职。此令。

　　　　　　　　　　　　　　　　（中华民国陆海军大元帅之印）

　　　　　　　　　　　　　　　　中华民国十三年三月十八日

　　　　　　　　据大本营秘书处编《陆海军大元帅大本营公报》第八号
　　　　　　　（广州一九二四年三月二十日）

准免杨子毅等职务令

（一九二四年三月十八日）

大元帅令

　　大本营财政部部长叶恭绰呈请将署总务厅厅长杨子毅、署第一局局长李景纲、署第二局局长张沛免职。杨子毅、李景纲、张沛均准免署职。此令。

（中华民国陆海军大元帅之印）

中华民国十三年三月十八日

<small>据大本营秘书处编《陆海军大元帅大本营公报》第八号</small>

<small>（广州一九二四年三月二十日）</small>

准免李炳垣李载德职务令

（一九二四年三月十八日）

大元帅令

　　大本营财政部部长叶恭绰呈请将署科长李炳垣、李载德免职。应照准。此令。

（中华民国陆海军大元帅之印）

中华民国十三年三月十八日

<small>据大本营秘书处编《陆海军大元帅大本营公报》第八号</small>

<small>（广州一九二四年三月二十日）</small>

准免陈其瑗等职务令

（一九二四年三月十八日）

大元帅令

　　大本营财政部部长叶恭绰呈请将总务厅厅长陈其瑗、第一局局长杨子毅、第二局局长李承翼、第三局局长黄仕强免职。陈其瑗、杨子毅、李承翼、黄仕强均准免本职。此令。

（中华民国陆海军大元帅之印）

中华民国十三年三月十八日

<small>据大本营秘书处编《陆海军大元帅大本营公报》第八号</small>

<small>（广州一九二四年三月二十日）</small>

准免黄建勋等职务令

（一九二四年三月十八日）

大元帅令

　　大本营财政部部长叶恭绰呈请将秘书黄建勋、科长李景纲、张沛、徐承燠、黄乐诚、张麟、邬庆时、罗继善、朱景丰、沈欣吾、鲍荣、廖朗如、梅放洲免职。应照准。此令。

（中华民国陆海军大元帅之印）

中华民国十三年三月十八日

据大本营秘书处编《陆海军大元帅大本营公报》第八号
（广州一九二四年三月二十日）

给王用宾任命状

（一九二四年三月十九日）

任命状

　　任命王用宾为大本营参议。此状。

孙　文

中华民国十三年三月十八日

据中国国民党中央委员会党史委员会编《国父全集补编》
（台北一九八五年版）

任命王用宾谭惟洋职务令

（一九二四年三月十九日）

大元帅令

　　任命王用宾、谭惟洋为大本营参议。此令。

（中华民国陆海军大元帅之印）
中华民国十三年三月十九日

据大本营秘书处编《陆海军大元帅大本营公报》第八号（广州一九二四年三月二十日）

委派李国恺职务令

（一九二四年三月十九日）

大元帅令

　　派李国恺为大本营出勤委员。此令。

（中华民国陆海军大元帅之印）
中华民国十三年三月十九日

据大本营秘书处编《陆海军大元帅大本营公报》第九号（广州一九二四年三月三十日）

任命周自得职务令

（一九二四年三月二十日）

大元帅令

　　任命周自得为中央直辖滇军总司令部中将参谋长。此令。

（中华民国陆海军大元帅之印）
中华民国十三年三月二十日

据大本营秘书处编《陆海军大元帅大本营公报》第九号
（广州一九二四年三月三十日）

任命李景纲李承翼职务令

（一九二四年三月二十日）

大元帅令

　　任命李景纲为大本营财政部赋税局局长，李承翼为大本营财政部泉币局局长。此令。

（中华民国陆海军大元帅之印）
中华民国十三年三月二十日

据大本营秘书处编《陆海军大元帅大本营公报》第九号
（广州一九二四年三月三十日）

委派蒋介石职务令

（一九二四年三月二十日）

大元帅令

　　派蒋中正为陆军军官学校入学试验委员长。此令。

　　　　　　　　　　　　　　　（中华民国陆海军大元帅之印）

　　　　　　　　　　　　　　　中华民国十三年三月二十日

　　　　　　　　　据大本营秘书处编《陆海军大元帅大本营公报》第九号
（广州一九二四年三月三十日）

委派王柏龄等职务令

（一九二四年三月二十日）

大元帅令

　　派王柏龄、胡树森、张家瑞、邓演达、钱大钧、彭素民、宋荣昌、简作桢为陆军军官学校入学试验委员。此令。

　　　　　　　　　　　　　　　（中华民国陆海军大元帅之印）

　　　　　　　　　　　　　　　中华民国十三年三月二十日

　　　　　　　　　据大本营秘书处编《陆海军大元帅大本营公报》第九号
（广州一九二四年三月三十日）

任命杨子毅黄建勋职务令

（一九二四年三月二十日）

大元帅令

任命杨子毅、黄建勋为大本营财政部参事。此令。

（中华民国陆海军大元帅之印）

中华民国十三年三月二十日

据大本营秘书处编《陆海军大元帅大本营公报》第九号
（广州一九二四年三月三十日）

准任沈欣吾等职务令

（一九二四年三月二十日）

大元帅令

大本营财政部长叶恭绰呈请任命沈欣吾为秘书，徐承燠、李炳垣、张麟、梅放洲、邬庆时、罗继善、黄乐诚、廖朗如、鲍镁、朱景丰为佥事。均照准。此令。

（中华民国陆海军大元帅之印）

中华民国十三年三月二十日

据大本营秘书处编《陆海军大元帅大本营公报》第九号
（广州一九二四年三月三十日）

附录 同题异文

（一九二四年三月二十日）

大元帅命令

　　大本营财政部长叶恭绰呈请荐任黄乐诚、邬庆时、廖朗如、李炳垣、朱景丰、罗继善、徐承焕①、张麟、鲍荣、梅仿洲②为佥事。应照准。此令。

　　　　　　　据《广州民国日报》一九二四年三月二十一日《大元帅命令》

委派范石生职务令

（一九二四年三月二十一日）

大元帅令

　　派范石生为财政委员会委员。此令。

　　　　　　　　　　　　　　　　　（中华民国陆海军大元帅之印）

　　　　　　　　　　　　　　　　　中华民国十三年三月廿一日

　　　　　　　据大本营秘书处编《陆海军大元帅大本营公报》第九号
（广州一九二四年三月三十日）

免张启荣职务令

（一九二四年三月二十二日）

大元帅令

　　钦廉高雷招抚使张启荣着即免去本职。此令。

　　　　　　　　　　　　　　　　　（中华民国陆海军大元帅之印）

---

① 应作徐承燠。
② 应作梅放洲。

中华民国十三年三月廿二日
据大本营秘书处编《陆海军大元帅大本营公报》第九号
（广州一九二四年三月三十日）

准郑里铎辞职令

（一九二四年三月二十二日）

大元帅令
　　琼崖招抚使郑里铎呈请辞职。应照准。此令。

（中华民国陆海军大元帅之印）
中华民国十三年三月廿二日
据大本营秘书处编《陆海军大元帅大本营公报》第九号
（广州一九二四年三月三十日）

任命吴铁城职务令

（一九二四年三月二十四日）

大元帅令
　　任命吴铁城为广东省警卫军司令。此令。

（中华民国陆海军大元帅之印）
中华民国十三年三月廿四日
据大本营秘书处编《陆海军大元帅大本营公报》第九号
（广州一九二四年三月三十日）

特派鲁涤平职务令

（一九二四年三月二十五日）

大元帅令

　　特派鲁涤平为禁烟督办，并令从新改组禁烟机关。此令。

孙　文

中华民国十三年三月廿五日

据谭延闿编《总理遗墨》第三辑（印行时间不详，广东省社会科学院藏）

委派潘文治任务令

（一九二四年三月二十六日）

大元帅令

　　派潘文治整理海军飞鹰、福安、舞凤三舰事宜。此令。

（中华民国陆海军大元帅之印）

中华民国十三年三月廿六日

据大本营秘书处编《陆海军大元帅大本营公报》第九号（广州一九二四年三月三十日）

准邓泽如辞职令

（一九二四年三月二十六日）

大元帅令

　　禁烟督办邓泽如恳请辞职。邓泽如准免本职。此令。

　　　　　　　　　　　　　　　　（中华民国陆海军大元帅之印）

　　　　　　　　　　　　　　　　中华民国十三年三月廿六日

　　　　　　据大本营秘书处编《陆海军大元帅大本营公报》第九号
　　　　（广州一九二四年三月三十日）

准周鳌山辞职令

（一九二四年三月二十七日）

大元帅令

　　禁烟帮办周鳌山呈请辞职。应照准。此令。

　　　　　　　　　　　　　　　　（中华民国陆海军大元帅之印）

　　　　　　　　　　　　　　　　中华民国十三年三月廿七日

　　　　　　据大本营秘书处编《陆海军大元帅大本营公报》第九号
　　　　（广州一九二四年三月三十日）

任命杜起云职务令

（一九二四年三月二十八日）

　　任命杜起云为闽南讨贼军第一师师长，令统率旧部会同各义军全力杀敌,助联军收复东江,俾竟大功。

据《广州民国日报》一九二四年三月二十九日《杜起云在闽南组军》

准黄仕强辞职令

（一九二四年三月三十一日）

大元帅令

  前禁烟督办杨西岩呈:总务厅长黄仕强恳请辞职。黄仕强准免兼职。此令。

（中华民国陆海军大元帅之印）
中华民国十三年三月卅一日
据大本营秘书处编《陆海军大元帅大本营公报》第九号
（广州一九二四年三月三十日）

准马武颂等辞职令

（一九二四年三月三十一日）

大元帅令

  前禁烟督办杨西岩呈:秘书马武颂、张伯南、陈伯任,科长杨宜生、俞智盦恳请辞职。均照准。此令。

（中华民国陆海军大元帅之印）
中华民国十三年三月卅一日
据大本营秘书处编《陆海军大元帅大本营公报》第九号
（广州一九二四年三月三十日）

免赵士北职务令

（一九二四年四月一日）

大元帅令

　　大理院长兼管司法行政事务赵士北着免本兼各职。此令。

（中华民国陆海军大元帅之印）
中华民国十三年四月一日

据大本营秘书处编《陆海军大元帅大本营公报》第十号（广州一九二四年四月十日）

特任吕志伊职务令

（一九二四年四月一日）

大元帅令

　　特任吕志伊为大理院长。此令。

（中华民国陆海军大元帅之印）
中华民国十三年四月一日

据大本营秘书处编《陆海军大元帅大本营公报》第十号（广州一九二四年四月十日）

特派吕志伊职务令

（一九二四年四月一日）

大元帅令

特派吕志伊兼管司法行政事务。此令。

（中华民国陆海军大元帅之印）

中华民国十三年四月一日

据大本营秘书处编《陆海军大元帅大本营公报》第十号（广州一九二四年四月十日）

委派鲁涤平宋子文职务令

（一九二四年四月一日）

大元帅令

派鲁涤平、宋子文为财政委员会委员。此令。

孙　文

中华民国十三年四月一日

据谭延闿编《总理遗墨》第三辑（印行时间不详，广东省社会科学院藏）

准郑述龄辞职令

（一九二四年四月一日）

大元帅令

前禁烟督办杨西岩呈，该署查验处长郑述龄恳请辞职。郑述龄准免本

职。此令

(中华民国陆海军大元帅之印)

中华民国十三年四月一日

据大本营秘书处编《陆海军大元帅大本营公报》第十号
(广州一九二四年四月十日)

准余浩廷等辞职令

(一九二四年四月一日)

大元帅令

前禁烟督办杨西岩呈:该署科长余浩廷、郑以濂、张世昌、吴季祐、温竞生、高少琴、刘薇卿,所长郑文华恳请辞职。均照准。此令。

(中华民国陆海军大元帅之印)

中华民国十三年四月一日

据大本营秘书处编《陆海军大元帅大本营公报》第十号
(广州一九二四年四月十日)

任命吴铁城状

(一九二四年四月二日)[①]

任命吴铁城为广东省警卫军司令。此状。

据《广州民国日报》一九二四年四月二日《吴铁城就司令职纪盛》

---

① 时间系《广州民国日报》发表日期。

准任黄家齐职务令

（一九二四年四月三日）

大元帅令

　　大本营参军长张开儒呈请任命黄家齐为参军处中校副官。应照准。此令。

（中华民国陆海军大元帅之印）
中华民国十三年四月三日

据大本营秘书处编《陆海军大元帅大本营公报》第十号
（广州一九二四年四月十日）

委派雷飚缪笠仁职务令

（一九二四年四月四日）

大元帅令

　　派雷飚为禁烟督办署总务厅厅长，缪笠仁为禁烟督办署督察处处长。此令。

（中华民国陆海军大元帅之印）
中华民国十三年四月四日

据大本营秘书处编《陆海军大元帅大本营公报》第十号
（广州一九二四年四月十日）

准伍学熀辞职令

（一九二四年四月四日）

大元帅令

　　兼广东全省船民自治联防督办伍学熀呈请辞去兼职。伍学熀准免兼职。此令。

（中华民国陆海军大元帅之印）
中华民国十三年四月四日

据大本营秘书处编《陆海军大元帅大本营公报》第十号
（广州一九二四年四月十日）

特任方声涛职务令

（一九二四年四月四日）①

　　特任命方声涛为福建省长兼闽省民军总司令。

据《广州民国日报》一九二四年四月七日《方声涛长闽省军民》

任命方鼎英等职务令

（一九二四年四月五日）

大元帅令

　　任命方鼎英为湘军第一军第一师师长，张辉瓒为湘军第一军第九师师

---

① 此件所标时间系据4月7日《广州民国日报》云"昨四日，特任……"确定。

长,戴岳为湘军第二军第二师师长,谭道源为湘军第三军第三师师长,王得庆为湘军第三军第六师师长,吴家铨为湘军第四军第四师师长。此令。

(中华民国陆海军大元帅之印)

中华民国十三年四月五日

据大本营秘书处编《陆海军大元帅大本营公报》第十一号(广州一九二四年四月二十日)

准方孝纯辞职令

(一九二四年四月七日)

大元帅令

大本营参军长张开儒呈少校副官方孝纯因病辞职。应照准。此令。

(中华民国陆海军大元帅之印)

中华民国十三年四月七日

据大本营秘书处编《陆海军大元帅大本营公报》第十号(广州一九二四年四月十日)

任命朱和中职务令

(一九二四年四月八日)

大元帅令

任命朱和中为秘书①。此令。(月俸五百元。)

孙　文

中华民国十三年四月八日

据谭延闿编《总理遗墨》第三辑(印行时间不详,广东省社会科学院藏)

---

① 秘书,即大本营秘书。

准任陈荣贵职务令

（一九二四年四月八日）

大元帅令

　　大本营军政部长程潜呈请任命陈荣贵为广东兵工厂审验处处长。应照准。此令。

（中华民国陆海军大元帅之印）

中华民国十三年四月八日

据大本营秘书处编《陆海军大元帅大本营公报》第十一号
（广州一九二四年四月二十日）

给张开儒的指令

（一九二四年四月十日）

大元帅指令第三三五号

　　令大本营参军长张开儒

　　呈为少校副官方孝纯因病辞职，乞睿裁由

　　呈悉。应照准。此令。

（中华民国陆海军大元帅之印）

中华民国十三年四月十日

据大本营秘书处编《陆海军大元帅大本营公报》第十一号
（广州一九二四年四月二十日）

给鲁涤平的指令

（一九二四年四月十日）

大元帅指令第三三七号

　　令禁烟督办鲁涤平

　　呈为躬赴前方督战，暂委总务厅长雷飚代行督办职务，乞备案由

　　呈悉。准予备案。此令。

（中华民国陆海军大元帅之印）
中华民国十三年四月十日

据大本营秘书处编《陆海军大元帅大本营公报》第十一号（广州一九二四年四月二十日）

委派古应芬等职务令

（一九二四年四月十一日）

大元帅令

　　派古应芬、戴传贤、曹受坤、杨宗炯、陈国榘、何启沣、陆巨恩为法制委员会委员。此令。

孙　文
中华民国十三年四月十一日

据谭延闿编《总理遗墨》第三辑（印行时间不详，广东省社会科学院藏）

特任叶恭绰兼职令

（一九二四年四月十二日）

大元帅令

特任叶恭绰兼盐务督办。此令。

（中华民国陆海军大元帅之印）

中华民国十三年四月十二日

据大本营秘书处编《陆海军大元帅大本营公报》第十一号
（广州一九二四年四月二十日）

任命郑洪年兼职令

（一九二四年四月十二日）

大元帅令

任命郑洪年兼盐务署署长。此令。

（中华民国陆海军大元帅之印）

中华民国十三年四月十二日

据大本营秘书处编《陆海军大元帅大本营公报》第十一号
（广州一九二四年四月二十日）

委派张汉职务令

（一九二四年四月十二日）

大元帅令

　　派张汉为大本营海军委员。此令。

（中华民国陆海军大元帅之印）

中华民国十三年四月十二日

据大本营秘书处编《陆海军大元帅大本营公报》第十一号
（广州一九二四年四月二十日）

给伍学熀的指令

（一九二四年四月十二日）

大元帅指令第三五〇号

　　令财政委员会委员伍学熀

　　呈请辞职由

　　呈悉。照准。此令。

（中华民国陆海军大元帅之印）

中华民国十三年四月十二日

据大本营秘书处编《陆海军大元帅大本营公报》第十一号
（广州一九二四年四月二十日）

准伍学熀辞职令

（一九二四年四月十二日）

大元帅令

财政委员会委员伍学熀呈请辞职。伍学熀准免本职。此令。

（中华民国陆海军大元帅之印）

中华民国十三年四月十二日

据大本营秘书处编《陆海军大元帅大本营公报》第十一号（广州一九二四年四月二十日）

准任曾镛职务令

（一九二四年四月十五日）

大元帅令

中央军需总监蒋尊簋呈请任命曾镛为中央军需处运输处处长。应照准。此令。

（中华民国陆海军大元帅之印）

中华民国十三年四月十五日

据大本营秘书处编《陆海军大元帅大本营公报》第十一号（广州一九二四年四月二十日）

免赵士觐职务令

（一九二四年四月十八日）

大元帅令

两广盐运使赵士觐另有任用,着免本职。此令。

（中华民国陆海军大元帅之印）

中华民国十三年四月十八日

据大本营秘书处编《陆海军大元帅大本营公报》第十一号
（广州一九二四年四月二十日）

任命邓泽如职务令

（一九二四年四月十八日）

大元帅令

任命邓泽如为两广盐运使。此令。

（中华民国陆海军大元帅之印）

中华民国十三年四月十八日

据大本营秘书处编《陆海军大元帅大本营公报》第十一号
（广州一九二四年四月二十日）

任命李翊东郑校之职务令

（一九二四年四月十八日）

大元帅令

  任命李翊东、郑校之为大本营技师，每人每月薪俸二百元。此令。

孙　文

中华民国十三年四月十八日

  据谭延闿编《总理遗墨》第三辑（印行时间不详，广东省社会科学院藏）

任命郑洪年职务令

（一九二四年四月二十一日）

大元帅令

  任命郑洪年兼广东财政厅厅长。此令。

（中华民国陆海军大元帅之印）

中华民国十三年四月廿一日

  据大本营秘书处编《陆海军大元帅大本营公报》第十二号（广州一九二四年四月三十日）

委派邓泽如职务令

（一九二四年四月二十一日）

大元帅令

派邓泽如为财政委员会委员。此令。

（中华民国陆海军大元帅之印）

中华民国十三年四月廿一日

据大本营秘书处编《陆海军大元帅大本营公报》第十二号
（广州一九二四年四月三十日）

委派廖仲恺等职务令

（一九二四年四月二十一日）

大元帅令

派廖仲恺、吕志伊、陈融、林云陔为法制委员会委员。此令。

（中华民国陆海军大元帅之印）

中华民国十三年四月二十一日

据大本营秘书处编《陆海军大元帅大本营公报》第十二号
（广州一九二四年四月三十日）

给邓泽如的命令

（一九二四年四月二十二日）①

赶行接任，极力整理，以裕收入。

据《广州民国日报》一九二四年四月二十二日《邓泽如之履新》

准任陈敬汉杨志章职务令

（一九二四年四月二十三日）

大元帅令

大本营财政部长兼盐务督办叶恭绰呈请任命陈敬汉、杨志章兼盐务署秘书。均照准。此令。

（中华民国陆海军大元帅之印）

中华民国十三年四月廿三日

据大本营秘书处编《陆海军大元帅大本营公报》第十二号
（广州一九二四年四月三十日）

准任郑继周职务令

（一九二四年四月二十三日）

大元帅令

大本营参军长张开儒呈请任命郑继周为参军处少校副官。应照准。

---

① 原令未署日期。按4月22日《广州民国日报》载："邓奉谕后，业于今日（廿二）下午二时前往接任。"现据邓接任时期标出。

此令。

（中华民国陆海军大元帅之印）

中华民国十三年四月廿三日

据大本营秘书处编《陆海军大元帅大本营公报》第十二号
（广州一九二四年四月三十日）

准派吴家麟等职务令

（一九二四年四月二十三日）

大元帅令

  禁烟督办鲁涤平呈请派吴家麟、张彀、彭耕、彭国钧、龙廷杰、朱谦良、钟忠为禁烟督办署科长，谭柄鉴、朱创凡、郑鸿铸、鲁岱、刘汲之为禁烟督办署秘书。均照准。此令。

（中华民国陆海军大元帅之印）

中华民国十三年四月廿三日

据大本营秘书处编《陆海军大元帅大本营公报》第十二号
（广州一九二四年四月三十日）

准赵士觐辞职令

（一九二四年四月二十四日）

大元帅令

  财政委员会委员赵士觐呈请辞职。赵士觐应准免职。此令。

（中华民国陆海军大元帅之印）

中华民国十三年四月二十四日

据大本营秘书处编《陆海军大元帅大本营公报》第十二号
（广州一九二四年四月三十日）

任命李铎等职务令

（一九二四年四月二十五日）

大元帅令

　　任命李铎、杨友棠为大本营军政部参事，王恒为大本营军政部审计局局长。此令。

（中华民国陆海军大元帅之印）
中华民国十三年四月二十五日

据大本营秘书处编《陆海军大元帅大本营公报》第十二号（广州一九二四年四月三十日）

委派张民达职务令

（一九二四年四月二十五日）

大元帅令

　　派张民达兼理盐务缉私主任。此令。

孙　文
中华民国十三年四月廿五日

据谭延闿编《总理遗墨》第三辑（印行时间不详，广东省社会科学院藏）

任命戴季陶邹若衡职务令

（一九二四年四月二十八日）

大元帅令

任命戴季陶为参议①，月薪三百元。

任命邹若衡为谘议②，不支薪。

孙　文

中华民国十三年四月廿八日

据谭延闿编《总理遗墨》第三辑（印行时间不详，广东省社会科学院藏）

任命廖朗如职务令

（一九二四年四月二十八日）

大元帅令

任命廖朗如为大本营财政部参事。此令。

（中华民国陆海军大元帅之印）

中华民国十三年四月二十八日

据大本营秘书处编《陆海军大元帅大本营公报》第十二号（广州一九二四年四月三十日）

---

① 参议，即大本营参议。
② 谘议，即大本营谘议。

准任陆仲履职务令

（一九二四年四月二十八日）

大元帅令

　　大本营财政部长叶恭绰呈请任命陆仲履为佥事。应照准。此令。

　　　　　　　　　　　　　　　　（中华民国陆海军大元帅之印）

　　　　　　　　　　　　　　中华民国十三年四月二十八日

　　　　　　　据大本营秘书处编《陆海军大元帅大本营公报》第十二号
　　　　　　　（广州一九二四年四月三十日）

准任梁海秋职务令

（一九二四年四月三十日）

大元帅令

　　本〔大〕大〔本〕营财政部长兼盐务督办叶恭绰呈请任命梁海秋为盐务署秘书。应照准。此令。

　　　　　　　　　　　　　　　　（中华民国陆海军大元帅之印）

　　　　　　　　　　　　　　中华民国十三年四月三十日

　　　　　　　据大本营秘书处编《陆海军大元帅大本营公报》第十二号
　　　　　　　（广州一九二四年四月三十日）

准邓泽如辞职令

（一九二四年四月三十日）

大元帅令

　　大本营参议邓泽如呈请辞职。邓泽如应准免职。此令。

（中华民国陆海军大元帅之印）

中华民国十三年四月三十日

据大本营秘书处编《陆海军大元帅大本营公报》第十二号
（广州一九二四年四月三十日）

给马伯麟的指令

（一九二四年四月三十日）

大元帅指令第四○六号

　　令长洲要塞司令马伯麟
　　呈报委任李思汉为总台长①，乞备案由
　　呈悉。准予备案。此令。

（中华民国陆海军大元帅之印）

中华民国十三年四月三十日

据大本营秘书处编《陆海军大元帅大本营公报》第十二号
（广州一九二四年四月三十日）

---

① 总台长，即各炮台之总指挥。

给邓泽如的指令

（一九二四年四月三十日）

大元帅指令第四一一号
　　令大本营参议邓泽如
　　呈请辞职由
　　呈悉。照准。此令。

（中华民国陆海军大元帅之印）
中华民国十三年四月三十日

据大本营秘书处编《陆海军大元帅大本营公报》第十二号（广州一九二四年四月三十日）

任命王家琦职务令

（一九二四年五月一日）

大元帅令
　　任命王家琦为大本营参军。此令。

（中华民国陆海军大元帅之印）
中华民国十三年五月一日

据大本营秘书处编《陆海军大元帅大本营公报》第十三号（广州一九二四年五月十日）

特任蒋介石职务令

（一九二四年五月二日）

大元帅令

特任蒋中正为陆军军官学校校长。此令。

孙　文

中华民国十三年五月二日

据谭延闿编《总理遗墨》第三辑（印行时间不详，广东省社会科学院藏）

任命蒋介石职务令

（一九二四年五月二日）

大元帅令

任命蒋中正兼粤军总司令〈部〉参谋长。此令。

孙　文

中华民国十三年五月二日

据谭延闿编《总理遗墨》第三辑（印行时间不详，广东省社会科学院藏）

任命张乃燕职务令

（一九二四年五月三日）

大元帅令

　　任命张乃燕为大本营参议。此令。

（中华民国陆海军大元帅之印）

中华民国十三年五月三日

据大本营秘书处编《陆海军大元帅大本营公报》第十三号（广州一九二四年五月十日）

给秘书长的手谕

（一九二四年五月三日）①

秘书长办理：一、张静江不必辞委员；二、其侄任为参议，月薪三百元。

文

据谭延闿编《总理遗墨》第三辑（印行时间不详，广东省社会科学院藏）

---

① 原件无日期，惟张静江之侄张乃燕系于中华民国十三年五月三日任命为参议，依此定。

任命林翔职务令

（一九二四年五月五日）

大元帅令

　　任命林翔为大本营审计处处长。此令。

（中华民国陆海军大元帅之印）

中华民国十三年五月五日

据大本营秘书处编《陆海军大元帅大本营公报》第十三号
（广州一九二四年五月十日）

准任温挺修职务令

（一九二四年五月五日）

大元帅令

　　大本营参谋长李烈钧呈请任命温挺修为大本营参谋处上校参谋。应照准。此令。

（中华民国陆海军大元帅之印）

中华民国十三年五月五日

据大本营秘书处编《陆海军大元帅大本营公报》第十三号
（广州一九二四年五月十日）

准任陶勉斋职务令

（一九二四年五月六日）

大元帅令

　　大本营内政部长徐绍桢呈请任命陶勉斋为内政部科长。应照准。

此令。

（中华民国陆海军大元帅之印）

中华民国十三年五月六日

据大本营秘书处编《陆海军大元帅大本营公报》第十三号（广州一九二四年五月十日）

任命何克夫职务令

（一九二四年五月九日）

大元帅令

任命何克夫为中央直辖第一混成旅旅长。此令。

（中华民国陆海军大元帅之印）

中华民国十三年五月九日

据大本营秘书处编《陆海军大元帅大本营公报》第十三号（广州一九二四年五月十日）

特任许崇智职务令

（一九二四年五月十一日前）①

大元帅令

特任许崇智为粤军总司令，此令。

据上海《申报》一九二四年五月三十一日《许崇智就职通电》

---

① 此件未署日期，据敦促许崇智就任粤军总司令的命令在5月11日，酌定此令发于11日前。

免黄骚职务令

（一九二四年五月十二日）

大元帅令

广东造币厂监督黄骚另有任用，应免本职。此令。

（中华民国陆海军大元帅之印）

中华民国十三年五月十二日

据大本营秘书处编《陆海军大元帅大本营公报》第十四号
（广州一九二四年五月二十日）

委派梅光培职务令

（一九二四年五月十二日）

大元帅令

派梅光培为广东造币厂监督。此令。

（中华民国陆海军大元帅之印）

中华民国十三年五月十二日

据大本营秘书处编《陆海军大元帅大本营公报》第十四号
（广州一九二四年五月二十日）

准任陈宏毅伍自立职务令

（一九二四年五月十二日）

大元帅令

整理海军飞鹰、福安、舞凤三舰事宜潘文治呈请任命陈宏毅为福安舰长、伍自立为舞凤舰长。应照准。此令。

（中华民国陆海军大元帅之印）

中华民国十三年五月十二日

据大本营秘书处编《陆海军大元帅大本营公报》第十四号

（广州一九二四年五月二十日）

委派邵元冲等职务令

（一九二四年五月十四日）

大元帅令

派邵元冲、刘芦隐、黄季陆为法制委员会委员。此令。

（中华民国陆海军大元帅之印）

中华民国十三年五月十四日

据大本营秘书处编《陆海军大元帅大本营公报》第十四号

（广州一九二四年五月二十日）

准刘毅辞职令

（一九二四年五月十四日）

大元帅令

粤闽湘军招抚使刘毅呈请辞职。刘毅应准免职。此令。

（中华民国陆海军大元帅之印）

中华民国十三年五月十四日

据大本营秘书处编《陆海军大元帅大本营公报》第十四号

（广州一九二四年五月二十日）

任命李济深职务令

（一九二四年五月十五日）

大元帅令

　　任命李济深兼梧州善后处处长。此令。

（中华民国陆海军大元帅之印）

中华民国十三年五月十五日

据大本营秘书处编《陆海军大元帅大本营公报》第十四号
（广州一九二四年五月二十日）

给刘毅的指令

（一九二四年五月十五日）

大元帅指令第四七九号

　　令粤闽湘军招抚使刘毅

　　呈请辞职由

　　呈悉。照准。此令。

（中华民国陆海军大元帅之印）

中华民国十三年五月十五日

据大本营秘书处编《陆海军大元帅大本营公报》第十四号
（广州一九二四年五月二十日）

委派程潜林翔职务令

（一九二四年五月十九日）

大元帅令

  派程潜、林翔为财政委员会委员。此令。

            （中华民国陆海军大元帅之印）

          中华民国十三年五月十九日

  据大本营秘书处编《陆海军大元帅大本营公报》第十四号（广州一九二四年五月二十日）

任命谢无量职务令[①]

（一九二四年五月十九日）

大元帅令

  任命谢无量为大本营特务秘书。此令。

            （中华民国陆海军大元帅之印）

          中华民国十三年五月十九日

  据大本营秘书处编《陆海军大元帅大本营公报》第十四号（广州一九二四年五月二十日）

[①] 谭延闿编《总理遗墨》第三辑影印原稿，有"月俸五百元"语。

委派罗镇湘职务令

（一九二四年五月二十日）

大元帅令
    派罗镇湘为大本营军事委员。此令。

                              （中华民国陆海军大元帅之印）
                                  中华民国十三年五月二十日

据大本营秘书处编《陆海军大元帅大本营公报》第十四号
（广州一九二四年五月二十日）

给蒋尊簋的指令

（一九二四年五月二十日）

大元帅指令第四九八号
    令中央军需总监蒋尊簋
    呈为再请辞职由
    呈悉。应照准。此令。

                              （中华民国陆海军大元帅之印）
                                  中华民国十三年五月二十日

据大本营秘书处编《陆海军大元帅大本营公报》第十四号
（广州一九二四年五月二十日）

准蒋尊簋辞职令

（一九二四年五月二十日）

大元帅令

中央军需总监蒋尊簋呈请辞职。蒋尊簋准免本职。此令。

（中华民国陆海军大元帅之印）

中华民国十三年五月二十日

据大本营秘书处编《陆海军大元帅大本营公报》第十四号
（广州一九二四年五月二十日）

给叶恭绰的指令

（一九二四年五月二十日）

大元帅指令第四九六号

令大本营财政部长叶恭绰

呈报委任劳勉广东造币分厂总办蔡炳为会办请核示施行由

呈悉。准予备案。此令。

（中华民国陆海军大元帅之印）

中华民国十三年五月二十日

据大本营秘书处编《陆海军大元帅大本营公报》第十四号
（广州一九二四年五月二十日）

任命彭介石职务令

（一九二四年五月二十一日）

大元帅令

　　任命彭介石为大本营参议。此令。

（中华民国陆海军大元帅之印）

中华民国十三年五月廿一日

据大本营秘书处编《陆海军大元帅大本营公报》第十五号
（广州一九二四年五月三十日）

准杨泰辞职令

（一九二四年五月二十一日）

大元帅令

　　大本营参军长张开儒呈称：少校副官杨泰呈请辞职，应予照准。此令。

（中华民国陆海军大元帅之印）

中华民国十三年五月廿一日

据大本营秘书处编《陆海军大元帅大本营公报》第十五号
（广州一九二四年五月三十日）

委派黄昌谷职务令

（一九二四年五月二十二日）

大元帅令

　　派黄昌谷为财政委员会委员。此令。

（中华民国陆海军大元帅之印）

中华民国十三年五月廿二日

据大本营秘书处编《陆海军大元帅大本营公报》第十五号（广州一九二四年五月三十日）

任命樊钟秀职务令

（一九二四年五月二十六日）

　　任命豫军总司令樊钟秀为东路作战军右翼总指挥，并令饬克日督率所部，进取海陆丰。

据《广州民国日报》一九二四年五月二十七日《樊钟秀任右翼总指挥》

任命黄昌谷职务令

（一九二四年五月二十七日）

大元帅令

　　任命黄昌谷为大本营会计司司长。此令。

（中华民国陆海军大元帅之印）

中华民国十三年五月廿七日

据大本营秘书处编《陆海军大元帅大本营公报》第十五号（广州一九二四年五月三十日）

任命黄仕强张沛职务令

（一九二四年五月二十七日）

大元帅令

任命黄仕强为中央税捐整理处长，张沛为中央税捐整理处副处长。此令。

（中华民国陆海军大元帅之印）

中华民国十三年五月廿七日

据大本营秘书处编《陆海军大元帅大本营公报》第十五号（广州一九二四年五月三十日）

准任严宽职务令

（一九二四年五月二十七日）

大元帅令

大本营参军长张开儒呈请任命严宽为大本营参军处少校副官。应照准。此令。

（中华民国陆海军大元帅之印）

中华民国十三年五月廿七日

据大本营秘书处编《陆海军大元帅大本营公报》第十五号（广州一九二四年五月三十日）

任命萧养晦职务令

（一九二四年五月二十七日）

大元帅令

　　任命萧养晦为大本营谘议。此令。

（中华民国陆海军大元帅之印）
中华民国十三年五月廿七日

据大本营秘书处编《陆海军大元帅大本营公报》第十五号（广州一九二四年五月三十日）

任命和炉时职务令

（一九二四年五月二十七日）

大元帅令

　　任命和炉时为政府商业顾问。此令。

（中华民国陆海军大元帅之印）
中华民国十三年五月廿七日

据大本营秘书处编《陆海军大元帅大本营公报》第十五号（广州一九二四年五月三十日）

准黄隆生辞职令

（一九二四年五月二十七日）

大元帅令

　　大本营会计司司长黄隆生呈请辞职。黄隆生准免本职。此令。

　　　　　　　　　　　　　　　　　　（中华民国陆海军大元帅之印）

　　　　　　　　　　　　　　　　　中华民国十三年五月廿七日

据大本营秘书处编《陆海军大元帅大本营公报》第十五号
（广州一九二四年五月三十日）

任命顾忠琛职务令

（一九二四年五月二十七日）

大元帅令

　　任命顾忠琛为北伐讨贼军第四军军长。此令。

　　　　　　　　　　　　　　　　　　（中华民国陆海军大元帅之印）

　　　　　　　　　　　　　　　　　中华民国十三年五月廿七日

据大本营秘书处编《陆海军大元帅大本营公报》第十五号
（广州一九二四年五月三十日）

任命杨泰峰职务令

（一九二四年五月二十八日）

大元帅令

　　任命杨泰峰为大本营谘议。此令。

（中华民国陆海军大元帅之印）

中华民国十三年五月廿八日

据大本营秘书处编《陆海军大元帅大本营公报》第十五号（广州一九二四年五月三十日）

任命卢兴邦等职务令

（一九二四年五月二十九日）①

　　任命卢兴邦为东路讨贼军留闽第一师师长，孙本戎为东路讨贼军留闽第二师师长兼一、二师总指挥。委派粤军总司令许崇智兼任江海警委员长。

据《广州民国日报》一九二四年五月二十九日《江海警委员长之改委》

---

① 此件所标时间系《广州民国日报》刊载日期。

委派杨瑞亭李子英职务令

（一九二四年五月三十一日）

大元帅令

　　派杨瑞亭、李子英为大本营出勤委员。此令。

（中华民国陆海军大元帅之印）

中华民国十三年五月卅一日

据大本营秘书处编《陆海军大元帅大本营公报》第十五号（广州一九二四年五月三十日）

委派胡谦职务令

（一九二四年五月三十一日）

大元帅令

　　派胡谦为财政委员会委员。此令。

（中华民国陆海军大元帅之印）

中华民国十三年五月卅一日

据大本营秘书处编《陆海军大元帅大本营公报》第十五号（广州一九二四年五月三十日）

任命潘文治职务令

（一九二四年五月三十一日）

大元帅令

任命潘文治为海军练习舰队司令。此令。

（中华民国陆海军大元帅之印）

中华民国十三年五月卅一日

据大本营秘书处编《陆海军大元帅大本营公报》第十五号
（广州一九二四年五月三十日）

任命孙统纲职务令

（一九二四年六月四日）

大元帅令

任命孙统纲为广东讨诚〔贼〕军别动队司令。此令。

（中华民国陆海军大元帅之印）

中华民国十三年六月四日

据大本营秘书处编《陆海军大元帅大本营公报》第十六号
（广州一九二四年六月十日）

任命林直勉职务令

（一九二四年六月七日）

大元帅令

　　任命林直勉为大本营秘书。此令。

　　　　　　　　　　　　　　　　（中华民国陆海军大元帅之印）
　　　　　　　　　　　　　　　　　　中华民国十三年六月七日

据大本营秘书处编《陆海军大元帅大本营公报》第十六号
（广州一九二四年六月十日）

任命王懋功职务令

（一九二四年六月七日）

大元帅令

　　任命王懋功为大本营参军。此令。

　　　　　　　　　　　　　　　　（中华民国陆海军大元帅之印）
　　　　　　　　　　　　　　　　　　中华民国十三年六月七日

据大本营秘书处编《陆海军大元帅大本营公报》第十六号
（广州一九二四年六月十日）

任命邹鲁职务令

（一九二四年六月九日）

大元帅令

　　任命邹鲁为国立广东大学校校长。此令。

（中华民国陆海军大元帅之印）
中华民国十三年六月九日

据大本营秘书处编《陆海军大元帅大本营公报》第十六号
（广州一九二四年六月十日）

准黄隆生辞职令

（一九二四年六月十一日）

大元帅令

　　大元帅行营军用票监督黄隆生呈请辞职。黄隆生准即免职。此令。

（中华民国陆海军大元帅之印）
中华民国十三年六月十一日

据大本营秘书处编《陆海军大元帅大本营公报》第十七号
（广州一九二四年六月二十日）

准杨庶堪辞职令

（一九二四年六月十二日）

大元帅令

广东省长杨庶堪呈请辞职，情词恳挚。杨庶堪准免本职。此令。

（中华民国陆海军大元帅之印）

中华民国十三年六月十二日

据大本营秘书处编《陆海军大元帅大本营公报》第十七号
（广州一九二四年六月二十日）

特任廖仲恺职务令

（一九二四年六月十二日）

大元帅令

特任廖仲恺为广东省长。此令。

（中华民国陆海军大元帅之印）

中华民国十三年六月十二日

据大本营秘书处编《陆海军大元帅大本营公报》第十七号
（广州一九二四年六月二十日）

准姚雨平辞职令

（一九二四年六月十三日）

大元帅令

广东治河督办姚雨平呈请辞职。姚雨平准免本职。此令。

（中华民国陆海军大元帅之印）

中华民国十三年六月十三日

据大本营秘书处编《陆海军大元帅大本营公报》第十七号

（广州一九二四年六月二十日）

委派林森职务令

（一九二四年六月十三日）

大元帅令

派大本营建设部长林森兼理广东治河督办事宜。此令。

（中华民国陆海军大元帅之印）

中华民国十三年六月十三日

据大本营秘书处编《陆海军大元帅大本营公报》第十七号

（广州一九二四年六月二十日）

任命李济深等职务令

（一九二四年六月十三日）

大元帅令

任命李济深为陆军军官学校教练部主任，王柏龄为陆军军官学校教授部主任,戴传贤为陆军军官学校政治部主任,何应钦为陆军军官学校总教官。此令。

（中华民国陆海军大元帅之印）

中华民国十三年六月十三日

据大本营秘书处编《陆海军大元帅大本营公报》第十七号

（广州一九二四年六月二十日）

任命高杞职务令

(一九二四年六月十三日)

大元帅令

任命高杞为大本营谘议。此令。

（中华民国陆海军大元帅之印）

中华民国十三年六月十三日

据大本营秘书处编《陆海军大元帅大本营公报》第十七号

（广州一九二四年六月二十日）

任命陈贞瑞职务令

(一九二四年六月十三日)

大元帅令

任命陈贞瑞为大本营谘议。此令。

（中华民国陆海军大元帅之印）

中华民国十三年六月十三日

据大本营秘书处编《陆海军大元帅大本营公报》第十七号

（广州一九二四年六月二十日）

给何应钦任命状

（一九二四年六月十三日）

任命状：任命何应钦为陆军军官学校总教官。此状。

孙　文

中华民国十三年六月十三日

据《何应钦将军九五纪事长编》（上）（台北黎明文化事业公司一九八四年初版）

准陈兴汉辞职令

（一九二四年六月十四日）

大元帅令

管理粤汉铁路事务陈兴汉呈请辞职。应照准。此令。

（中华民国陆海军大元帅之印）

中华民国十三年六月十四日

据大本营秘书处编《陆海军大元帅大本营公报》第十七号（广州一九二四年六月二十日）

委派许崇灏职务令

（一九二四年六月十四日）

大元帅令

　　派许崇灏管理粤汉铁路事务。此令。

（中华民国陆海军大元帅之印）

中华民国十三年六月十四日

据大本营秘书处编《陆海军大元帅大本营公报》第十七号
（广州一九二四年六月二十日）

准任冯轶裴等职务令

（一九二四年六月十四日）

大元帅令

　　粤军总司令许崇智呈请任命冯轶裴为粤军总司令部参谋处处长，冯祝万为粤军总司令部军务处处长，陈可钰为粤军总司令部副官长，邵元冲为粤军总司令部秘书长，万黄裳为粤军总司令部军需监，关道代理粤军总司令部军需长，俞飞鹏代理粤军总司令部审计处处长，江维华为西江财政整理处处长。均照准。此令。

（中华民国陆海军大元帅之印）

中华民国十三年六月十四日

据大本营秘书处编《陆海军大元帅大本营公报》第十七号
（广州一九二四年六月二十日）

任命梁鸿楷等职务令

（一九二四年六月十四日）

大元帅令

　　任命梁鸿楷为粤军第一军军长，李福林为粤军第三军军长，李济深为粤军第一师师长，张民达为粤军第二师师长，郑润琦为粤军第三师师长，许济为粤军第七旅旅长，杨锦龙为粤军第八旅旅长。此令。

（中华民国陆海军大元帅之印）

中华民国十三年六月十四日

据大本营秘书处编《陆海军大元帅大本营公报》第十七号
（广州一九二四年六月二十日）

准任卢善矩职务令

（一九二四年六月十四日）

大元帅令

　　广东海防司令林若时呈请任命卢善矩为江固舰舰长。应照准。此令。

（中华民国陆海军大元帅之印）

中华民国十三年六月十四日

据大本营秘书处编《陆海军大元帅大本营公报》第十七号
（广州一九二四年六月二十日）

任命周自得兼职令

（一九二四年六月十六日）①

特着令护路司令周自得兼任管理军车事宜。

据《广州民国日报》一九二四年六月十六日《周自得接军车后情形》

委派古应芬职务令

（一九二四年六月十七日）

大元帅令

派古应芬兼办广东沙田清理事宜。此令。

（中华民国陆海军大元帅之印）
中华民国十三年六月十七日
据大本营秘书处编《陆海军大元帅大本营公报》第十七号
（广州一九二四年六月二十日）

任命古应芬职务令

（一九二四年六月十七日）

大元帅令

任命古应芬为经界局督办。此令。

（中华民国陆海军大元帅之印）
中华民国十三年六月十七日
据大本营秘书处编《陆海军大元帅大本营公报》第十七号
（广州一九二四年六月二十日）

---

① 此件所标日期系《广州民国日报》发表时间。

任命姚雨平职务令

（一九二四年六月十七日）

大元帅令

　　任命姚雨平为参议①，每月公费三百元。此令。

孙　文

中华民国十三年六月十七日

据谭延闿编《总理遗墨》第三辑（印行时间不详，广东省社会科学院藏）

准任林振雄等职务令

（一九二四年六月十七日）

大元帅令

　　陆军军官学校校长蒋中正呈请任命林振雄为陆军军官学校管理部主任，周骏彦为陆军军官学校军需部主任，宋荣昌为陆军军官学校军医部主任，梁广谦为陆军军官学校上校教官，钱大钧、胡树森、陈继承、顾祝同、文素松、沈应时、严重为陆军军官学校中校教官，邓演达为陆军军官学校总队长，王俊、刘峙为陆军军官学校少校教官，俞飞鹏为陆军军官学校军需部副主任，张崧年为陆军军官学校政治部副主任，张家瑞为陆军军官学校中文秘书。均照准。此令。

（中华民国陆海军大元帅之印）

中华民国十三年六月十七日

据大本营秘书处编《陆海军大元帅大本营公报》第十七号（广州一九二四年六月二十日）

---

①　参议，即大本营参议。

准任吕梦熊等职务令

（一九二四年六月十七日）

大元帅令

　　陆军军官学校校长蒋中正呈请任命吕梦熊为陆军军官学校第一队队长，茅延桢为第二队队长，金佛庄为第三队队长，李伟章为第四队队长，均照准。此令。

（中华民国陆海军大元帅之印）

中华民国十三年六月十七日

据大本营秘书处编《陆海军大元帅大本营公报》第十七号

（广州一九二四年六月二十日）

免刘成禺职务令

（一九二四年六月十七日）

大元帅令

　　大本营宣传委员刘成禺另有任用，应即免职。此令。

（中华民国陆海军大元帅之印）

中华民国十三年六月十七日

据大本营秘书处编《陆海军大元帅大本营公报》第十七号

（广州一九二四年六月二十日）

任命刘成禺职务令

（一九二四年六月十七日）

大元帅令

　　任命刘成禺为大本营参议。此令。

（中华民国陆海军大元帅之印）
中华民国十三年六月十七日

据大本营秘书处编《陆海军大元帅大本营公报》第十七号
（广州一九二四年六月二十日）

附录　给刘成禺任命状

（一九二四年六月十七日）

任命状

　　任命刘成禺为大本营参议。此令。

孙　文
中华民国十三年六月十七日

据中国国民党中央委员会党史委员会编《国父全集补编》
（台北一九八五年版）

委派徐谦职务状

（一九二四年六月十七日）

派状

　　派徐谦为特务宣传员。此状。

孙　文（印）
中华民国十三年六月十七日

据杨雪峰《国父给徐谦几封未见发表的函电》，载传记文学编辑委员会编《传记文学》第四十一卷第五期（台北一九八二年十一月）

委派胡谦郑洪年职务令

（一九二四年六月十九日）

大元帅令

　　派胡谦、郑洪年经理大本营军需处事宜。此令。

（中华民国陆海军大元帅之印）
中华民国十三年六月十九日

据大本营秘书处编《陆海军大元帅大本营公报》第十七号（广州一九二四年六月二十日）

任命蒋介石兼职状

（一九二四年六月十九日）①

任命蒋中正兼粤军总司令部参谋长。此状。

据《广州民国日报》一九二四年六月二十三日《蒋中正就职呈》

准郑洪年辞职令

（一九二四年六月二十四日）

大元帅令

兼广东财政厅长郑洪年呈请辞职。郑洪年准免兼职。此令。

（中华民国陆海军大元帅之印）
中华民国十三年六月廿四日
据大本营秘书处编《陆海军大元帅大本营公报》第十八号（广州一九二四年六月三十日）

准免廖朗如职务令

（一九二四年六月二十四日）

大元帅令

财政委员会主席委员叶恭绰、廖仲恺呈请将秘书长廖朗如免职。应照

---

① 原状未署日期。按6月23日《广州民国日报》载"蒋介石自被任粤〈军〉参谋长，经于昨十九日就职"。今据就职日期标出。

准。此令。

（中华民国陆海军大元帅之印）

中华民国十三年六月廿四日

据大本营秘书处编《陆海军大元帅大本营公报》第十八号
（广州一九二四年六月三十日）

准委姜和椿等职务令

（一九二四年六月二十四日）

大元帅令

　　财政委员会主席委员叶恭绰、廖仲恺呈请派姜和椿、陆仲履、金轩民、林继昌为财政委员会秘书。均照准。此令。

（中华民国陆海军大元帅之印）

中华民国十三年六月廿四日

据大本营秘书处编《陆海军大元帅大本营公报》第十八号
（广州一九二四年六月三十日）

委派廖朗如李承翼职务令

（一九二四年六月二十四日）

大元帅令

　　派廖朗如为财政委员会总干事，李承翼为财政委员会副干事。此令。

（中华民国陆海军大元帅之印）

中华民国十三年六月廿四日

据大本营秘书处编《陆海军大元帅大本营公报》第十八号
（广州一九二四年六月三十日）

任命陈其瑗职务令

（一九二四年六月二十四日）

大元帅令

　　任命陈其瑗为广东财政厅厅长。此令。

（中华民国陆海军大元帅之印）

中华民国十三年六月廿四日

据大本营秘书处编《陆海军大元帅大本营公报》第十八号（广州一九二四年六月三十日）

任命萧炳章职务令

（一九二四年六月二十四日）

大元帅令

　　任命萧炳章为大本营参议。此令。

（中华民国陆海军大元帅之印）

中华民国十三年六月廿四日

据大本营秘书处编《陆海军大元帅大本营公报》第十八号（广州一九二四年六月三十日）

任命林赤民等职务令

（一九二四年六月二十四日）

大元帅令
　　任命林赤民、彭堃、练炳章为大本营谘议。此令。

（中华民国陆海军大元帅之印）

中华民国十三年六月廿四日

据大本营秘书处编《陆海军大元帅大本营公报》第十八号
（广州一九二四年六月三十日）

准免陆仲履职务令

（一九二四年六月二十五日）

大元帅令
　　大本营财政部长叶恭绰呈：佥事陆仲履另有任用，请免本职。应照准。此令。

（中华民国陆海军大元帅之印）

中华民国十三年六月廿五日

据大本营秘书处编《陆海军大元帅大本营公报》第十八号
（广州一九二四年六月三十日）

准陈兴汉辞职令

（一九二四年六月二十五日）

大元帅令

　　财政委员会委员陈兴汉呈请辞职。陈兴汉准免本职。此令。

　　　　　　　　　　　　　　　（中华民国陆海军大元帅之印）

　　　　　　　　　　　　　　中华民国十三年六月廿五日

据大本营秘书处编《陆海军大元帅大本营公报》第十八号（广州一九二四年六月三十日）

准邵元冲辞职令

（一九二四年六月二十五日）

大元帅令

　　法制委员会委员邵元冲呈请辞职。邵元冲准免本职。此令。

　　　　　　　　　　　　　　　（中华民国陆海军大元帅之印）

　　　　　　　　　　　　　　中华民国十三年六月廿五日

据大本营秘书处编《陆海军大元帅大本营公报》第十八号（广州一九二四年六月三十日）

准林云陔辞职令

(一九二四年六月二十五日)

大元帅令

　　法制委员会委员林云陔呈请辞职。林云陔准免本职。此令。

(中华民国陆海军大元帅之印)
中华民国十三年六月廿五日

据大本营秘书处编《陆海军大元帅大本营公报》第十八号(广州一九二四年六月三十日)

任命古应芬职务状

(一九二四年六月二十六日)①

　　任命古应芬为经界局督办。此状。
　　派古应芬兼办广东沙田清理事宜。此状。

据《广州民国日报》一九二四年六月二十七日《古应芬就经界局职》

---

① 此件所标时间系古应芬就职日期。

委派廖仲恺等职务令

（一九二四年六月二十八日）

大元帅令

派廖仲恺、古应芬、许崇灏为财政委员会委员。此令。

（中华民国陆海军大元帅之印）

中华民国十三年六月廿八日

据大本营秘书处编《陆海军大元帅大本营公报》第十八号
（广州一九二四年六月三十日）

准任王南微郑炳烜职务令

（一九二四年六月二十八日）

大元帅令

陆军军官学校校长蒋中正呈请任命王南微为陆军军官学校国文教官，郑炳烜为陆军军官学校技术教官。均照准。此令。

（中华民国陆海军大元帅之印）

中华民国十三年六月廿八日

据大本营秘书处编《陆海军大元帅大本营公报》第十八号
（广州一九二四年六月三十日）

准任程滨等职务令

（一九二四年六月二十九日）

大元帅令

大本营参谋长李烈钧呈请任命程滨为大本营参谋处少校参谋，王景龙为大本营参谋处少校电务员,黄远宾、汪培实为大本营参谋处少校副官。均照准。此令。

（中华民国陆海军大元帅之印）

中华民国十三年六月廿九日

据大本营秘书处编《陆海军大元帅大本营公报》第十八号

（广州一九二四年六月三十日）

准陈兴汉辞职令

（一九二四年七月一日）

大元帅令

兼代广九铁路局局长陈兴汉呈请辞职。陈兴汉准予免职。此令。

（中华民国陆海军大元帅之印）

中华民国十三年七月一日

据大本营秘书处编《陆海军大元帅大本营公报》第十九号

（广州一九二四年七月十日）

任命周自得职务令

（一九二四年七月一日）

大元帅令

任命周自得兼广九铁路局局长。此令。

（中华民国陆海军大元帅之印）

中华民国十三年七月一日

据大本营秘书处编《陆海军大元帅大本营公报》第十九号

（广州一九二四年七月十日）

任命赵超职务令

（一九二四年七月二日）

大元帅令

　　任赵超为参军（着当三楼侍卫）。此令。

孙　文
中华民国十三年七月二日

据谭延闿编《总理遗墨》第三辑（印行时间不详，广东省社会科学院藏）

准任徐坚等职务令

（一九二四年七月二日）

大元帅令

　　陆军军官学校校长蒋中正呈请任命徐坚、吴峒、季方、黄为材为陆军军官学校特别官佐。均照准。此令。

（中华民国陆海军大元帅之印）
中华民国十三年七月二日

据大本营秘书处编《陆海军大元帅大本营公报》第十九号（广州一九二四年七月十日）

准免杨子毅李景纲职务令

（一九二四年七月二日）

大元帅令

　　大本营财政部长叶恭绰呈请将参事杨子毅、赋税局长李景纲免去本职。

杨子毅、李景纲均准免本职。此令。

（中华民国陆海军大元帅之印）

中华民国十三年七月二日

据大本营秘书处编《陆海军大元帅大本营公报》第十九号

（广州一九二四年七月十日）

任命李景纲杨子毅职务令

（一九二四年七月二日）

大元帅令

　　任命李景纲为大本营财政部参事，杨子毅为大本营财政部赋税局局长。此令。

（中华民国陆海军大元帅之印）

中华民国十三年七月二日

据大本营秘书处编《陆海军大元帅大本营公报》第十九号

（广州一九二四年七月十日）

准任金汉生职务令

（一九二四年七月二日）

大元帅令

　　大本营财政部长叶恭绰呈请任命金汉生为佥事。应照准。此令。

（中华民国陆海军大元帅之印）

中华民国十三年七月二日

据大本营秘书处编《陆海军大元帅大本营公报》第十九号

（广州一九二四年七月十日）

准任林君复职务令

（一九二四年七月三日）

大元帅令

大本营财政部长兼盐务督办叶恭绰呈请任命林君复为盐务署秘书，应照准。此令。

（中华民国陆海军大元帅之印）

中华民国十三年七月三日

据大本营秘书处编《陆海军大元帅大本营公报》第十九号（广州一九二四年七月十日）

准任黄元彬等职务令

（一九二四年七月三日）

大元帅令

大本营财政部长兼盐务督办叶恭绰呈请任命黄元彬、黄苹、叶次周为盐务署秘书。均照准。此令。

（中华民国陆海军大元帅之印）

中华民国十三年七月三日

据大本营秘书处编《陆海军大元帅大本营公报》第十九号（广州一九二四年七月十日）

任命谢英伯等职务令

（一九二四年七月四日）

大元帅令

　　任命谢英伯、丁象谦、叶农生为大本营参议。此令。

　　　　　　　　　　　　　　　　　（中华民国陆海军大元帅之印）

　　　　　　　　　　　　　　　　　中华民国十三年七月四日

　　　　据大本营秘书处编《陆海军大元帅大本营公报》第十九号
　　　　（广州一九二四年七月十日）

任命丁超五等职务令

（一九二四年七月四日）

大元帅令

　　任命丁超五、鲁鱼、杲海澜、林骨为大本营谘议。此令。

　　　　　　　　　　　　　　　　　（中华民国陆海军大元帅之印）

　　　　　　　　　　　　　　　　　中华民国十三年七月四日

　　　　据大本营秘书处编《陆海军大元帅大本营公报》第十九号
　　　　（广州一九二四年七月十日）

准马伯麟辞职令

（一九二四年七月七日）

大元帅令

　　长洲要塞司令马伯麟呈请辞职。马伯麟准免本职。此令。

（中华民国陆海军大元帅之印）
中华民国十三年七月七日

据大本营秘书处编《陆海军大元帅大本营公报》第十九号
（广州一九二四年七月十日）

任命蒋介石职务令

（一九二四年七月七日）

大元帅令

　　任命蒋中正兼长洲要塞司令。此令。

（中华民国陆海军大元帅之印）
中华民国十三年七月七日

据大本营秘书处编《陆海军大元帅大本营公报》第十九号
（广州一九二四年七月十日）

委派林森职务令

（一九二四年七月七日）

大元帅令

　　派林森为太平洋粮食保存会委员。此令。

（中华民国陆海军大元帅之印）
中华民国十三年七月七日

据大本营秘书处编《陆海军大元帅大本营公报》第十九号（广州一九二四年七月十日）

准何家猷辞职令

（一九二四年七月八日）

大元帅令

　　广东电政监督兼广州电报局局长何家猷呈请辞职。何家猷准免本兼各职。此令。

（中华民国陆海军大元帅之印）
中华民国十三年七月八日

据大本营秘书处编《陆海军大元帅大本营公报》第十九号（广州一九二四年七月十日）

免黄桓职务令

（一九二四年七月八日）

大元帅令

广东电话总局局长黄垣〔桓〕另有任用，应免本职。此令。

（中华民国陆海军大元帅之印）

中华民国十三年七月八日

据大本营秘书处编《陆海军大元帅大本营公报》第十九号
（广州一九二四年七月十日）

任命黄桓职务令

（一九二四年七月八日）

大元帅令

任命黄垣〔桓〕为广东电政监督兼广州电报局局长。此令。

（中华民国陆海军大元帅之印）

中华民国十三年七月八日

据大本营秘书处编《陆海军大元帅大本营公报》第十九号
（广州一九二四年七月十日）

委任陆志云职务令

（一九二四年七月八日）

大元帅令

　　委任陆志云为广东电话总局局长。此令。

（中华民国陆海军大元帅之印）

中华民国十三年七月八日

据大本营秘书处编《陆海军大元帅大本营公报》第十九号
（广州一九二四年七月十日）

委派谢瀛洲职务令

（一九二四年七月八日）

大元帅令

　　派谢瀛洲为法制委员会委员。此令。

（中华民国陆海军大元帅之印）

中华民国十三年七月八日

据大本营秘书处编《陆海军大元帅大本营公报》第十九号
（广州一九二四年七月十日）

任命蒋作宾等职务令

（一九二四年七月十日）

大元帅令

　　任命蒋作宾、李根沄、何天炯为大本营参议。此令。

　　　　　　　　　　　　　　　（中华民国陆海军大元帅之印）

　　　　　　　　　　　　　　　　中华民国十三年七月十日

　　　　　　据大本营秘书处编《陆海军大元帅大本营公报》第十九号
　　　　　（广州一九二四年七月十日）

任命张拱辰陈保群职务令

（一九二四年七月十日）

大元帅令

　　任命张拱辰、陈保群为大本营谘议。此令。

　　　　　　　　　　　　　　　（中华民国陆海军大元帅之印）

　　　　　　　　　　　　　　　　中华民国十三年七月十日

　　　　　　据大本营秘书处编《陆海军大元帅大本营公报》第十九号
　　　　　（广州一九二四年七月十日）

委派朱道南职务令

（一九二四年七月十日）

大元帅令

　　派朱道南为大本营出勤委员。此令。

　　　　　　　　　　　　　　　　　　　（中华民国陆海军大元帅之印）

　　　　　　　　　　　　　　　　　　　中华民国十三年七月十日

　　　　　　　　　据大本营秘书处编《陆海军大元帅大本营公报》第十九号
　　　　　　　　　（广州一九二四年七月十日）

任命张鉴藻等职务令

（一九二四年七月十日）

大元帅令

　　任命张鉴藻为中央直辖滇军军需监，易应乾、李希舜为军需副监。此令。

　　　　　　　　　　　　　　　　　　　（中华民国陆海军大元帅之印）

　　　　　　　　　　　　　　　　　　　中华民国十三年七月十日

　　　　　　　　　据大本营秘书处编《陆海军大元帅大本营公报》第二十号
　　　　　　　　　（广州一九二四年七月二十日）

准免陈敬汉职务令

（一九二四年七月十一日）

大元帅令

　　大本营财政部长兼盐务督办叶恭绰呈请免去盐务处秘书陈敬汉兼职。

应照准。此令。

(中华民国陆海军大元帅之印)

中华民国十三年七月十一日

据大本营秘书处编《陆海军大元帅大本营公报》第二十号(广州一九二四年七月二十日)

任命李其芳职务令

(一九二四年七月十二日)

大元帅令

任命李其芳为大本营医官。月俸三百元。此令。

孙　文

中华民国十三年七月十二日

据谭延闿编《总理遗墨》第三辑(印行时间不详,广东省社会科学院藏)

准任陆福廷甘乃光职务令

(一九二四年七月十二日)

大元帅令

陆军军官学校校长蒋中正呈请任命陆福廷为军事学教官,甘乃光为英文秘书。均照准。此令。

(中华民国陆海军大元帅之印)

中华民国十三年七月十二日

据大本营秘书处编《陆海军大元帅大本营公报》第二十号(广州一九二四年七月二十日)

准任郭敏卿职务令

（一九二四年七月十二日）

大元帅令

　　大本营参军长张开儒呈请任命郭敏卿为少校副官。应准照。此令。

（中华民国陆海军大元帅之印）

中华民国十三年七月十二日

据大本营秘书处编《陆海军大元帅大本营公报》第二十号（广州一九二四年七月二十日）

准任李之腴职务令

（一九二四年七月十二日）

大元帅令

　　大本营财政部长兼盐务督办叶恭绰呈请任命李之腴为盐务署秘书。应照准。此令。

（中华民国陆海军大元帅之印）

中华民国十三年七月十二日

据大本营秘书处编《陆海军大元帅大本营公报》第二十号（广州一九二四年七月二十日）

准委曾镛职务令

（一九二四年七月十二日）

大元帅令

　　经理大本营军需处事宜胡谦、郑洪年呈请派曾镛为参事。应照准。

此令。

（中华民国陆海军大元帅之印）

中华民国十三年七月十二日

据大本营秘书处编《陆海军大元帅大本营公报》第二十号
（广州一九二四年七月二十日）

准委黄启元等职务令

（一九二四年七月十二日）

大元帅令

　　经理大本营军需处事宜胡谦、郑洪年呈请派黄启元、宋梁为副官，黄伯诚为会计科科长，欧阳濂为会计科副科长，余辉照为出纳科科长。均照准。此令。

（中华民国陆海军大元帅之印）

中华民国十三年七月十二日

据大本营秘书处编《陆海军大元帅大本营公报》第二十号
（广州一九二四年七月二十日）

任命庄庶管职务令

（一九二四年七月十五日）

大元帅令

　　任命庄庶管为大本营谘议。此令。

（中华民国陆海军大元帅之印）

中华民国十三年七月十五日

据大本营秘书处编《陆海军大元帅大本营公报》第二十号
（广州一九二四年七月二十日）

委派陈玉麟职务令

（一九二四年七月十五日）

大元帅令

　　派陈玉麟为大本营出勤委员。此令。

（中华民国陆海军大元帅之印）
中华民国十三年七月十五日

据大本营秘书处编《陆海军大元帅大本营公报》第二十号
（广州一九二四年七月二十日）

委派蒋介石等职务令①

（一九二四年七月十五日）

　　派蒋中正为各军军事筹备委员会委员长，由各军总司令选上、中级军官一人为委员。

　　又：汪兆铭为各军政治训练筹备委员长，由各军总司令各选委员一人。许崇智为筹划广州防卫委员长，滇、湘、豫各军总司令派参谋长或高级军官为委员。

据《广州民国日报》一九二四年七月十八日《军事委员长之派定》

----

① 此件系国民党中央执行委员会之政治委员会秘书伍朝枢致函各军总司令传达7月15日军事委员会开会时孙中山的谕令。

准廖湘芸辞职令

（一九二四年七月十九日）

大元帅令

　　虎门要塞司令廖湘芸呈请辞职。廖湘芸准免本职。此令。

　　　　　　　　　　　　　　　（中华民国陆海军大元帅之印）

　　　　　　　　　　　　　　　中华民国十三年七月十九日

据大本营秘书处编《陆海军大元帅大本营公报》第二十号
（广州一九二四年七月二十日）

任命陈肇英职务令

（一九二四年七月十九日）

大元帅令

　　任命陈肇英为虎门要塞司令。此令。

　　　　　　　　　　　　　　　（中华民国陆海军大元帅之印）

　　　　　　　　　　　　　　　中华民国十三年七月十九日

据大本营秘书处编《陆海军大元帅大本营公报》第二十号
（广州一九二四年七月二十日）

委派宋子文等职务令

（一九二四年七月十九日）①

派宋子文、邹鲁、邓召荫、朱则、陈其瑗、鲍罗庭为税制整理委员会委员，陈其瑗任该会秘书。

据《广州民国日报》一九二四年七月十九日《税制整理委员会之设置》

任命黄实职务令

（一九二四年七月二十一日）

大元帅令

　　任命黄实为中央直辖第一军参谋长。此令。

（中华民国陆海军大元帅之印）
中华民国十三年七月廿一日
据大本营秘书处编《陆海军大元帅大本营公报》第二十一号（广州一九二四年七月三十日）

---

① 此件所标时间系《广州民国日报》刊载日期。

任命余和鸿职务令

（一九二四年七月二十八日）

大元帅令

　　任命余和鸿为大本营谘议。此令。

（中华民国陆海军大元帅之印）

中华民国十三年七月廿八日

据大本营秘书处编《陆海军大元帅大本营公报》第二十一号(广州一九二四年七月三十日)

委派汪啸涯职务令

（一九二四年七月二十八日）

大元帅令

　　派汪啸涯为大本营出勤委员。此令。

（中华民国陆海军大元帅之印）

中华民国十三年七月廿八日

据大本营秘书处编《陆海军大元帅大本营公报》第二十一号(广州一九二四年七月三十日)

任命陶澄孝余鹤松职务令

（一九二四年八月一日）

大元帅令

　　任命陶澄孝、余鹤松为大本营谘议。此令。

　　　　　　　　　　　　　　　　　　　　（中华民国陆海军大元帅之印）

　　　　　　　　　　　　　　　　　　　　　　中华民国十三年八月一日

　　　　　　　　据大本营秘书处编《陆海军大元帅大本营公报》第二十二号（广州一九二四年八月十日）

准免宋荣昌职务令

（一九二四年八月一日）

大元帅令

　　陆军军官学校校长蒋中正呈：该校军医部主任宋荣昌另有任用，请免本职。应照准。此令。

　　　　　　　　　　　　　　　　　　　　（中华民国陆海军大元帅之印）

　　　　　　　　　　　　　　　　　　　　　　中华民国十三年八月一日

　　　　　　　　据大本营秘书处编《陆海军大元帅大本营公报》第廿二号（广州一九二四年八月十日）

准任李其芳职务令

（一九二四年八月一日）

大元帅令

　　陆军军官学校校长蒋中正呈请任命李其芳为陆军军官学校军医部主

任。应照准。此令。

(中华民国陆海军大元帅之印)

中华民国十三年八月一日

据大本营秘书处编《陆海军大元帅大本营公报》第二十二号(广州一九二四年八月十日)

准任李思辕职务令

(一九二四年八月一日)

大元帅令

　　经界局督办古应芬呈请任命李思辕为经界局总务处处长。应照准。此令。

(中华民国陆海军大元帅之印)

中华民国十三年八月一日

据大本营秘书处编《陆海军大元帅大本营公报》第二十二号(广州一九二四年八月十日)

任命宋子文黄隆生职务令

(一九二四年八月二日)

大元帅令

　　任命宋子文为中央银行行长,黄隆生为中央银行副行长。此令。

(中华民国陆海军大元帅之印)

中华民国十三年八月二日

据大本营秘书处编《陆海军大元帅大本营公报》第二十二号(广州一九二四年八月十日)

委派陆嗣曾职务令

（一九二四年八月五日）

大元帅令

　　派陆嗣曾为法制委员会委员。此令。

　　　　　　　　　　　　（中华民国陆海军大元帅之印）

　　　　　　　　　　　　　　中华民国十三年八月五日

　　　　据大本营秘书处编《陆海军大元帅大本营公报》第二十二号(广州一九二四年八月十日)

准任招桂章职务令

（一九二四年八月七日）

大元帅令

　　粤军总司令许崇智呈请任命招桂章为粤军总司令部舰务处处长。应照准。此令。

　　　　　　　　　　　　（中华民国陆海军大元帅之印）

　　　　　　　　　　　　　　中华民国十三年八月七日

　　　　据大本营秘书处编《陆海军大元帅大本营公报》第二十二号(广州一九二四年八月十日)

准林若时辞职令

（一九二四年八月七日）

大元帅令

　　广东海防司令林若时呈请辞职。林若时准免本职。此令。

　　　　　　　　　　　　　　　　（中华民国陆海军大元帅之印）

　　　　　　　　　　　　　　　中华民国十三年八月七日

据大本营秘书处编《陆海军大元帅大本营公报》第二十二号（广州一九二四年八月十日）

准任邓士章等职务令

（一九二四年八月七日）

大元帅令

　　大本营军政部长程潜呈请调任广东兵工厂工程师邓士章为广东兵工厂工务处处长、广东兵工厂审验处处长陈荣贵为广东兵工厂工程师、广东兵工厂工务处处长汤熙为广东兵工厂审验处处长。均照准。此令。

　　　　　　　　　　　　　　　　（中华民国陆海军大元帅之印）

　　　　　　　　　　　　　　　中华民国十三年八月七日

据大本营秘书处编《陆海军大元帅大本营公报》第二十三号（广州一九二四年八月二十日）

准赵士养辞职令

（一九二四年八月七日）

大元帅令

　　大本营会计司司长黄昌谷呈：统计科主任赵士养恳请辞职。应照准。此令。

（中华民国陆海军大元帅之印）
中华民国十三年八月七日

据大本营秘书处编《陆海军大元帅大本营公报》第二十三号（广州一九二四年八月二十日）

准任张子丹职务令

（一九二四年八月七日）

大元帅令

　　大本营会计司司长黄昌谷呈请任命张子丹为统计科主任。应照准。此令。

（中华民国陆海军大元帅之印）
中华民国十三年八月七日

据大本营秘书处编《陆海军大元帅大本营公报》第二十三号（广州一九二四年八月二十日）

委派胡谦兼职令

（一九二四年八月七日）

令军政部次长胡谦暂行兼理广九军车处事宜，酌量整顿，以利戎机。

据《广州民国日报》一九二四年八月八日《胡谦兼任军车管理处》

准任陆耀文林凤生职务令

（一九二四年八月八日）

大元帅令

经界局督办古应芬呈请任命陆耀文为经界局调查处处长、林凤生为经界局测丈处处长。均照准。此令。

（中华民国陆海军大元帅之印）
中华民国十三年八月八日
据大本营秘书处编《陆海军大元帅大本营公报》第二十三号（广州一九二四年八月二十日）

委派胡汉民等职务令

（一九二四年八月八日）

大元帅令

派胡汉民、叶恭绰、廖仲恺、邓泽如、林云陔、孙科，宋子文为中央银行董事。此令。

（中华民国陆海军大元帅之印）
中华民国十三年八月八日

据大本营秘书处编《陆海军大元帅大本营公报》第二十三号（广州一九二四年八月二十日）

任命林丽生职务令

（一九二四年八月八日）①

任命林丽生为中央银行副行长。此令。

据《广州民国日报》一九二四年八月八日《大元帅命令》

任命陈光组陈威廉职务令

（一九二四年八月八日）②

任命陈光组、陈威廉为大本营谘议。此令。

据《广州民国日报》一九二四年八月八日《大元帅命令》

---

① 此件标注时间系《广州民国日报》刊出日期。
② 此件标注时间系《广州民国日报》刊出日期。

委派杜墨林职务令

（一九二四年八月十一日）

大元帅令
　　派杜墨林为大本营出勤委员。此令。

（中华民国陆海军大元帅之印）

中华民国十三年八月十一日

据大本营秘书处编《陆海军大元帅大本营公报》第二十三号（广州一九二四年八月二十日）

任命梁龙职务令

（一九二四年八月十四日）

大元帅令
　　任命梁龙为大理院庭长。此令。

（中华民国陆海军大元帅之印）

中华民国十三年八月十四日

据大本营秘书处编《陆海军大元帅大本营公报》第二十三号（广州一九二四年八月二十日）

委派胡汉民等任务令

（一九二四年八月十六日）

派胡汉民、伍朝枢、廖仲恺、卢兴、傅秉常审查哪威①运载军火船案。此令。

孙　文

中华民国十三年八月十六日

据澳门国父纪念馆影印件

准免沈欣吾徐承燠职务令

（一九二四年八月二十一日）

大元帅令

大本营财政部长叶恭绰呈请将该部秘书沈欣吾、佥事徐承燠免去本职。沈欣吾、徐承燠均准免本职。此令。

（中华民国陆海军大元帅之印）

中华民国十三年八月廿一日

据大本营秘书处编《陆海军大元帅大本营公报》第二十四号（广州一九二四年八月三十日）

---

① 哪威，即挪威。

准任胡奂职务令

（一九二四年八月二十一日）

大元帅令

　　大本营财政部长叶恭绰呈请任命胡奂为该部秘书。应照准。此令。

　　　　　　　　　　　　　　　（中华民国陆海军大元帅之印）

　　　　　　　　　　　　　　中华民国十三年八月廿一日

<small>据大本营秘书处编《陆海军大元帅大本营公报》第二十四号（广州一九二四年八月三十日）</small>

准任周骏声职务令

（一九二四年八月二十一日）

大元帅令

　　大本营财政部长叶恭绰呈请任命周骏声为佥事。应照准。此令。

　　　　　　　　　　　　　　　（中华民国陆海军大元帅之印）

　　　　　　　　　　　　　　中华民国十三年八月廿一日

<small>据大本营秘书处编《陆海军大元帅大本营公报》第二十四号（广州一九二四年八月三十日）</small>

免卢振柳职务令

（一九二四年八月二十三日）

大元帅令

兼大本营卫士队长卢振柳另有任用，应免兼职。此令。

（中华民国陆海军大元帅之印）

中华民国十三年八月廿三日

据大本营秘书处编《陆海军大元帅大本营公报》第二十四号（广州一九二四年八月三十日）

任命邓彦华职务令

（一九二四年八月二十三日）

大元帅令

任命邓彦华为大本营卫士队队长。此令。

（中华民国陆海军大元帅之印）

中华民国十三年八月廿三日

据大本营秘书处编《陆海军大元帅大本营公报》第二十四号（广州一九二四年八月三十日）

特派杨希闵等职务令

（一九二四年八月二十三日）①

特派杨希闵、谭延恺〔闿〕、许崇智、刘震寰、樊钟秀为大本营军事委员会委员。此令。

据《广州民国日报》一九二四年八月二十三日《大元帅命令》

特派胡汉民等职务令

（一九二四年八月二十三日）②

特派胡汉民、廖仲恺、伍朝枢为大本营军事委员会委员。此令。

据《广州民国日报》一九二四年八月二十三日《大元帅命令》

委派陈兴汉职务令

（一九二四年八月二十五日）

大元帅令

派陈兴汉管理粤汉铁路事务。此令。

（中华民国陆海军大元帅之印）

中华民国十三年八月廿五日

据大本营秘书处编《陆海军大元帅大本营公报》第二十四号（广州一九二四年八月三十日）

---

① 原令未标注日期，时间依《广州民国日报》刊出日期。
② 原令未标注日期，时间依《广州民国日报》刊出日期。

准郑洪年辞职令

（一九二四年八月二十七日）

大元帅令

大本营财政部长兼盐务督办叶恭绰呈：兼盐务署署长郑洪年恳请辞职。郑洪年准免兼职。此令。

（中华民国陆海军大元帅之印）

中华民国十三年八月廿七日

据大本营秘书处编《陆海军大元帅大本营公报》第二十四号（广州一九二四年八月三十日）

准免黄建勋黄仕强职务令

（一九二四年八月二十七日）

大元帅令

大本营财政部长叶恭绰呈：参事黄建勋、中央税捐整理处处长黄仕强另有任用，请免本职。黄建勋、黄仕强均准免本职。此令。

（中华民国陆海军大元帅之印）

中华民国十三年八月廿七日

据大本营秘书处编《陆海军大元帅大本营公报》第二十四号（广州一九二四年八月三十日）

任命黄仕强职务令

(一九二四年八月二十七日)

大元帅令

　　任命黄仕强为大本营财政部参事。此令。

　　　　　　　　　　　　　　　（中华民国陆海军大元帅之印）

　　　　　　　　　　　　　　　中华民国十三年八月廿七日

　　　　　　　据大本营秘书处编《陆海军大元帅大本营公报》第二十四
　　　　　　　号(广州一九二四年八月三十日)

任命黄建勋职务令

(一九二四年八月二十七日)

大元帅令

　　任命黄建勋为盐务署署长。此令。

　　　　　　　　　　　　　　　（中华民国陆海军大元帅之印）

　　　　　　　　　　　　　　　中华民国十三年八月廿七日

　　　　　　　据大本营秘书处编《陆海军大元帅大本营公报》第二十四
　　　　　　　号(广州一九二四年八月三十日)

委派蒋介石等职务令

(一九二四年八月二十七日)

大元帅令

　　派蒋介石、马超俊、李章达、谭平山、宋子文、孙科、甘乃光为平粜局委员。此令。

> 孙　文
>
> 中华民国十三年八月廿七日

据谭延闿编《总理遗墨》第三辑(印行时间不详,广东省社会科学院藏)

任命邓彦华职务令

(一九二四年八月二十八日)

大元帅令

　　任命邓彦华为大本营参军。此令。

> (中华民国陆海军大元帅之印)
>
> 中华民国十三年八月二十八日

据大本营秘书处编《陆海军大元帅大本营公报》第二十四号(广州一九二四年八月三十日)

准鲁涤平辞职令

(一九二四年八月三十日)

大元帅令

　　禁烟督办鲁涤平呈请辞职。鲁涤平准免本职。此令。

> (中华民国陆海军大元帅之印)
>
> 中华民国十三年八月三十日

据大本营秘书处编《陆海军大元帅大本营公报》第二十四号(广州一九二四年八月三十日)

特派谢国光职务令

（一九二四年八月三十日）

大元帅令

特派谢国光为禁烟督办。此令。

（中华民国陆海军大元帅之印）

中华民国十三年八月三十日

据大本营秘书处编《陆海军大元帅大本营公报》第二十四号（广州一九二四年八月三十日）

委派李卓峰等职务令

（一九二四年九月一日）

大元帅令

李卓峰、伍大光、谢适群、徐希元、林子峰、陆敬科、薛锦标、徐绍楙为铜鼓开埠筹备委员。此令。

（中华民国陆海军大元帅之印）

中华民国十三年九月一日

据大本营秘书处编《陆海军大元帅大本营公报》第二十五号（广州一九二四年九月十日）

特派谢国光职务状

（一九二四年九月二日）①

特派谢国光为禁烟督办。此状。

据《广州民国日报》一九二四年九月五日《谢国光就职通电》

准龙廷杰等辞职令

（一九二四年九月四日）

大元帅令

　　禁烟督办鲁涤平呈：督察处第一科科长龙廷杰、秘书朱剑凡、鲁岱恳请辞职。均照准。此令。

（中华民国陆海军大元帅之印）
中华民国十三年九月四日
据大本营秘书处编《陆海军大元帅大本营公报》第二十五号（广州一九二四年九月十日）

准雷飚缪笠仁辞职令

（一九二四年九月四日）

大元帅令

　　禁烟督办鲁涤平呈：总务厅厅长雷飚、督察处处长缪笠仁恳请辞职。雷

---

① 此件所标时间为谢国光就职日期。

飚、缪笠仁均准免本职。此令。

（中华民国陆海军大元帅之印）

中华民国十三年九月四日

据大本营秘书处编《陆海军大元帅大本营公报》第二十五号（广州一九二四年九月十日）

任命马素职务令

（一九二四年九月五日）

大元帅令

　　任命马素为秘书，专理对外宣传事宜（每月薪俸五百元）。此令。

孙　文

中华民国十三年九月五日

据谭延闿编《总理遗墨》第三辑（印行时间不详，广东省社会科学院藏）

委派吴煦泉职务令

（一九二四年九月五日）

大元帅令

　　派吴煦泉为大本营出勤委员。此令。

（中华民国陆海军大元帅之印）

中华民国十三年九月五日

据大本营秘书处编《陆海军大元帅大本营公报》第二十五号（广州一九二四年九月十日）

委派陈宜禧职务令

（一九二四年九月六日）

大元帅令

　　派陈宜禧为筹办铜鼓商埠委员。此令。

孙　文
中华民国十三年九月六日

据谭延闿编《总理遗墨》第三辑（印行时间不详，广东省社会科学院藏）

免冯伟职务令

（一九二四年九月六日）

大元帅令

　　广东无线电报总局局长冯伟另有任用，庶〔应〕免本职。此令。

（中华民国陆海军大元帅之印）
中华民国十三年九月六日

据大本营秘书处编《陆海军大元帅大本营公报》第二十五号（广州一九二四年九月十日）

任命马素职务令①

（一九二四年九月六日）

大元帅令

　　任命马素为大本营秘书。此令。

　　　　　　　　　　　　　　（中华民国陆海军大元帅之印）
　　　　　　　　　　　　　　中华民国十三年九月六日

　　　　　　据大本营秘书处编《陆海军大元帅大本营公报》第二十五号（广州一九二四年九月十日）

任命江天柱职务令

（一九二四年九月八日）

大元帅令

　　任命江天柱为北伐讨贼军第四军参谋长。此令。

　　　　　　　　　　　　　　（中华民国陆海军大元帅之印）
　　　　　　　　　　　　　　中华民国十三年九月八日

　　　　　　据大本营秘书处编《陆海军大元帅大本营公报》第二十五号（广州一九二四年九月十日）

---

① 此件与9月5日《任命马素职务令》为同题异文，日期有异，故并存。

免李伯恺职务令

（一九二四年九月八日）

大元帅令

　　大本营秘书李伯恺另有任用，应免本职。此令。

　　　　　　　　　　　　　　　　（中华民国陆海军大元帅之印）
　　　　　　　　　　　　　　　　中华民国十三年九月八日

　　　　　据大本营秘书处编《陆海军大元帅大本营公报》第二十六号（广州一九二四年九月二十日）

委派李伯恺职务令

（一九二四年九月八日）

大元帅令

　　派李伯恺为大本营宣传委员。此令。

　　　　　　　　　　　　　　　　（中华民国陆海军大元帅之印）
　　　　　　　　　　　　　　　　中华民国十三年九月八日

　　　　　据大本营秘书处编《陆海军大元帅大本营公报》第二十六号（广州一九二四年九月二十日）

委派谢国光陈兴汉职务令

（一九二四年九月九日）

大元帅令

　　派谢国光、陈兴汉为财政委员会委员。此令。

　　　　　　　　　　　　　　　（中华民国陆海军大元帅之印）

　　　　　　　　　　　　　　　中华民国十三年九月九日

　　　　　据大本营秘书处编《陆海军大元帅大本营公报》第二十六号（广州一九二四年九月二十日）

任命高冠吾职务令

（一九二四年九月十日）

大元帅令

　　任命高冠吾为大本营谘议。此令。

　　　　　　　　　　　　　　　（中华民国陆海军大元帅之印）

　　　　　　　　　　　　　　　中华民国十三年九月十日

　　　　　据大本营秘书处编《陆海军大元帅大本营公报》第二十六号（广州一九二四年九月二十日）

指派叶恭绰职务令

（一九二四年九月十日）

指派叶恭绰为驻浙江代表，俾遇事便于磋商，并将浙方情形随时报告，以利进行。

据《广州民国日报》1924年9月11日《浙江代表之批派》

免廖仲恺职务令

（一九二四年九月十二日）

大元帅令

广东省长廖仲恺另有任用，应免本职。此令。

（中华民国陆海军大元帅之印）
中华民国十三年九月十二日

据大本营秘书处编《陆海军大元帅大本营公报》第二十六号（广州一九二四年九月二十日）

特任胡汉民兼职令

（一九二四年九月十二日）

大元帅令

特任胡汉民兼广东省长。此令。

（中华民国陆海军大元帅之印）
中华民国十三年九月十二日

据大本营秘书处编《陆海军大元帅大本营公报》第二十六号（广州一九二四年九月二十日）

免叶恭绰职务令

（一九二四年九月十二日）

大元帅令

　　大本营财政部长叶恭绰另有任用，应免本职。此令。

　　　　　　　　　　　　　　　（中华民国陆海军大元帅之印）

　　　　　　　　　　　　　　　中华民国十三年九月十二日

　　　　　据大本营秘书处编《陆海军大元帅大本营公报》第二十六号（广州一九二四年九月二十日）

特任廖仲恺职务令

（一九二四年九月十二日）

大元帅令

　　特任廖仲恺为大本营财政部长。此令。

　　　　　　　　　　　　　　　（中华民国陆海军大元帅之印）

　　　　　　　　　　　　　　　中华民国十三年九月十二日

　　　　　据大本营秘书处编《陆海军大元帅大本营公报》第二十六号（广州一九二四年九月二十日）

特任廖仲恺兼职令

（一九二四年九月十二日）

大元帅令
　　特任廖仲恺兼军需总监。此令。

（中华民国陆海军大元帅之印）
中华民国十三年九月十二日

据大本营秘书处编《陆海军大元帅大本营公报》第二十六号（广州一九二四年九月二十日）

准任黄裳等职务令

（一九二四年九月十二日）

大元帅令
　　禁烟督办谢国光呈请任命黄裳为第一科科长，张縠为第二科科长，吴家麟为第三科科长，王冕琳为第四科科长，钟忠为第五科科长。均照准。此令。

（中华民国陆海军大元帅之印）
中华民国十三年九月十二日

据大本营秘书处编《陆海军大元帅大本营公报》第二十六号（广州一九二四年九月二十日）

免谢无量职务令

（一九二四年九月十二日）

大元帅令

　　大本营特务秘书谢无量另有任用，应免本职。此令。

　　　　　　　　　　　　　　　（中华民国陆海军大元帅之印）

　　　　　　　　　　　　　　　　中华民国十三年九月十二日

　　　　　　据大本营秘书处编《陆海军大元帅大本营公报》第二十六号(广州一九二四年九月二十日)

任命谢无量职务令

（一九二四年九月十二日）

大元帅令

　　任命谢无量为大本营参议。此令。

　　　　　　　　　　　　　　　（中华民国陆海军大元帅之印）

　　　　　　　　　　　　　　　　中华民国十三年九月十二日

　　　　　　据大本营秘书处编《陆海军大元帅大本营公报》第二十六号(广州一九二四年九月二十日)

准陈其瑗辞职令

（一九二四年九月十二日）

大元帅令

　　广东财政厅长陈其瑗呈请辞职。陈其瑗准免本职。此令。

（中华民国陆海军大元帅之印）

中华民国十三年九月十二日

据大本营秘书处编《陆海军大元帅大本营公报》第二十六号(广州一九二四年九月二十日)

着廖仲恺兼职令

（一九二四年九月十二日）

大元帅令

　　广东财政厅长着廖仲恺兼领。此令。

（中华民国陆海军大元帅之印）

中华民国十三年九月十二日

据大本营秘书处编《陆海军大元帅大本营公报》第二十六号(广州一九二四年九月二十日)

给吴铁城的命令

（一九二四年九月十二日）①

着吴铁城兼理大本营参军处事宜。

据《广州民国日报》一九二四年九月十九日《吴铁城兼任参军处》

特派胡汉民代职令

（一九二四年九月十三日）

大元帅令

　　本大元帅现在出师北伐，特派大本营总参议胡汉民留守广东，代行大元帅职权。此令。

（中华民国陆海军大元帅之印）
中华民国十三年九月十三日
据大本营秘书处编《陆海军大元帅大本营公报》第二十六号（广州一九二四年九月二十日）

准陈树人辞职令

（一九二四年九月十五日）

大元帅令

　　广东省长廖仲恺呈：广东政务厅厅长陈树人恳请辞职。陈树人准免本

---

① 此件所标时间系据9月19日《广州民国日报》云"吴铁城……九月十二日奉大元帅令开"确定。

职。此令。

          （中华民国陆海军大元帅之印）
           中华民国十三年九月十五日

据大本营秘书处编《陆海军大元帅大本营公报》第二十六号（广州一九二四年九月二十日）

任命李文范职务令

（一九二四年九月十五日）

大元帅令

  任命李文范为广东政务厅厅长。此令。

          （中华民国陆海军大元帅之印）
           中华民国十三年九月十五日

据大本营秘书处编《陆海军大元帅大本营公报》第二十六号（广州一九二四年九月二十日）

任命林云陔职务令

（一九二四年九月十五日）

大元帅令

  任命林云陔为大本营秘书。此令。

          （中华民国陆海军大元帅之印）
           中华民国十三年九月十五日

据大本营秘书处编《陆海军大元帅大本营公报》第二十六号（广州一九二四年九月二十日）

前赴韶关督师时的命令

（一九二四年九月十五日）①

（一）胡汉民充广东省长，孙文出征中署理其职权；（二）廖仲恺财政部长兼中央军事总监并财政厅长；（三）李福林充临时广州市长；（四）李朗如充代理保安局长。

据长沙《大公报》一九二四年九月二十日《快信摘要——十五日广东电》

任命祁耿寰陈民钟职务令

（一九二四年九月十六日）

大元帅令

任命祁耿寰、陈民钟为大本营参军。此令。

（中华民国陆海军大元帅之印）

中华民国十三年九月十六日

据大本营秘书处编《陆海军大元帅大本营公报》第二十六号（广州一九二四年九月二十日）

---

① 此件所标时间为长沙《大公报》载的电讯时间。

任命余维谦职务令

(一九二四年九月十六日)

大元帅令

　　任命余维谦为大本营参谋处军事参议。此令。

(中华民国陆海军大元帅之印)

中华民国十三年九月十六日

据大本营秘书处编《陆海军大元帅大本营公报》第二十六号(广州一九二四年九月二十日)

准免戴恩赛职务令

(一九二四年九月十六日)

大元帅令

　　梧州关监督兼外交部特派广西交涉员戴恩赛准免本、兼各职。此令。

(中华民国陆海军大元帅之印)

中华民国十三年九月十六日

据大本营秘书处编《陆海军大元帅大本营公报》第二十六号(广州一九二四年九月二十日)

任命林子峰职务令

(一九二四年九月十六日)

大元帅令

　　任命林子峰为梧州关监督兼外交部特派广西交涉员。此令。

（中华民国陆海军大元帅之印）

中华民国十三年九月十六日

据大本营秘书处编《陆海军大元帅大本营公报》第二十六号（广州一九二四年九月二十日）

着余维谦兼职令

（一九二四年九月十六日）

大元帅令

　　蒋尊簋现在告假，大本营参谋处主任着以该处军事参议余维谦暂行兼代。此令。

（中华民国陆海军大元帅之印）

中华民国十三年九月十六日

据大本营秘书处编《陆海军大元帅大本营公报》第二十六号（广州一九二四年九月二十日）

准任徐天深等职务令

（一九二四年九月十七日）

大元帅令

　　兼理大本营参军处事宜吴铁城呈请任命徐天深为大本营参军处上校副官，王焕龙、林志华、吴良、吴雅觉为大本营参军处少校副官。均照准。此令。

（中华民国陆海军大元帅之印）

中华民国十三年九月十七日

据大本营秘书处编《陆海军大元帅大本营公报》第二十六号（广州一九二四年九月二十日）

准任蔡汉升职务令

（一九二四年九月十九日）

大元帅令

　　兼理大本营参军处事宜吴铁城呈请任命蔡汉升为大本营运输委员。应照准。此令。

（中华民国陆海军大元帅之印）
中华民国十三年九月十九日

据大本营秘书处编《陆海军大元帅大本营公报》第二十六号（广州一九二四年九月二十日）

准廖仲恺辞职令

（一九二四年九月二十三日）

大元帅令

　　大本营财政部长兼领广东财政厅厅长廖仲恺呈请辞职。廖仲恺准免本、兼各职。此令。

（中华民国陆海军大元帅之印）
中华民国十三年九月廿三日

据大本营秘书处编《陆海军大元帅大本营公报》第二十七号（广州一九二四年九月三十日）

准廖仲恺辞职令

（一九二四年九月二十三日）

大元帅令

　　军需总监廖仲恺呈请辞职。廖仲恺准免本职。此令。

（中华民国陆海军大元帅之印）

中华民国十三年九月廿三日

据大本营秘书处编《陆海军大元帅大本营公报》第二十七号（广州一九二四年九月三十日）

特任古应芬职务令

（一九二四年九月二十三日）①

大元帅令

　　特任古应芬为军需总监。此令。

（中华民国陆海军大元帅之印）

中华民国十三年九月廿三日

据大本营秘书处编《陆海军大元帅大本营公报》第二十七号（广州一九二四年九月三十日）

---

① 本件谭延闿编《总理遗墨》第三辑收有影印原稿，日期为9月22日。

特任古应芬职务令

（一九二四年九月二十三日）①

大元帅令

特任古应芬为大本营财政部长兼领广东财政厅长。此令。

（中华民国陆海军大元帅之印）

中华民国十三年九月廿三日

据大本营秘书处编《陆海军大元帅大本营公报》第二十七号（广州一九二四年九月三十日）

准杨志章辞职令

（一九二四年九月二十三日）

大元帅令

大本营财政部长叶恭绰呈：秘书杨志章恳请辞职。应照准。此令。

（中华民国陆海军大元帅之印）

中华民国十三年九月廿三日

据大本营秘书处编《陆海军大元帅大本营公报》第二十七号（广州一九二四年九月三十日）

---

① 本件谭延闿编《总理遗墨》第三辑收有影印原稿，日期标为9月22日。

准任黄乃镛职务令

（一九二四年九月二十三日）

大元帅令

  大本营财政部长叶恭绰呈请任命黄乃镛为秘书。应照准。此令。

（中华民国陆海军大元帅之印）
中华民国十三年九月廿三日

据大本营秘书处编《陆海军大元帅大本营公报》第二十七号（广州一九二四年九月三十日）

给李明扬等的命令

（一九二四年九月二十四日）①

  孙文指令李明扬、董福开归卢师谛节制，任卢〈为〉北伐赣军总司令。

（中华民国陆海军大元帅之印）
中华民国十三年九月廿三日

据长沙《大公报》一九二四年九月二十四日《快信摘要》

给曾西盛的指令

（一九二四年九月二十五日）

大元帅指令第一〇五七号

  令安抚委员曾西盛

---

① 此件所标时间为长沙《大公报》刊出时间。

呈请辞职由

呈悉。准予辞职。此令。

（中华民国陆海军大元帅之印）

中华民国十三年九月廿五日

据大本营秘书处编《陆海军大元帅大本营公报》第二十七号（广州一九二四年九月三十日）

委派徐天琛①谭平山职务令

（一九二四年九月二十六日）

核准成立工农团军联合办事处，派大本营参军处副官徐天琛为该处主任。

核准《大本营政治训练部组织大纲》十四条，批准成立大本营政治训练部，派谭平山专任政治宣传与训练事务。

据《广州民国日报》一九二四年九月二十七、二十九日《大元帅北征记》

任命赖天球职务令

（一九二四年九月二十七日）

大元帅令

任命赖天球为大本营参谋处谍报局局长。此令。

（中华民国陆海军大元帅之印）

中华民国十三年九月廿七日

据大本营秘书处编《陆海军大元帅大本营公报》第二十七号（广州一九二四年九月三十日）

---

① 徐天琛，即徐天深。

准任张惠臣毛如璋职务令

（一九二四年九月二十八日）

大元帅令

兼理大本营参军处事宜吴铁城呈请任命张惠臣、毛如璋为大本营参军处三等军医正。均照准。此令。

（中华民国陆海军大元帅之印）

中华民国十三年九月廿八日

据大本营秘书处编《陆海军大元帅大本营公报》第二十七号（广州一九二四年九月三十日）

特任张开儒职务令

（一九二四年九月二十九日）

大元帅令

特任张开儒为大本营高等顾问。此令。

（中华民国陆海军大元帅之印）

中华民国十三年九月廿九日

据大本营秘书处编《陆海军大元帅大本营公报》第二十七号（广州一九二四年九月三十日）

任命方声涛职务令

（一九二四年九月三十日）①

简〈任〉建国军福建总司令方声涛代理参谋部长。

据《广州民国日报》一九二四年九月三十日《方声涛代理参谋部长》

任命冯宝森练炳章职务令

（一九二四年九月三十日）

大元帅令

任命冯宝森为粤军第一军军司令部参谋长②，练炳章为粤军第三军军司令部参谋长。此令。

（中华民国陆海军大元帅之印）
中华民国十三年九月三十日
据大本营秘书处编《陆海军大元帅大本营公报》第二十七号（广州一九二四年九月三十日）

---

① 此件所标时间系《广州民国日报》发表日期。
② 参谋长，指陆海军大元帅大本营参谋部长。

特任方声涛职务令

（一九二四年十月四日）

大元帅令

  特任方声涛代理大本营参谋长。此令。

             （中华民国陆海军大元帅之印）

              中华民国十三年十月四日

据大本营秘书处编《陆海军大元帅大本营公报》第二十八号（广州一九二四年十月十日）

特任谭延闿职务令

（一九二四年十月六日）

大元帅令

  特任谭延闿兼建国军北伐总司令。此令。

             （中华民国陆海军大元帅之印）

              中华民国十三年十月六日

据大本营秘书处编《陆海军大元帅大本营公报》第二十八号（广州一九二四年十月十日）

特任程潜职务令

（一九二四年十月六日）

大元帅令

  特任程潜为建国军攻鄂总司令。此令。

（中华民国陆海军大元帅之印）
中华民国十三年十月六日

据大本营秘书处编《陆海军大元帅大本营公报》第二十八号（广州一九二四年十月十日）

任命孔绍尧职务令

（一九二四年十月六日）

大元帅令

  任命孔绍尧为赣南善后委员会委员长。此令。

（中华民国陆海军大元帅之印）
中华民国十三年十月六日

据大本营秘书处编《陆海军大元帅大本营公报》第二十八号（广州一九二四年十月十日）

任命林支宇职务令

（一九二四年十月八日）

大元帅令

  任命林支宇为赣鄂宣抚使。此令。

（中华民国陆海军大元帅之印）
中华民国十三年十月八日

据大本营秘书处编《陆海军大元帅大本营公报》第二十八号（广州一九二四年十月十日）

准任谭璟等职务令

（一九二四年十月八日）

大元帅令

  禁烟督办谢国光呈请任命谭璟、曹惠、刘笃培、刘况许、邓岱峻、郑鸿鉴为秘书。均照准。此令。

（中华民国陆海军大元帅之印）
中华民国十三年十月八日

据大本营秘书处编《陆海军大元帅大本营公报》第二十八号（广州一九二四年十月十日）

特任古应芬兼职令

（一九二四年十月九日）

大元帅令

  特任古应芬兼盐务督办。此令。

（中华民国陆海军大元帅之印）
中华民国十三年十月九日

据大本营秘书处编《陆海军大元帅大本营公报》第二十八号（广州一九二四年十月十日）

特任许崇智职务令

（一九二四年十月九日）

大元帅令

  特任许崇智兼大本营军政部长。此令。

（中华民国陆海军大元帅之印）
中华民国十三年十月九日

据大本营秘书处编《陆海军大元帅大本营公报》第二十八号（广州一九二四年十月十日）

准任叶次周等职务令

（一九二四年十月九日）

大元帅令

  大本营财政部长古应芬呈请任命叶次周为秘书，廖朗如、刘秉纲为科长。均照准。此令。

(中华民国陆海军大元帅之印)

中华民国十三年十月九日

据大本营秘书处编《陆海军大元帅大本营公报》第二十八号(广州一九二四年十月十日)

准任岑念慈职务令

(一九二四年十月九日)

大元帅令

大本营财政部长古应芬呈请任命岑念慈为秘书。应照准。此令。

(中华民国陆海军大元帅之印)

中华民国十三年十月九日

据大本营秘书处编《陆海军大元帅大本营公报》第二十八号(广州一九二四年十月十日)

免郑洪年职务令

(一九二四年十月九日)

大元帅令

大本营财政部次长兼盐务署署长郑洪年另有任用,应免本、兼各职。此令。

(中华民国陆海军大元帅之印)

中华民国十三年十月九日

据大本营秘书处编《陆海军大元帅大本营公报》第二十八号(广州一九二四年十月十日)

任命林云陔职务令

（一九二四年十月九日）

大元帅令

　　任命林云陔兼代大本营财政部次长兼盐务署署长。此令。

　　　　　　　　　　　　　　　（中华民国陆海军大元帅之印）

　　　　　　　　　　　　　　　中华民国十三年十月九日

　　　　　　　据大本营秘书处编《陆海军大元帅大本营公报》第二十八号（广州一九二四年十月十日）

免胡谦职务令

（一九二四年十月九日）

大元帅令

　　大本营军政部军务局长胡谦另有任用，应免本职，并免代理大本营军政部次长职务。此令。

　　　　　　　　　　　　　　　（中华民国陆海军大元帅之印）

　　　　　　　　　　　　　　　中华民国十三年十月九日

　　　　　　　据大本营秘书处编《陆海军大元帅大本营公报》第二十八号（广州一九二四年十月十日）

免程潜职务令

（一九二四年十月九日）

大元帅令

　　大本营军政部长程潜另有任用，着免本职。此令。

　　　　　　　　　　　　　　（中华民国陆海军大元帅之印）

　　　　　　　　　　　　　　中华民国十三年十月九日

据大本营秘书处编《陆海军大元帅大本营公报》第二十八号（广州一九二四年十月十日）

准胡鲁等辞职令

（一九二四年十月九日）

大元帅令

　　大本营财政部长叶恭绰呈：秘书胡鲁、陈敬汉、黄乃镛、佥事鲍荣呈请辞职。均照准。此令。

　　　　　　　　　　　　　　（中华民国陆海军大元帅之印）

　　　　　　　　　　　　　　中华民国十三年十月九日

据大本营秘书处编《陆海军大元帅大本营公报》第二十八号（广州一九二四年十月十日）

免叶恭绰职务令

（一九二四年十月九日）

大元帅令

　　兼盐务督办叶恭绰另有任用，应免本职。此令。

（中华民国陆海军大元帅之印）
中华民国十三年十月九日

据大本营秘书处编《陆海军大元帅大本营公报》第二十八号（广州一九二四年十月十日）

准李承翼辞职令

（一九二四年十月九日）

大元帅令

　　大本营财政部长叶恭绰呈：泉币局局长李承翼呈请辞职。李承翼准免本职。此令。

（中华民国陆海军大元帅之印）
中华民国十三年十月九日

据大本营秘书处编《陆海军大元帅大本营公报》第二十八号（广州一九二四年十月十日）

给鲍罗庭的聘任状

（一九二四年十月十一日）

大元帅令

聘任鲍罗庭为革命委员会顾问，遇本会长缺席时得有表决权。此状。

会长 孙 文

中华民国十三年十月十一日

据广东孙中山故居藏原件影印

免傅秉常兼职令

（一九二四年十月十一日）

兼任海关监督傅秉常着免兼职。此令。

孙 文

中华民国十三年十月十一日

据秦孝仪主编《国父全集》第九册（台北近代中国出版社一九八九年版）

任命罗桂芳职务令

（一九二四年十月十一日）

命罗桂芳为海关监督。此令。

孙 文

中华民国十三年十月十一日

据秦孝仪主编《国父全集》第九册（台北近代中国出版社一九八九年版）

委派陈友仁等职务令

（一九二四年十月十一日）

大元帅令

　　派陈友仁、宋子文、罗桂芳为收取关余全权委员。此令。

孙　文

中华民国十三年十月十一日

据谭延闿编《总理遗墨》第三辑（印行时间不详，广东省社会科学院藏）

特派许崇智等职务令

（一九二四年十月十一日）

大元帅令

　　特派许崇智、廖仲恺、汪精卫、蒋中正、陈友仁、谭平山为革命委员会全权委员。此令。

会长　孙　文

中华民国十三年十月十一日

据《孙中山先生墨迹》（河北人民出版社一九八六年版）

给胡汉民的指令

（一九二四年十月十一日）

大元帅指令第二〇〇六号

　　令广东省长胡汉民

　　呈为转呈李文范就政务厅长职，请鉴核由

呈悉。此令。

（中华民国陆海军大元帅之印）

中华民国十三年十月十一日

据大本营秘书处编《陆海军大元帅大本营公报》第二十九号（广州一九二四年十月二十日）

准黄松俦升任令

（一九二四年十月十二日）

大元帅令

兼理大本营参军处事宜吴铁城呈请以参军处上尉差遣黄松俦升充少校副官，应照准。此令。

（中华民国陆海军大元帅之印）

中华民国十三年十月十二日

据大本营秘书处编《陆海军大元帅大本营公报》第二十九号（广州一九二四年十月二十日）

准免黄梦熊职务令

（一九二四年十月十二日）

大元帅令

兼理大本营参军处事宜吴铁城呈：上校副官黄梦熊调省任用，请免本职。应照准。此令。

（中华民国陆海军大元帅之印）

中华民国十三年十月十二日

据大本营秘书处编《陆海军大元帅大本营公报》第二十九号（广州一九二四年十月二十日）

任命宋鹤庚等职务令

（一九二四年十月十三日）

大元帅令

　　任命宋鹤庚为建国军北伐中央总指挥，朱培德为建国军北伐左翼总指挥，卢师谛为建国军北伐右翼总指挥，樊钟秀为建国军北伐先遣队总指挥。此令。

（中华民国陆海军大元帅之印）

中华民国十三年十月十三日

据大本营秘书处编《陆海军大元帅大本营公报》第二十九号（广州一九二四年十月二十日）

任命何成濬等职务令

（一九二四年十月十三日）

大元帅令

　　任命何成濬兼建国军北伐总司令部参谋长，张翼鹏为建国军北伐中央总指挥部参谋长，黄实兼建国军北伐左翼总指挥部参谋长，那其仁兼建国军北伐右翼总指挥部参谋长，朝持箴兼建国军北伐先遣队总指挥部参谋长。此令。

（中华民国陆海军大元帅之印）

中华民国十三年十月十三日

据大本营秘书处编《陆海军大元帅大本营公报》第二十九号（广州一九二四年十月二十日）

准王焕龙辞职令

（一九二四年十月十三日）

大元帅令

　　兼理大本营参军处事宜吴铁城呈：少校副官王焕龙呈请辞职。应照准。此令。

（中华民国陆海军大元帅之印）

中华民国十三年十月十三日

据大本营秘书处编《陆海军大元帅大本营公报》第二十九号（广州一九二四年十月二十日）

给黎泽阊的指令

（一九二四年十月十三日）

大元帅指令第二〇九号

　　令广东地方善后委员黎泽阊

　　呈请辞职由

　　呈悉。照准。此令。

（中华民国陆海军大元帅之印）

中华民国十三年十月十三日

据大本营秘书处编《陆海军大元帅大本营公报》第二十九号（广州一九二四年十月二十日）

任命曾杰职务令

（一九二四年十月十四日）

大元帅令

　　任命曾杰为赣边先遣队司令。此令。

（中华民国陆海军大元帅之印）
中华民国十三年十月十四日

据大本营秘书处编《陆海军大元帅大本营公报》第二十九号(广州一九二四年十月二十日)

任命井岳秀职务状

（一九二四年十月十四日）

任命状

　　任命井岳秀为中央直辖陕西讨贼军临时总指挥。此状。

孙　文
中华民国十三年十月十四日

据"中华民国"史画编纂小组编《中华民国史画》第一册（台北近代中国出版社一九七八年版）

准傅秉常辞职令

（一九二四年十月十五日）

大元帅令

　　粤海关监督傅秉常呈请辞职，傅秉常准免本职。此令。

中华民国十三年十月十五日

据大本营秘书处编《陆海军大元帅大本营公报》第二十九号（广州一九二四年十月二十日）

任命罗桂芳职务令

（一九二四年十月十五日）

大元帅令

　　任命罗桂芳为粤海关监督。此令。

中华民国十三年十月十五日

据大本营秘书处编《陆海军大元帅大本营公报》第二十九号（广州一九二四年十月二十日）

委派吴枬职务令

（一九二四年十月十五日）

大元帅令

　　派吴枬为广东西江十九县禁烟总局局长。此令。

（中华民国陆海军大元帅之印）
中华民国十三年十月十五日

据大本营秘书处编《陆海军大元帅大本营公报》第二十九号（广州一九二四年十月二十日）

任命何成濬职务令

（一九二四年十月十八日）

大元帅令

任命何成濬为湖北招讨使。此令。

（中华民国陆海军大元帅之印）

中华民国十三年十月十八日

据大本营秘书处编《陆海军大元帅大本营公报》第二十九号（广州一九二四年十月二十日）

任命张继等职务令

（一九二四年十月十九日）①

任张继、王用宾、刘守中、续桐溪、焦易堂为军事委员。

据罗家伦主编《国父年谱》增订本下册（台北一九六九年版）

特派徐谦等职务令

（一九二四年十月十九日）②

特派徐谦为冯军③慰问使，续桐溪为陕军慰问使，王用宾为直军慰

---

① 此件所标时间系据《国父年谱》增订本。
② 此件所标时间系据《国父年谱》增订本。
③ 冯军，即冯玉祥部队。

问使。

据罗家伦主编《国父年谱》增订本下册（台北一九六九年版）

委派章烈职务令

（一九二四年十月二十日）

大元帅令

　　派章烈为大本营出勤委员。此令。

（中华民国陆海军大元帅之印）
中华民国十三年十月廿日

据大本营秘书处编《陆海军大元帅大本营公报》第二十九号（广州一九二四年十月二十日）

免马超俊职务令

（一九二四年十月二十日）

大元帅令

　　广东兵工厂厂长马超俊着即免职，听候查办。此令。

（中华民国陆海军大元帅之印）
中华民国十三年十月廿日

据大本营秘书处编《陆海军大元帅大本营公报》第二十九号（广州一九二四年十月二十日）

任命黄骚代职令

（一九二四年十月二十日）

大元帅令

  任命黄骚代理广东兵工厂厂长。此令。

           （中华民国陆海军大元帅之印）

             中华民国十三年十月廿日

据大本营秘书处编《陆海军大元帅大本营公报》第廿九号（广州一九二四年十月二十日）

准派李藩国职务令

（一九二四年十月二十日）

大元帅令

  大本营财政部长古应芬呈：据两广盐运使邓泽如呈请派李藩国为北江盐务督运处专员。应照准。此令。

           （中华民国陆海军大元帅之印）

             中华民国十三年十月廿日

据大本营秘书处编《陆海军大元帅大本营公报》第二十九号（广州一九二四年十月二十日）

准任陈翊忠等职务令

（一九二四年十月二十一日）

大元帅令

  赣南善后委员会委员长孔绍尧呈请任命陈翊忠、邱汉宗、谢寅、胡芳晖、刘锐、陈一炜、卢师撰为赣南善后委员会委员。应照准。此令。

（中华民国陆海军大元帅之印）

中华民国十三年十月廿一日

据大本营秘书处编《陆海军大元帅大本营公报》第三十号

（广州一九二四年十月三十日）

准免林志华职务令

（一九二四年十月二十一日）

大元帅令

　　兼理大本营参军处事宜吴铁城呈请将该处少校副官林志华免去本职。应照准。此令。

（中华民国陆海军大元帅之印）

中华民国十三年十月廿一日

据大本营秘书处编《陆海军大元帅大本营公报》第三十号

（广州一九二四年十月三十日）

准任陈言职务令

（一九二四年十月二十一日）

大元帅令

　　兼理大本营参军处事宜吴铁城呈请任命陈言为大本营参军处少校副官。应照准。此令。

（中华民国陆海军大元帅之印）

中华民国十三年十月廿一日

据大本营秘书处编《陆海军大元帅大本营公报》第三十号

（广州一九二四年十月三十日）

委派王棠代职状

（一九二四年十月二十一日）

派状：派王棠暂行代理粤汉铁路事务。此状。

中华民国十三年十月廿一日

据中国国民党中央文化传播委员会党史馆藏一般档案 051/180

晋授黄实职务令

（一九二四年十月二十一日）

大元帅令

黄实晋授陆军中将。此令。

（中华民国陆海军大元帅之印）

中华民国十三年十月廿一日

据大本营秘书处编《陆海军大元帅大本营公报》第三十号（广州一九二四年十月三十日）

准古应芬辞职令

（一九二四年十月二十一日）

大元帅令

兼军需总监古应芬呈请辞职。古应芬准免兼职。此令。

（中华民国陆海军大元帅之印）

中华民国十三年十月廿一日

据大本营秘书处编《陆海军大元帅大本营公报》第三十号（广州一九二四年十月三十日）

委派王用宾职务状

（一九二四年十月二十二日）

派状：派王用宾为直军慰问使。此状。

孙　文

中华民国十三年十月廿二日

据中国国民党中央文化传播委员会党史馆藏一般档案 051/185

任命李卓峰职务令

（一九二四年十月二十三日）

大元帅令

任命李卓峰代理大本营建设部次长，仍兼工商局局长。此令。

（中华民国陆海军大元帅之印）

中华民国十三年十月廿三日

据大本营秘书处编《陆海军大元帅大本营公报》第三十号（广州一九二四年十月三十日）

任命李铎等职务令

（一九二四年十月二十六日）

大元帅令

任命李铎为建国军攻鄂总司令部参谋处长，林祖涵为建国军攻鄂总司令部党务处长,王恒为建国军攻鄂总司令部秘书长,张振武为建国军攻鄂总司令部军务处长,宁坤为建国军攻鄂总司令部军需处长,黄培燮为建国军攻鄂总司令部副官长。此令。

（中华民国陆海军大元帅之印）

中华民国十三年十月廿六日

据大本营秘书处编《陆海军大元帅大本营公报》第三十号（广州一九二四年十月三十日）

特任胡谦职务令

（一九二四年十月二十七日）

大元帅令

特任胡谦为中央军需总监。此令。

（中华民国陆海军大元帅之印）

中华民国十三年十月廿七日

据大本营秘书处编《陆海军大元帅大本营公报》第三十号（广州一九二四年十月三十日）

免罗桂芳职务令

（一九二四年十一月一日）

大元帅令

粤海关监督罗桂芳着即免职。此令。

（中华民国陆海军大元帅之印）

中华民国十三年十一月一日

据大本营秘书处编《陆海军大元帅大本营公报》第三十一号（广州一九二四年十一月十日）

任命范其务职务令

（一九二四年十一月一日）

大元帅令

　　任命范其务为粤海关监督。此令。

（中华民国陆海军大元帅之印）
中华民国十三年十一月一日

据大本营秘书处编《陆海军大元帅大本营公报》第三十一号（广州一九二四年十一月十日）

技师郑校之交留守府任用令

（一九二四年十一月二日）

大本营技师郑校之着交留守府任用。此令。

孙　文
中华民国十三年十一月二日

据中国国民党中央文化传播委员会党史馆藏一般档案051/193

任命谢心准职务令

（一九二四年十一月二日）

大元帅令

  任命谢心准为大本营秘书（着专管电报事务）。此令。

孙　文
中华民国十三年十一月二日

据谭延闿编《总理遗墨》第三辑（印行时间不详，广东省社会科学院藏）

免黄昌谷职务令

（一九二四年十一月三日）

大元帅令

  大本营会计司司长黄昌谷另有任用，应免本职。此令。

（中华民国陆海军大元帅之印）
中华民国十三年十一月三日

据大本营秘书处编《陆海军大元帅大本营公报》第三十一号（广州一九二四年十一月十日）

任命黄昌谷职务令

（一九二四年十一月三日）

大元帅令

　　任命黄昌谷为大本营秘书。此令。

（中华民国陆海军大元帅之印）

中华民国十三年十一月三日

据大本营秘书处编《陆海军大元帅大本营公报》第三十一号（广州一九二四年十一月十日）

任命林直勉职务令

（一九二四年十一月三日）

大元帅令

　　任命林直勉兼大本营会计司司长。此令。

（中华民国陆海军大元帅之印）

中华民国十三年十一月三日

据大本营秘书处编《陆海军大元帅大本营公报》第三十一号（广州一九二四年十一月十日）

准徐绍桢辞职令

（一九二四年十一月三日）

大元帅令

　　大本营内政部长徐绍桢呈请辞职。徐绍桢准免本职。此令。

（中华民国陆海军大元帅之印）

中华民国十三年十一月三日

据大本营秘书处编《陆海军大元帅大本营公报》第三十一号（广州一九二四年十一月十日）

委派杨西岩代职令

（一九二四年十一月三日）

大元帅令

　　派大本营内政部次长杨西岩代理部务。此令。

（中华民国陆海军大元帅之印）

中华民国十三年十一月三日

据大本营秘书处编《陆海军大元帅大本营公报》第三十一号（广州一九二四年十一月十日）

着吴铁城兼职令

（一九二四年十一月三日）

大元帅令

　　着吴铁城兼代理卫队长。此令。

孙　文

中华民国十三年十一月三日

据谭延闿编《总理遗墨》第三辑（印行时间不详，广东省社会科学院藏）

委派张民达职务令

（一九二四年十一月四日）

大元帅令

　　派张民达兼广东兵工厂监督。此令。

（中华民国陆海军大元帅之印）

中华民国十三年十一月四日

据大本营秘书处编《陆海军大元帅大本营公报》第三十一号（广州一九二四年十一月十日）

特任刘震寰职务令

（一九二四年十一月五日）

大元帅令

特任刘震寰为广西省长。此令。

（中华民国陆海军大元帅之印）

中华民国十三年十一月五日

据大本营秘书处编《陆海军大元帅大本营公报》第三十一号（广州一九二四年十一月十日）

准李藩国辞职令

（一九二四年十一月六日）

大元帅令

大本营财政部长古应芬呈：北江盐务督运处专员李繙〔藩〕国恳请辞职。应照准。此令。

（中华民国陆海军大元帅之印）

中华民国十三年十一月六日

据大本营秘书处编《陆海军大元帅大本营公报》第三十一号（广州一九二四年十一月十日）

准委廖燮职务令

（一九二四年十一月六日）

大元帅令

大本营财政部长古应芬呈请派廖燮为北江盐务督运处专员。应照准。

此令。

      （中华民国陆海军大元帅之印）
      中华民国十三年十一月六日

  据大本营秘书处编《陆海军大元帅大本营公报》第三十一号（广州一九二四年十一月十日）

委派马耿光职务令

（一九二四年十一月六日）

大元帅令
  派马耿光为大本营出勤委员。此令。

      （中华民国陆海军大元帅之印）
      中华民国十三年十一月六日

  据大本营秘书处编《陆海军大元帅大本营公报》第三十一号（广州一九二四年十一月十日）

给胡汉民的指令

（一九二四年十一月六日）

大元帅指令第二〇七一号
  令广东省长胡汉民
  呈报准广东警务处处长李福林辞职，以吴铁城接充，请察核由
  呈悉。此令。

      （中华民国陆海军大元帅之印）
      中华民国十三年十一月六日

  据大本营秘书处编《陆海军大元帅大本营公报》第三十一号（广州一九二四年十一月十日）

给古应芬的指令

（一九二四年十一月七日）

大元帅指令第二○七六号

　　令大本营财政部长古应芬

　　呈报派伍嘉城为烟酒公卖局长,李思辕为航政局长、周雍能为副局长由呈悉。此令。

　　　　　　　　　　　　　　　　　（中华民国陆海军大元帅之印）

　　　　　　　　　　　　　　　中华民国十三年十一月七日

　　　　　　据大本营秘书处编《陆海军大元帅大本营公报》第三十一
　　　　　号(广州一九二四年十一月十日)

准任叶子琼余焯礼职务令

（一九二四年十一月八日）

大元帅令

　　大本营会计司司长林直勉呈请任命叶子琼为文牍科主任,余焯礼为驻韶收支主任。均照准。此令。

　　　　　　　　　　　　　　　　　（中华民国陆海军大元帅之印）

　　　　　　　　　　　　　　　中华民国十三年十一月八日

　　　　　　据大本营秘书处编《陆海军大元帅大本营公报》第三十一
　　　　　号(广州一九二四年十一月十日)

准任钟华廷等职务令

（一九二四年十一月九日）

大元帅令

赣南善后委员会委员长孔绍尧呈请任命钟华廷、洪彝、胡谆、廖刚、曾澳、钟腾瀚、尹伦为赣南善后委员会委员。均照准。此令。

（中华民国陆海军大元帅之印）

中华民国十三年十一月九日

据大本营秘书处编《陆海军大元帅大本营公报》第三十一号（广州一九二四年十一月十日）

准任胡芳辉等职务令

（一九二四年十一月九日）

大元帅令

赣南善后委员会委员长孔绍尧呈请任命胡芳辉为虔南县知事，邱汉宗为大庾县知事，谢寅为信丰县知事，刘锐为崇义县知事，蔡舒为上犹县知事。应照准。此令。

（中华民国陆海军大元帅之印）

中华民国十三年十一月九日

据大本营秘书处编《陆海军大元帅大本营公报》第三十一号（广州一九二四年十一月十日）

给蔡舒任命状

（一九二四年十一月九日）

任命状

　　任命蔡舒为上犹县知事。此状。

中华民国十三年十一月九日

据中国国民党中央文化传播委员会党史馆藏一般档案051/168

任命陈翰誉职务令

（一九二四年十一月十日）

大元帅令

　　任命陈翰誉为参军（不支薪，任状办妥交陈树人）。此令。

孙　文
中华民国十三年十一月十日

据谭延闿编《总理遗墨》第三辑（印行时间不详，广东省社会科学院藏）

准杨西岩辞职令

（一九二四年十一月十日）

大元帅令

　　大本营内政部次长杨西岩呈请辞职。杨西岩准免本职。此令。

　　　　　　　　　　　　　　　　　　（中华民国陆海军大元帅之印）

　　　　　　　　　　　　　　　　　　中华民国十三年十一月十日

　　　　　　据大本营秘书处编《陆海军大元帅大本营公报》第三十一号(广州一九二四年十一月十日)

准陈树人辞职令

（一九二四年十一月十日）

大元帅令

　　大本营内政部长徐绍桢呈：总务厅长兼侨务局长陈树人呈请辞职。陈树人准免本、兼各职。此令。

　　　　　　　　　　　　　　　　　　（中华民国陆海军大元帅之印）

　　　　　　　　　　　　　　　　　　中华民国十三年十一月十日

　　　　　　据大本营秘书处编《陆海军大元帅大本营公报》第三十一号(广州一九二四年十一月十日)

准徐希元辞职令

（一九二四年十一月十日）

大元帅令

　　大本营内政部长徐绍桢呈：第二局局长徐希元呈请辞职。徐希元准免本职。此令。

(中华民国陆海军大元帅之印)

中华民国十三年十一月十日

据大本营秘书处编《陆海军大元帅大本营公报》第三十一号(广州一九二四年十一月十日)

准吴衍慈郑德铭辞职令

(一九二四年十一月十日)

大元帅令

大本营内政部长徐绍桢呈:科长吴衍慈、郑德铭呈请辞职。均照准。此令。

(中华民国陆海军大元帅之印)

中华民国十三年十一月十日

据大本营秘书处编《陆海军大元帅大本营公报》第三十一号(广州一九二四年十一月十日)

任命蒋介石职务令

(一九二四年十一月十一日)

着蒋中正任军事部秘书。

孙　文

据秦孝仪主编《国父全集》第九册(台北近代中国出版社一九八九年版)

任命廖仲恺等职务令

（一九二四年十一月十一日）

着廖仲恺兼任农民部长；
黄居素代理海外部长；
着许崇智任军事部长；
蒋中正任军事部秘书。
所有党军及各军官学校讲武堂，以廖仲恺为党代表。

孙　文

中华民国十三年十一月十一日

据广东省社会科学院历史研究所藏原件照片

任命许崇智职务令

（一九二四年十一月十一日）

着许崇智任军事部长。

孙　文

据秦孝仪主编《国父全集》第九册（台北近代中国出版社一九八九年版）

任命廖仲恺职务令

（一九二四年十一月十一日）

大元帅令

任廖仲恺为大本营参议（每月薪俸五百元）。此令。

孙　文

中华民国十三年十一月十一日

据谭延闿编《总理遗墨》第三辑（印行时间不详，广东省社会科学院藏）

任命谢适群职务令

（一九二四年十一月十一日）

大元帅令

任命谢适群代理大本营内政部次长，仍兼第一局局长。此令。

（中华民国陆海军大元帅之印）

中华民国十三年十一月十一日

据大本营秘书处编《陆海军大元帅大本营公报》第三十二号（广州一九二四年十一月二十日）

委派谢适群代职令

（一九二四年十一月十一日）

大元帅令

　　派代理大本营内政部次长谢适群代理部务。此令。

　　　　　　　　　　　　　　（中华民国陆海军大元帅之印）

　　　　　　　　　　　中华民国十三年十一月十一日

据大本营秘书处编《陆海军大元帅大本营公报》第三十二号（广州一九二四年十一月二十日）

着黄居素代理海外部长令

（一九二四年十一月十一日）

着黄居素代理海外部长。

　　　　　　　　　　　　　　　　　　孙　文

据秦孝仪主编《国父全集》第九册（台北近代中国出版社一九八九年版）

着廖仲恺兼职令

（一九二四年十一月十一日）

着廖仲恺兼任农民部长。

　　　　　　　　　　　　　　　　　　孙　文

据秦孝仪主编《国父全集》第九册（台北近代中国出版社一九八九年版）

免吴铁城兼职令

（一九二四年十一月十二日）

大元帅令

  兼大本营卫士队队长吴铁城应免兼职。此令。

（中华民国陆海军大元帅之印）
中华民国十三年十一月十二日

据大本营秘书处编《陆海军大元帅大本营公报》第三十二号（广州一九二四年十一月二十日）

任命卢振柳职务令

（一九二四年十一月十二日）

大元帅令

  任命卢振柳兼大本营卫士队队长。此令。

（中华民国陆海军大元帅之印）
中华民国十三年十一月十二日

据大本营秘书处编《陆海军大元帅大本营公报》第三十二号（广州一九二四年十一月二十日）

任命冯朝宗职务令

（一九二四年十一月十五日）

大元帅令

  任命冯朝宗为大本营高级参谋。此令。

（中华民国陆海军大元帅之印）

中华民国十三年十一月十五日

据大本营秘书处编《陆海军大元帅大本营公报》第三十二号（广州一九二四年十一月二十日）

任命吉名瀛职务令

（一九二四年十一月十五日）

大元帅令

  任命吉名瀛为大本营谘议。此令。

（中华民国陆海军大元帅之印）

中华民国十三年十一月十五日

据大本营秘书处编《陆海军大元帅大本营公报》第三十二号（广州一九二四年十一月二十日）

准葛昆山升任令

（一九二四年十一月十五日）

大元帅令

  兼理大本营参军处事宜吴铁城呈请将该处少校副官葛昆山〈升〉为中

校副官,应照准。此令。

(中华民国陆海军大元帅之印)

中华民国十三年十一月十五日

据大本营秘书处编《陆海军大元帅大本营公报》第三十二号(广州一九二四年十一月二十日)

免胡谦职务令

(一九二四年十一月十五日)

大元帅令

  中央军需总监胡谦应免本职。此令。

(中华民国陆海军大元帅之印)

中华民国十三年十一月十五日

据大本营秘书处编《陆海军大元帅大本营公报》第三十二号(广州一九二四年十一月二十日)

准任杨允恭职务令

(一九二四年十一月十六日)

大元帅令

  代理大本营参谋长方声涛呈请任命杨允恭为大本营参谋处少校副官。应照准。此令。

(中华民国陆海军大元帅之印)

中华民国十三年十一月十六日

据大本营秘书处编《陆海军大元帅大本营公报》第三十二号(广州一九二四年十一月二十日)

任命梁弼群职务令

（一九二四年十一月十七日）

大元帅令

  任命梁弼群为赣中善后委员会委员长。此令。

           （中华民国陆海军大元帅之印）

           中华民国十三年十一月十七日

      据大本营秘书处编《陆海军大元帅大本营公报》第三十二号（广州一九二四年十一月二十日）

委派林直勉职务令

（一九二四年十一月十七日）

大元帅令

  派林直勉为财政委员会委员。此令。

           （中华民国陆海军大元帅之印）

           中华民国十三年十一月十七日

      据大本营秘书处编《陆海军大元帅大本营公报》第三十二号（广州一九二四年十一月二十日）

准任谭炳鉴职务令

（一九二四年十一月十八日）

大元帅令

　　禁烟督办谢国光呈请任命谭炳鉴为第一科科长。应照准。此令。

　　　　　　　　　　　　　　　（中华民国陆海军大元帅之印）

　　　　　　　　　　　　　　中华民国十三年十一月十八日

据大本营秘书处编《陆海军大元帅大本营公报》第三十二号（广州一九二四年十一月二十日）

任命罗翼群职务令

（一九二四年十一月十八日）

大元帅令

　　任命罗翼群为大本营军需总局局长。此令。

　　　　　　　　　　　　　　　（中华民国陆海军大元帅之印）

　　　　　　　　　　　　　　中华民国十三年十一月十八日

据大本营秘书处编《陆海军大元帅大本营公报》第三十二号（广州一九二四年十一月二十日）

任命任应歧职务令

（一九二四年十一月十九日）

大元帅令

　　任命任应歧为建国军豫军第一师师长兼第二旅旅长。此令。

（中华民国陆海军大元帅之印）
中华民国十三年十一月十九日

据大本营秘书处编《陆海军大元帅大本营公报》第三十二号（广州一九二四年十一月二十日）

任命任应歧职务令

（一九二四年十一月十九日）

大元帅令

　　任命任应歧兼建国豫军总指挥。此令。

（中华民国陆海军大元帅之印）
中华民国十三年十一月十九日

据大本营秘书处编《陆海军大元帅大本营公报》第三十二号（广州一九二四年十一月二十日）

任命陈青云职务令

（一九二四年十一月十九日）

大元帅令

  任命陈青云为建国军豫军第二师师长兼第三旅旅长。此令。

（中华民国陆海军大元帅之印）
中华民国十三年十一月十九日

据大本营秘书处编《陆海军大元帅大本营公报》第三十二号(广州一九二四年十一月二十日)

任命卢兴邦职务令

（一九二四年十一月十九日）

大元帅令

  任命卢兴邦为福建上游指挥官。此令。

（中华民国陆海军大元帅之印）
中华民国十三年十一月十九日

据大本营秘书处编《陆海军大元帅大本营公报》第三十二号(广州一九二四年十一月二十日)

任命陈新燨职务令

（一九二四年十一月二十日）

大元帅令

  任命陈新燨为大本营内政部第二局局长。此令。

（中华民国陆海军大元帅之印）

中华民国十三年十一月二十日

据大本营秘书处编《陆海军大元帅大本营公报》第三十二号（广州一九二四年十一月二十日）

着张毅等免本职令

（一九二四年十一月二十日）①

大元帅命令

  中央直辖第三师师长张毅、大本营直辖陆军第四旅旅长张振武、中央直辖第一混成旅旅长、连阳绥靖处处长何克夫、中央直辖讨贼军赣军第一混成旅旅长易简、中央直辖讨贼军赣军第二混成旅旅长江汉、大元帅直辖讨贼军司令李天德、海军陆战队司令孙祥夫、北方讨贼军第一路司令卢占魁、中央直辖东路警备军第一路司令罗伟疆、三罗警备司令谭启秀、潮梅守备司令周潜均着免本职。此令。

据《广州民国日报》一九二四年十一月二十日《大元帅命令》

---

① 时间系《广州民国日报》刊出日期。

任命杨愿公职务令

（一九二四年十一月二十一日）

大元帅令

  任命杨愿公为大本营参议。此令。

（中华民国陆海军大元帅之印）

中华民国十三年十一月二十一日

据大本营秘书处编《陆海军大元帅大本营公报》第三十三号（广州一九二四年十一月三十日）

委派王棠职务令

（一九二四年十一月二十二日）①

大元帅令

  派王棠暂行代理粤汉铁路事务。此令。

据《广州民国日报》（一九二四年十一月二十二日）《大元帅命令》

委任刘培寿宣传员证书

（一九二四年十一月二十四日）

  今委任刘培寿同志为宣言宣传员，经委任后应即赴所指定地点解释宣

---

① 时间系《广州民国日报》刊出日期。

言,促进民众赞成国民会议之主张。

孙　文

中华民国十三年十一月二十四日

据《中华之光》画册(译林出版社一九九一年版)

特任李宗仁职务令

（一九二四年十一月二十四日）

大元帅令

特任李宗仁为广西全省绥靖处督办。此令。

（中华民国陆海军大元帅之印）

中华民国十三年十一月二十四日

据大本营秘书处编《陆海军大元帅大本营公报》第三十三号（广州一九二四年十一月三十日）

特任黄绍竑职务令

（一九二四年十一月二十四日）

大元帅令

特任黄绍竑为广西全省绥靖处会办。此令。

（中华民国陆海军大元帅之印）

中华民国十三年十一月二十四日

据大本营秘书处编《陆海军大元帅大本营公报》第三十三号（广州一九二四年十一月三十日）

任命钟华廷职务状

（一九二四年十一月二十四日）

任命状：任命钟华廷为定南县知事。此状。

中华民国十三年十一月二十四日

据中国国民党中央文化传播委员会党史馆藏一般档案 051/173

特任赵杰职务令

（一九二四年十一月二十七日）

大元帅令

特任赵杰为大本营高等顾问。此令。

（中华民国陆海军大元帅之印）
中华民国十三年十一月二十七日

据大本营秘书处编《陆海军大元帅大本营公报》第三十三号（广州一九二四年十一月三十日）

委派王棠职务状

（一九二四年十一月二十七日）

派王棠为财政委员会委员。此状。

孙　文
中华民国十三年十一月二十七日

据中国国民党中央文化传播委员会党史馆藏一般档案 051/180

准林直勉辞职令

（一九二四年十二月一日）

大元帅令

　　兼大本营会计司司长林直勉呈请辞职。林直勉准免兼职。此令。

（中华民国陆海军大元帅之印）

中华民国十三年十二月一日

据大本营秘书处编《陆海军大元帅大本营公报》第三十四号（广州一九二四年十二月十日）

任命余和鸿职务令

（一九二四年十二月一日）

大元帅令

　　任命余和鸿为大本营会计司司长。此令。

（中华民国陆海军大元帅之印）

中华民国十三年十二月一日

据大本营秘书处编《陆海军大元帅大本营公报》第三十四号（广州一九二四年十二月十日）

准董福开辞职令

（一九二四年十二月一日）

大元帅令

　　中央直辖赣军总指挥董福开呈请辞职。董福开准免本职。此令。

　　　　　　　　　　　　　　　　（中华民国陆海军大元帅之印）
　　　　　　　　　　　　　　　　中华民国十三年十二月一日

据大本营秘书处编《陆海军大元帅大本营公报》第三十四号（广州一九二四年十二月十日）

任命董福开职务令

（一九二四年十二月一日）

大元帅令

　　任命董福开为大本营参议。此令。

　　　　　　　　　　　　　　　　（中华民国陆海军大元帅之印）
　　　　　　　　　　　　　　　　中华民国十三年十二月一日

据大本营秘书处编《陆海军大元帅大本营公报》第三十四号（广州一九二四年十二月十日）

任命周雍能职务令

（一九二四年十二月一日）

大元帅令

　　任命周雍能为赣军警备司令。此令。

（中华民国陆海军大元帅之印）
中华民国十三年十二月一日

据大本营秘书处编《陆海军大元帅大本营公报》第三十四号（广州一九二四年十二月十日）

附录　给周雍能任命状

（一九二四年十二月一日）

任命状

　　任命周雍能为赣军警备司令。此状。

孙　文
中华民国十三年十二月一日

据中国国民党中央委员会党史委员会编《国父全集补编》（台北一九八五年版）

准伍大光辞职令

（一九二四年十二月一日）

大元帅令

大本营建设部长林森呈称：秘书伍大光恳请辞职。应予照准。此令。

（中华民国陆海军大元帅之印）

中华民国十三年十二月一日

据大本营秘书处编《陆海军大元帅大本营公报》第三十四号（广州一九二四年十二月十日）

特任常德盛职务状

（一九二四年十二月一日）①

特任常德盛为建国奉军总司令。此状。

据《广东七十二行商报》一九二四年十二月十五日《常德盛就职输诚两通电》

---

① 原状日期不详。按12月15日《广东七十二行商报》载，常顷奉到孙特任状，"遵于十二月一日就职"。今据常德盛就职日期标出。

任命赵端职务令

（一九二四年十二月三日）

大元帅令

　　任命赵端为大本营谘议。此令。

　　　　　　　　　　　　　（中华民国陆海军大元帅之印）
　　　　　　　　　　　　　中华民国十三年十二月三日

据大本营秘书处编《陆海军大元帅大本营公报》第三十四号（广州一九二四年十二月十日）

准卫鼐辞职令

（一九二四年十二月三日）

大元帅令

　　大本营建设部长林森呈：科长卫鼐呈恳辞职。应照准。此令。

　　　　　　　　　　　　　（中华民国陆海军大元帅之印）
　　　　　　　　　　　　　中华民国十三年十二月三日

据大本营秘书处编《陆海军大元帅大本营公报》第三十四号（广州一九二四年十二月十日）

特派范石生职务令

（一九二四年十二月五日）

大元帅令

　　特派范石生为广东全省筹饷总局监督。此令。

　　　　　　　　　　　　　　（中华民国陆海军大元帅之印）

　　　　　　　　　　　　　　中华民国十三年十二月五日

<small>据大本营秘书处编《陆海军大元帅大本营公报》第三十四号（广州一九二四年十二月十日）</small>

准任杨允恭职务令

（一九二四年十二月五日）

大元帅令

　　赣南善后委员会委员长孔绍尧呈请任命杨允恭为龙南县知事。应照准。此令。

　　　　　　　　　　　　　　（中华民国陆海军大元帅之印）

　　　　　　　　　　　　　　中华民国十三年十二月五日

<small>据大本营秘书处编《陆海军大元帅大本营公报》第三十四号（广州一九二四年十二月十日）</small>

准任王紫剑等职务令

（一九二四年十二月五日）

大元帅令

　　赣南善后委员会委员长孔绍尧呈请任命王紫剑为会昌县知事，平宝善为兴国县知事,张卓立为瑞金县知事,张一熙为会昌筠门岭统税局局长,李之煊为会昌烟酒税局局长,蒋镛为兴国烟酒税局局长,赖天瓒为大庾统税局局长,萧钰为江口统税局局长,刘清湘为大庾乌砂局局长,均照准。此令。

(中华民国陆海军大元帅之印)

中华民国十三年十二月五日

据大本营秘书处编《陆海军大元帅大本营公报》第三十四号(广州一九二四年十二月十日)

委派罗翼群梅光培职务令

(一九二四年十二月五日)

大元帅令

派罗翼群为广东全省筹饷总局总办、梅光培为会办。此令。

(中华民国陆海军大元帅之印)

中华民国十三年十二月五日

据大本营秘书处编《陆海军大元帅大本营公报》第三十四号(广州一九二四年十二月十日)

委派谢国光韦冠英职务令

(一九二四年十二月五日)

大元帅令

派谢国光、韦冠英为广东全省筹饷总局副监督。此令。

(中华民国陆海军大元帅之印)

中华民国十三年十二月五日

据大本营秘书处编《陆海军大元帅大本营公报》第三十四号(广州一九二四年十二月十日)

任命蒋群职务令

（一九二四年十二月六日）

大元帅令

　　任命蒋群为建国军宪兵司令。此令。

（中华民国陆海军大元帅之印）

中华民国十三年十二月六日

据大本营秘书处编《陆海军大元帅大本营公报》第三十四号（广州一九二四年十二月十日）

任命陈翰誉职务令

（一九二四年十二月八日）

大元帅令

　　任命陈翰誉为大本营咨议。此令。

（中华民国陆海军大元帅之印）

中华民国十三年十二月八日

据大本营秘书处编《陆海军大元帅大本营公报》第三十四号（广州一九二四年十二月十日）

委派余和鸿职务令

（一九二四年十二月九日）

大元帅令

　　派余和鸿为财政委员会委员。此令。

（中华民国陆海军大元帅之印）

中华民国十三年十二月九日

据大本营秘书处编《陆海军大元帅大本营公报》第三十四号（广州一九二四年十二月十日）

任命祁耿寰职务令

（一九二四年十二月十一日）

大元帅令

　　任命祁耿寰为建国豫军总指挥部参谋长。此令。

（中华民国陆海军大元帅之印）

中华民国十三年十二月十一日

据大本营秘书处编《陆海军大元帅大本营公报》第三十五号（广州一九二四年十二月二十日）

准任张贞等职务令

（一九二四年十二月十一日）

大元帅令

　　代理大本营参谋长方声涛呈请任命张贞为大本营参谋处主任，参谋贺斌、林昌武、粟显扬、包顺健、卢汉、陈维远、谢石醒、万世勋为上校参谋，吴奂、林振夏、贺国华、严钝摩为中校参谋,贲襄、周勃雄为少校参谋。均照准。此令。

(中华民国陆海军大元帅之印)

中华民国十三年十二月十一日

据大本营秘书处编《陆海军大元帅大本营公报》第三十五号(广州一九二四年十二月二十日)

任命林支宇职务令

(一九二四年十二月十二日)

大元帅令

任命林支宇为建国军湘西援鄂第一路总司令。此令。

(中华民国陆海军大元帅之印)

中华民国十三年十二月十二日

据大本营秘书处编《陆海军大元帅大本营公报》第三十五号(广州一九二四年十二月二十日)

特派谢国光职务令

(一九二四年十二月十二日)

大元帅令

特派谢国光为粤赣边防善后督办。此令。

(中华民国陆海军大元帅之印)

中华民国十三年十二月十二日

据大本营秘书处编《陆海军大元帅大本营公报》第三十五号(广州一九二四年十二月二十日)

着陈青云代职令

（一九二四年十二月十二日）

大元帅令
　　建国豫军总指挥任应歧因公赴豫,所有豫军总指挥职务,着建国豫军第二师师长陈青云代理。此令。

（中华民国陆海军大元帅之印）

中华民国十三年十二月十二日

据大本营秘书处编《陆海军大元帅大本营公报》第三十五号(广州一九二四年十二月二十日)

给黄桓的指令

（一九二四年十二月十五日）

大元帅指令第二二四三号
　　令广东电政监督兼理无线电局事务黄桓
　　呈请开去无线电局兼差,俾获专心供职由
　　呈悉。准予开去无线电局兼差。仰即知照。此令。

（中华民国陆海军大元帅之印）

中华民国十三年十二月十五日

据大本营秘书处编《陆海军大元帅大本营公报》第三十五号(广州一九二四年十二月二十日)

任命韦冠英职务令

（一九二四年十二月十六日）

大元帅令

　　任命韦冠英为建国桂军第一军军长。此令。

（中华民国陆海军大元帅之印）

中华民国十三年十二月十六日

据大本营秘书处编《陆海军大元帅大本营公报》第三十五号（广州一九二四年十二月二十日）

任命伍毓瑞职务令

（一九二四年十二月十六日）

大元帅令

　　任命伍毓瑞为建国桂军第二军军长。此令。

（中华民国陆海军大元帅之印）

中华民国十三年十二月十六日

据大本营秘书处编《陆海军大元帅大本营公报》第三十五号（广州一九二四年十二月二十日）

任命刘震寰职务令

（一九二四年十二月十六日）

大元帅令

任刘震寰兼建国桂军第三军军长。此令。

（中华民国陆海军大元帅之印）

中华民国十三年十二月十六日

据大本营秘书处编《陆海军大元帅大本营公报》第三十五号（广州一九二四年十二月二十日）

任命潘文治职务令

（一九二四年十二月十七日）

大元帅令

任命潘文治为大本营谘议。此令。

（中华民国陆海军大元帅之印）

中华民国十三年十二月十七日

据大本营秘书处编《陆海军大元帅大本营公报》第三十五号（广州一九二四年十二月二十日）

委派范石生等职务令

（一九二四年十二月十七日）

大元帅令

　　派范石生、谢国光、韦冠英、梅光培为财政委员会委员。此令。

（中华民国陆海军大元帅之印）
中华民国十三年十二月十七日

据大本营秘书处编《陆海军大元帅大本营公报》第三十五号（广州一九二四年十二月二十日）

准潘文治辞职令

（一九二四年十二月十八日）

大元帅令

　　海军练习舰队司令兼管海军三舰整理事宜潘文治因病，恳请辞去本、兼各职。潘文治准免本、兼各职。此令。

（中华民国陆海军大元帅之印）
中华民国十三年十二月十八日

据大本营秘书处编《陆海军大元帅大本营公报》第三十五号（广州一九二四年十二月二十日）

准任冯兆霖等职务令

（一九二四年十二月十九日）

大元帅令

　　大本营军需总局局长罗翼群呈请任命冯兆霖为秘书，徐伟为会计科科长、罗旭岳为出纳科科长。均照准。此令。

（中华民国陆海军大元帅之印）

中华民国十三年十二月十九日

据大本营秘书处编《陆海军大元帅大本营公报》第三十五号（广州一九二四年十二月二十日）

任命刘一道职务令

（一九二四年十二月二十日）

大元帅令

任命刘一道为江西筹饷总局总办。此令。

（中华民国陆海军大元帅之印）

中华民国十三年十二月二十日

据大本营秘书处编《陆海军大元帅大本营公报》第三十五号（广州一九二四年十二月二十日）

任命魏会英巢寒青职务令

（一九二四年十二月二十日）

大元帅令

任命魏会英、巢寒青为江西筹饷总局会办。此令。

（中华民国陆海军大元帅之印）

中华民国十三年十二月二十日

据大本营秘书处编《陆海军大元帅大本营公报》第三十五号（广州一九二四年十二月二十日）

委派李世军宣传员证书

（一九二四年十二月二十一日）

证书

　　派李世军为临时宣传委员，前赴甘肃宣传本总理对于时局之宣言。此证。

中国国民党总理　孙　文（印）
中华民国十三年十二月廿一日

据李世军《奉孙中山先生派赴甘肃宣传〈北上宣言〉》，载《江苏文史资料选辑》第七辑（江苏人民出版社一九八一年版）影印原件

准田炳章辞职令

（一九二四年十二月二十三日）

大元帅令

　　飞鹰军舰舰长田炳章呈请辞职。田炳章准免本职。此令。

（中华民国陆海军大元帅之印）
中华民国十三年十二月廿三日

据大本营秘书处编《陆海军大元帅大本营公报》第三十六号（广州一九二四年十二月三十日）

任命何家瑞等职务令

（一九二四年十二月二十四日）①

大元帅令

任鄂军何家瑞总指挥，胡念先、张需霖、王都庆师长，梁弼群为赣事善后会委员长。

据上海《民国日报》一九二四年十二月二十六日《帅令委任鄂军要职》

免陈兴汉职务令

（一九二四年十二月二十九日）

大元帅令

管理粤汉铁路事务陈兴汉着即免职。此令。

（中华民国陆海军大元帅之印）

中华民国十三年十二月廿九日

据大本营秘书处编《陆海军大元帅大本营公报》第三十六号（广州一九二四年十二月三十日）

---

① 报载"二十四日广州电"，故定为12月24日。

免王棠代职令

（一九二四年十二月二十九日）

大元帅令

暂行代理粤汉铁路事务王棠应免代职。此令。

（中华民国陆海军大元帅之印）

中华民国十三年十二月廿九日

据大本营秘书处编《陆海军大元帅大本营公报》第三十六号(广州一九二四年十二月三十日)

委派林直勉职务令

（一九二四年十二月二十九日）

大元帅令

派林直勉管理粤汉铁路事务。此令。

（中华民国陆海军大元帅之印）

中华民国十三年十二月廿九日

据大本营秘书处编《陆海军大元帅大本营公报》第三十六号(广州一九二四年十二月三十日)

任命潘震亚职务令

（一九二四年十二月三十日）

大元帅令

　　任命潘震亚为赣东善后委员会委员长。此令。

　　　　　　　　　　　　　　（中华民国陆海军大元帅之印）

　　　　　　　　　　　　　中华民国十三年十二月三十日

　　　　　　据大本营秘书处编《陆海军大元帅大本营公报》第三十六号（广州一九二四年十二月三十日）

准任钟忠职务令

（一九二四年十二月三十日）

大元帅令

　　禁烟督办谢国光呈请任命钟忠为禁烟督办署第三科科长。应照准。此令。

　　　　　　　　　　　　　　（中华民国陆海军大元帅之印）

　　　　　　　　　　　　　中华民国十三年十二月三十日

　　　　　　据大本营秘书处编《陆海军大元帅大本营公报》第三十六号（广州一九二四年十二月三十日）

准任刘国祥等职务令

（一九二五年一月五日）

大元帅令

　　广州市联军军警督察处督办杨希闵呈请任命刘国祥为该处督察长，闵天培、曾鲁、李寅、吕祖真、梁禹平为该处督察官。均照准。此令。

(中华民国陆海军大元帅之印)

中华民国十四年一月五日

据大本营秘书处编《陆海军大元帅大本营公报》第一号
(广州一九二五年一月十日)

委派北京国民会议宣传员令

(一九二五年一月六日)①

特遴选党员九人加以委任②,令向各界接洽实行宣传。其九委员则为：罗驭雄、郭春涛、黄日葵、纪人庆、于国桢、姜绍谟、刘瑛、王冬珍、王师曾。

据天津《大公报》一九二五年一月六日《中山派定北京宣传国民会议人员》

准廖燮辞职令

(一九二五年一月七日)

大元帅令

大本营财政部长古应芬呈称:北江盐务督运处专员廖燮呈请辞职。廖燮准免本职。此令。

(中华民国陆海军大元帅之印)

中华民国十四年一月七日

据大本营秘书处编《陆海军大元帅大本营公报》第一号
(广州一九二五年一月十日)

---

① 此件所标为天津《大公报》刊出日期。
② 孙中山委定十三省、区宣传国民会议人员已经分途出发后,又委派罗驭雄等九人负责北京地方的国民会议宣传工作。

准派祝膏如职务令

（一九二五年一月七日）

大元帅令

　　大本营财政部长古应芬呈请派祝膏如为北江盐务督运处专员。应照准。此令。

　　　　　　　　　　　　　　　　　　　（中华民国陆海军大元帅之印）

　　　　　　　　　　　　　　　　　　　中华民国十四年一月七日

　　　　　　　　　　　据大本营秘书处编《陆海军大元帅大本营公报》第一号
　　　　　　　　　　　（广州一九二五年一月十日）

委派林直勉职务令

（一九二五年一月十三日）

大元帅令

　　派林直勉为财政委员会委员。此令。

　　　　　　　　　　　　　　　　　　　（中华民国陆海军大元帅之印）

　　　　　　　　　　　　　　　　　　　中华民国十四年一月十三日

　　　　　　　　　　　据大本营秘书处编《陆海军大元帅大本营公报》第二号
　　　　　　　　　　　（广州一九二五年一月二十日）

准任陈鼎芬等职务令

（一九二五年一月十六日）

大元帅令

　　广东全省筹饷总局总办罗翼群呈请任命陈鼎芬为该局主任秘书,沈桐轩、徐韵泉、黎仲琪、谭炳鉴为秘书，张伟丞为会计科科长，张彀为稽核科科长，王秉瑞为饷捐科科长，罗哲明为禁烟科科长。均照准。此令。

（中华民国陆海军大元帅之印）

中华民国十四年一月十六日

据大本营秘书处编《陆海军大元帅大本营公报》第二号（广州一九二五年一月二十日）

给王鸣亚任命状

（一九二五年一月二十日）

任命状：任命王鸣亚为建国军琼崖军第二路司令。此状。

孙　文

中华民国十四年一月二十日

据秦孝仪主编《国父全集》第九册（台北近代中国出版社一九八九年版）

任命林俊廷职务令

（一九二五年一月二十七日）

大元帅令

任命林俊廷为粤桂边防督办。此令。

（中华民国陆海军大元帅之印）

中华民国十四年一月廿七日

据大本营秘书处编《陆海军大元帅大本营公报》第三号（广州一九二五年一月三十日）

任命余际唐职务令

（一九二五年二月十二日）

大元帅令

　　任命余际唐为建国川军第一军军长。此令。

　　　　　　　　　　　　　　（中华民国陆海军大元帅之印）

　　　　　　　　　　　　　　中华民国十四年二月十二日

　　　　　　　据大本营秘书处编《陆海军大元帅大本营公报》第五号

　　　　　（广州一九二五年二月二十日）

任命汤子模职务令

（一九二五年二月十二日）

大元帅令

　　任命汤子模为建国川军第二军军长。此令。

　　　　　　　　　　　　　　（中华民国陆海军大元帅之印）

　　　　　　　　　　　　　　中华民国十四年二月十二日

　　　　　　　据大本营秘书处编《陆海军大元帅大本营公报》第五号

　　　　　（广州一九二五年二月二十日）

任命林支宇职务令

（一九二五年二月十二日）

大元帅令

　　任命林支宇为建国联军湘军第一军总司令。此令。

　　　　　　　　　　　　　　　　　　（中华民国陆海军大元帅之印）

　　　　　　　　　　　　　　　中华民国十四年二月十二日

据大本营秘书处编《陆海军大元帅大本营公报》第五号
（广州一九二五年二月二十日）

给杨希闵的指令

（一九二五年二月二十四日）

大元帅指令第一五四号

　　令广州市联军军警督察处督办杨希闵

　　呈报该处督察官李寅准谭总司令咨开调回本部，改派中校参谋傅翼接充，请察核备案由

　　呈悉。准予备案。此令。

　　　　　　　　　　　　　　　　　　（中华民国陆海军大元帅之印）

　　　　　　　　　　　　　　　中华民国十四年二月廿四日

据大本营秘书处编《陆海军大元帅大本营公报》第六号
（广州一九二五年二月二十八日）

准免岑念慈职务令

（一九二五年二月二十六日）

大元帅令

大本营财政部长古应芬呈：秘书岑念慈另有任用，请予免职。应照准。此令。

（中华民国陆海军大元帅之印）

中华民国十四年二月二十六日

据大本营秘书处编《陆海军大元帅大本营公报》第六号
（广州一九二五年二月二十八日）

准任陆幼刚职务令

（一九二五年二月二十六日）

大元帅令

大本营财政部长古应芬呈请任命陆幼刚为秘书。应照准。此令。

（中华民国陆海军大元帅之印）

中华民国十四年二月二十六日

据大本营秘书处编《陆海军大元帅大本营公报》第六号
（广州一九二五年二月二十八日）

给杨希闵的指令

（一九二五年三月二日）

大元帅指令第一八三号
　　令建国滇军总司令杨希闵
　　呈复经委派少校参谋刘骅、少校衔上尉副官廖鼎铭充任粤路验票委员，随车验票，请备案由
　　呈悉。准予备案。此令。

（中华民国陆海军大元帅之印）
中华民国十四年三月二日

据大本营秘书处编《陆海军大元帅大本营公报》第七号（广州一九二五年三月十日）

委派苏世杰职务令

（一九二五年三月五日）

大元帅令
　　派苏世杰为财政委员会委员。此令。

（中华民国陆海军大元帅之印）
中华民国十四年三月五日

据大本营秘书处编《陆海军大元帅大本营公报》第七号（广州一九二五年三月十日）

准梁桂山辞职令

（一九二五年三月九日）

大元帅令

　　大本营内政部呈：科长梁桂山呈请辞职。应照准。此令。

　　　　　　　　　　　　　　（中华民国陆海军大元帅之印）

　　　　　　　　　　　　　　中华民国十四年三月九日

据大本营秘书处编《陆海军大元帅大本营公报》第七号
（广州一九二五年三月十日）